Kurt Tepperwein

Der Lebensführerschein

Kurt Tepperwein

Der Lebensführerschein

mvgverlag

Bibliografische Information der Deutschen Nationalbibliothek
Die Deutsche Nationalbibliothek verzeichnet diese Publikation in der Deutschen Nationalbibliografie. Detaillierte bibliografische Daten sind im Internet über http://dnb.d-nb.de abrufbar.

Für Fragen und Anregungen:
info@mvg-verlag.de

Nachdruck 2016

Nymphenburger Straße 86
D-80636 München
Tel.: 089 651285-0
Fax: 089 652096

Redaktionelle Mitarbeit: Hans-Jürgen Schröter
Redaktion: Dr. Gabriele Schweickhardt, Frankfurt am Main
Satz: Jürgen Echter, Redline GmbH
Druck: Books on Demand GmbH, Norderstedt
Printed in Germany

ISBN Print 978-3-86882-322-6
ISBN E-Book (PDF) 978-3-86415-111-8
ISBN E-Book (EPUB, Mobi) 978-3-86415-610-6

Einleitung
Was ich mit 20 gern gewusst hätte, mir aber niemand gesagt hat

Für alles haben wir eine Gebrauchsanweisung, nur nicht für das Leben selbst. Um Auto, ja sogar um Moped fahren zu dürfen, brauchen wir einen Führerschein, müssen wir Theorie- und Praxisunterricht absolvieren. Nur für so etwas Komplexes wie das Leben, da genügt es, einfach geboren zu werden, und dann kann jeder sehen, wie er damit zurechtkommt. Aber wenn wir das Leben zu Erfolg und Erfüllung führen wollen? Welche Regeln müssen wir lernen? Welche Prüfung ablegen? Was befähigt uns, das Leben wirklich zu FÜHREN und letztlich zu MEISTERN?

Die meisten Menschen sitzen gar nicht am Steuer ihres eigenen Lebens, sondern haben auf dem Beifahrersitz Platz genommen. Das »Auto« wird vom Ehepartner, vom Chef, von den Eltern, von Banken, von Verpflichtungen geführt. Das ist zwar oft bequem, nur darf man dann nicht damit rechnen, dass es einen auch dorthin bringt, wohin man selbst will. Das Auto fährt dorthin, wohin der Fahrer es lenkt, nicht der Beifahrer. So kommt man seinem Lebensziel nicht näher, sondern verpasst es zuverlässig.

AUTO heißt SELBST. »Der Lebensführerschein« ist eine konzentrierte Gebrauchsanweisung, um das Leben SELBST zu führen, sein Lebensziel zu erreichen, die Lebensabsicht zu verwirklichen. Egal, ob Jung oder Alt, er hilft allen, die Lebensprüfungen zu meistern und wirklich erwachsen zu werden.

Irgendwann, früher oder später, wachen wir auf und stehen vor der Aufgabe, wirklich leben zu sollen.

Niemand hat uns das beigebracht. In der Schule haben wir Lesen, Schreiben und Rechnen gelernt. Wir haben gelernt, welche Schlachten Alexander der Große irgendwo geschlagen

hat. Wir haben gelernt, wie viele Einwohner New York hat. Wie lang der Nil ist und wie viel Gold in Australien gefördert wird: alles Dinge, die man später im Leben »tagtäglich braucht«.

Was wir nicht gelernt haben, ist, wie man wirklich lebt:

- wie man seinen Körper gesund erhält
- wie man den richtigen Beruf findet und von ihm später über die Berufung zur Erfüllung gelangt
- wie man den richtigen Partner findet und mehr noch, wie man selbst ein idealer Partner wird
- wie man mit seinem Partner oder notfalls auch ohne ihn glücklich wird
- wie man seine Probleme löst, sich seine Wünsche erfüllt, seine Ziele sicher erreicht

Alles das haben wir im Leben nicht gelernt. Zumindest nicht in der Schule. Wir haben auch nicht gelernt, wie man bis ins hohe Alter jung und vital bleibt. Wie man zu sich selbst findet und ein erfülltes Leben lebt. Wir haben nicht einmal gelernt, wie man mit seinem Denkinstrument optimal umgeht, seine faszinierenden Möglichkeiten nutzt, um sein Leben bewusst und nach seinen Wünschen zu gestalten.

Tatsache ist, dass wir vom Leben alles haben können. Wir bräuchten nur eine Gebrauchsanweisung für das Leben. Weil wir all das Genannte nicht gelernt haben, schlittern viele über Misserfolge und Schicksalsschläge in die Krise und geben irgendwann frustriert auf. Sie glauben, mehr hätte das Leben nun einmal nicht zu bieten. In Wirklichkeit haben Sie in jedem Augenblick die Wahl. Das heißt, ganz gleich wie Ihr Leben bis jetzt gelaufen ist, in diesem Augenblick, jetzt, können Sie es völlig neu bestimmen und sich selbst neu erfinden.

Das Unternehmen ICH SELBST erfolgreich zu führen, ist die faszinierendste Aufgabe im Leben. Schaffen Sie sich eine erfüllende Zukunft, denn Sie werden den Rest Ihres Lebens

darin verbringen. Wir alle haben »lebenslänglich«, aber ob Sie das als Strafe abbüßen oder unter beglückenden Umständen frohen Herzens genießen, das können Sie frei bestimmen.

Nehmen Sie dieses Buch als Ihren Führer für die Fahrschule des Lebens. Auto fahren braucht man auch nur einmal über ein paar Monate zu lernen. Das Leben wirklich führen zu lernen ist auch ein einmaliger Akt – und dann kann man es. Es kann zwar auch einige Monate – vielleicht auch Jahre in Anspruch nehmen, doch es ist das Lohnenswerteste im Leben. Lassen Sie sich JETZT zu Ihrem Lebensführerschein führen und diese Lebens-Prüfung erfolgreich bestehen.

Sie erwerben den Lebensführerschein in der Schule des Lebens

Während der Autoführerschein eine »Eintrittskarte« in die Welt des Autofahrens ist, ist der Lebensführerschein eine **Eintrittskarte in die Welt des wahren Menschseins**. Das klingt sehr pathetisch, aber machen wir uns bewusst: Wir werden zwar als Menschen geboren, müssen uns aber unser Menschsein erst erwerben, zum Menschsein erwachen.

Bestimmt 95 Prozent dessen, was wir im Leben tun, erledigen wir »Schritt für Schritt«. Doch manchmal ist kein »nächster Schritt« notwendig, sondern ein Sprung. Wer einen Abgrund nicht mit einem Sprung, sondern nur mit einem Schritt zu überwinden versucht, der stürzt ab. Schritte führen zu quantitativen Veränderungen, ein Sprung zur qualitativen. **Qualitativ höhere Bewusstseinsstufen sind ohne Sprung nicht zu erreichen.**

»Quantensprung« ist dafür ein richtiges »Trendwort« geworden. Was ist an einem »Quantensprung« so großartig? Jeder Floh springt weiter als ein Quantum (ein Lichtpäckchen). Das

Faszinierende ist, dass es selbst in der kleinsten Welt, die wir kennen (die Quantenwelt), nicht linear, sondern sprunghaft zugeht. Licht und Energie springen. Wenn wir eine Lampe durch einen Dimmer immer mehr zum Leuchten bringen, erscheint es so, als nähme die Helligkeit stetig zu. In Wirklichkeit aber wird das Licht sprunghaft heller. Es sind nur so kleine Sprünge, dass unser Auge sie als solche nicht wahrnehmen kann.

Das Leben entwickelt sich in qualitativen Sprüngen, das bringt uns der Begriff »Quantensprung« zu Bewusstsein. Dass darüber hinaus die Quantenwelt so sehr unsere Aufmerksamkeit auf sich zieht, ist eine Revolution im Denken der Naturwissenschaft. Sie ist in Sphären eingedrungen, in denen das alte Modell der Trennung von Geist und Materie nicht mehr funktioniert. **Realität ist etwas ganz anderes, als es lange zu sein schien**. Wir müssen uns von diesem »materialistischen Denken« verabschieden. Beeindruckt von den Erkenntnissen der Quantenphysik, nennt man dieses Denken heute oft Quantendenken oder Quantenbewusstsein.

Wie dem auch sei: Wir können erst zu unserem Menschsein und eigentlichen Leben erwachen, wenn wir uns der schöpferischen Kraft unseres Geistes bewusst sind.

Das Leben funktioniert in Sprüngen, qualitativen Entwicklungen, der Erschaffung und Emergenz (Auftauchen) immer neuer und höherer Bewusstseinsstufen. Das ist eine der Hauptlektionen, die wir in der Schule des Lebens zu lernen haben.

Solche Bewusstseinssprünge zu initiieren ist die Aufgabe des erwachten Lebens. Sie können Ihr Leben auf ein qualitativ höheres Niveau führen. Das ist der Sinn des Lebensführerscheins.

Hinweis zum Gebrauch dieser Anleitung zum »Lebensführerschein«

Das Erste, was Sie führen sollten, ist ein Tagebuch, zum Beispiel mit dem Titel »Der Quantensprung: Ich erwache zu meinem Leben«.

Sie kennen die Volksweisheit: »Selbst-Erkenntnis ist der erste Schritt zur Besserung.« Es gibt kein besseres Werkzeug als das »schriftliche Nachdenken«, am besten in der Form eines Tagebuchs.

In diesem Buch, das Sie nicht zufällig in Ihren Händen halten, finden Sie entscheidende Fragen, denen Sie sich *jetzt* stellen sollten. Sie sind reif dafür, sonst hätte dieses Buch nicht zu Ihnen gefunden. Machen Sie jetzt keine halben Sachen.

Fragen wecken den schlafenden Geist, richten seine Aufmerksamkeit aus. Sokrates war der große Lehrer, der durch Fragen lehrte. Er half den jungen Menschen, durch die richtigen Fragen, das Sich-in-Frage-Stellen aus der Trance von Vorurteilen herauszukommen und bewusster zu leben.

Ohne die richtigen Fragen, die richtigen Antworten gibt es auch keine Ver-Antwort-ung. Wer die Verantwortung für sein Leben übernimmt, der hat die Antworten auf die wesentlichen Lebensfragen gefunden.

Gerade das Aufschreiben hilft sehr dabei, Distanz zu bekommen und sich selbst zu beobachten. Tiere nehmen nur wahr und sind – soweit wir wissen – nicht in der Lage, sich selbst zu beobachten, Lebensmuster zu erkennen und ein anderes Leben zu wählen. **Diese Selbst-Reflexion, diese Selbst-Erkenntnis, dieses Selbst-Bewusstsein macht uns zum Menschen**. Es ist die Essenz Ihres Quantensprungs: voll im Leben zu stehen und sich dabei gleichzeitig zu beobachten: Ist es wirklich optimal? Lässt es sich optimieren? Erwachen heißt, über sein Leben zu wachen, es wachsam zu beobachten, zum Menschsein zu

erwachen. Es ist ein Bewusstseins-Zustand, den Sie sich durch Selbst-Beobachten erarbeiten können.

Gehen Sie *jetzt* zu sich selbst auf Distanz, beobachten Sie sich, schreiben Sie auf, was Sie beobachten. Übernehmen Sie die Ver-antwort-ung für Ihr Leben, indem Sie die Fragen Ihres Lebens be-antwort-en. Dieser Lebensführerschein führt Sie an die wesentlichen Fragen des Lebens heran.

Führen Sie Ihr Quantensprung-Tagebuch!

Diesen Quantensprung zu vollziehen, ist *jetzt* die Hauptaufgabe in Ihrem Leben. Machen Sie das zu Ihrer ganz persönlichen Chefsache. Tun Sie, was zu tun ist, damit sich dieser Quantensprung in Ihrem Leben *jetzt* ereignen kann. Wie ernst Sie es meinen, zeigt sich darin, ob Sie Ihr Quantensprung-Tagebuch *jetzt* führen. Es ist die »Aufnahmeprüfung« in diese Lebensschule, um zum eigenen Leben, zum wahren Menschsein zu erwachen.

Sie können sich übrigens auch einer »Abschlussprüfung« unterziehen, ob Sie zu Ihrem Leben wirklich erwacht sind, und den »Lebensführerschein« erwerben. Dazu mehr am Ende des Buches.

Teil 1:

Was es heisst, das Leben wirklich zu führen

Der erste Teil des Lebensführerscheins führt Sie in die sieben Grundbedingungen dafür ein, was es heißt, sein Leben wirklich zu führen. Es ist der Anfang, nicht das Ende. Am Ende steht die Lebensmeisterschaft: das eigene Leben zu einem Kunstwerk zu vollenden. Der Lebensführerschein hilft Ihnen, sich auf diesen Weg zu machen, Ihren Weg, Ihr Leben wirklich zu leben, zu Ihrem Leben zu erwachen und wirklich erwachsen zu werden.

1. **Ihr Leben FÜHREN können Sie nur, indem Sie es WÄHLEN**. Wer sein Leben nicht selbst wählt, der wird ver-führt, fremdbestimmt, von außen beeinflusst und gesteuert, ohne dass er sich dessen bewusst ist. Ihr Leben selbst zu wählen ist der entscheidende Schritt, erwachsen und selbstständig zu werden, das Steuer des Lebens in die eigenen Hände zu nehmen.
   Machen Sie sich bewusst: Was für ein Leben haben Sie bisher »gewählt«? Haben Sie gewählt, es nicht zu wählen? Was für ein Leben hätten Sie denn gern? Sind Sie dazu bereit, Ihr eigenes Leben *jetzt* zu wählen?
2. **Das Leben FÜHREN können Sie nur JETZT**, weder in der Vergangenheit noch in der Zukunft. Nur in diesem (und jedem einzelnen) Augenblick können Sie Ihr Leben führen. Und jeder Augenblick bedarf Ihrer Führung.
   Verschieben Sie die Grundfragen des Lebens nie auf morgen. Sind Sie bereit, sich ihnen *jetzt* zu stellen? Sie lauten: Wer bin ich? Lebe ich wirklich *mein* Leben? Die Antwort lautet (in unzähligen verschiedenen Formulierungen): Du bist ein Schöpfer. Du lebst dein Leben, indem du es selbst erschaffst.
   Was für eine Art Leben erschaffen Sie? Erschaffen Sie sich ein Leben »erster Klasse«? Behandeln Sie sich selbst wie einen Kunden erster Klasse? Oder geben Sie sich mit einem drittklassigen Leben zufrieden? Das kann aber nicht Ihre beste Wahl als Schöpfer sein.

Wählen Sie *jetzt* ein Leben erster Klasse und lassen Sie *jetzt* alles los, was nicht mehr dazugehört. Loslassen heißt: geistig und in Liebe loslassen, verabschieden, entlassen und sich entlasten.
Sind Sie bereit, Ihr eigenes Leben *jetzt* zu gewinnen?

3. **Ihr Leben FÜHREN können Sie nur als Gewinner.** Gewinnen ist ein Lebensprinzip. Ein Verlierer ist ständig auf andere angewiesen, lebt auf Kosten anderer, nimmt mehr, als er gibt. Ein Gewinner lebt in Gewinn und Überfluss. Er kann geben und einen Beitrag zum Ganzen leisten.
Sind Sie bereit, Ihr Leben *jetzt* als Gewinner zu führen? Sind Sie jetzt bereit, ein unendliches geistiges Vermögen zu gewinnen?
4. **Ihr Leben FÜHREN können Sie nur, indem Sie Ihr GEISTIGES VERMÖGEN (»geistiges Kapital«) ständig optimieren, Ihr geistiges Werkzeug pflegen und es sicher einsetzen**.
Unser geistiges Potenzial immer besser zu nutzen ist Teil der individuellen Menschwerdung: des Lehrplans in der Schule des Lebens. Sind Sie bereit, Ihr geistiges Potenzial, Ihr geistiges Vermögen *jetzt* entscheidend zu optimieren? Sind Sie bereit, nur noch stimmige Ziele anzustreben und daran festzuhalten, bis Sie sie erreicht haben? Sind Sie bereit, jetzt zu Ihrer wahren geistigen Größe zu erwachen?
Wie weit Sie Ihr geistiges Vermögen entwickelt haben, zeigt sich unverfälscht in Ihrer Ausstrahlung, Ihrer »energetischen Signatur« (siehe Seite 63ff.).
5. **Ihr Leben FÜHREN können Sie nur, indem Sie ENERGIE FÜHREN, das heißt Ihre Energiequelle aktivieren, »in Form bringen«, »in Erscheinung treten« lassen, Ihr eigenes Leben manifestieren.** Energie zu führen setzt voraus, sie wahrzunehmen, energetische Quellen zu erschließen, sich mit der einen Quelle, der Quelle des Lebens überhaupt, zu verbinden und diese Verbindung zu halten.
Der Quantensprung zu einem erwachten Leben setzt eine entsprechende Energie (die Lebensenergie oder Kundalini

Inhalt

im zweiten Energielevel) voraus, die es jetzt zu wecken gilt. Sind Sie bereit und mental stark genug, die unerschöpfliche Energiequelle am Ende Ihrer Wirbelsäule zu aktivieren? Sind Sie bereit, Ihr Leben nicht mehr auf »Schwachstrom«, sondern mit der Power von »Starkstrom« zu führen? Sind Sie bereit, Ihr geistiges und energetisches Potenzial jetzt konsequent und sprunghaft zu erhöhen?

6. **Ihr Leben FÜHREN können Sie nur, indem Sie sich von Ihrer »inneren Stimme« führen lassen: Wer führen will, muss sich von HÖHEREM auch führen lassen können.** Sie können nicht im Einklang mit dem Leben sein, wenn Sie sich nicht von ihm selbst führen lassen. Es führt Sie zu sich selbst durch Ihre innere Stimme, den Ruf des Herzens.
   Sind Sie *jetzt* bereit, ein wirklich stimmiges Leben zu führen, indem Sie auf Ihre innere Stimme achten, sie immer klarer wahrnehmen, auf sie hören und Ihre (äußere) Stimme zu einer energetischen Stimmhaftigkeit zu schulen? Erst dann wird Ihr Leben leicht wie ein Kinderspiel.
7. **Ihr Leben FÜHREN können Sie nur im SPIEL, Sie führen es spielerisch oder gar nicht.** Sobald Sie es spielerisch führen, können Sie das Spiel nur gewinnen. Sind Sie bereit, das schwere Gepäck Ihres Rucksacks der Vergangenheit abzulegen und es sich leicht zu machen? So leicht, wie die Vögel des Himmels, so leicht, wie die Delfine des Wassers, so leicht wie die Gazellen auf der Erde?

Wenn Sie für alles das *jetzt bereit* sind, dann sind Sie reif für den Lebensführerschein, für die Reifeprüfung Ihres erwachten und erwachsenen Lebens.

Sie haben die Wahl: Nehmen Sie das Steuer Ihres Lebens selbst in die Hand

Die meisten Menschen haben keine Wahl, weil sie nicht wissen, dass sie sie gehabt hätten. Sie wählen folglich unbewusst und indirekt, durch ihre Gedanken, ihr Verhalten, ihr Unbewusstsein.

Wählen Sie bewusst und direkt, was *sein soll.* Ihr Sosein *ist* eine Wahl.

Die Realität, Ihr Leben ist bereit, jede von Ihnen gewünschte Form anzunehmen.

Die größte Freiheit und die größte Macht des Menschen liegt in seiner Wahlfreiheit. Genau diese Freiheit unterscheidet ihn vom Tier. Letztlich lautet die Alternative immer: entweder das eigene Leben selbstbewusst zu führen oder immer nur auf äußere Anforderungen zu reagieren und so das eigentliche Leben den Umständen zu opfern.

Gerade heute in den herausfordernden Zeiten der allgemeinen Unsicherheit sind die alten Lebensrezepte der Anpassung an die Umstände überholt. Jeder steht früher oder später vor der Aufgabe, sein ganzes Leben neu zu erfinden, sich für ein neues Leben zu entscheiden, ein wirklich erfolgreiches und erfülltes Leben von ganzem Herzen zu wählen.

Wer nicht wählt, was für ein Leben er führen will, der wird gelebt, den bestimmen Lebensumstände, die Arbeitsmarktsituation, Beziehungsdramen, Gesundheitsprobleme, Finanzkrisen. Das eigene Leben wird nicht mehr selbst geführt, man sitzt nur noch auf dem Beifahrersitz und wartet auf die nächste Hiobsbotschaft. Der Weg aus jeder scheinbar noch so ausweglosen Situation ist letztlich nur die entschlossene Wahl, das Leben ab jetzt selbst zu führen.

Das Leben selbst hat dagegen keine Wahl. Es wartet auf Ihre Anweisungen. Was immer Sie wählen, das Leben lässt es in

Erscheinung treten. Oft erkennt man erst in den eigenen Lebenskrisen, was man einmal gewählt hat. Die meisten Menschen wählen unbewusst ein Opferdasein und verursachen so ständige Disharmonie im Leben, retten sich von einer Krise in die nächste.

Um vom Leben alles zu bekommen, was man will, muss man beginnen, es wirklich zu führen. Genau das aber haben wir nicht gelernt. Wie man ein Auto führt und fährt, das lernen wir in der Fahrschule und erhalten dafür einen Führerschein. Wie man das Leben aber führt, das lernen wir leider in keiner Schule und das gehört mit zur Tragik unserer Schulen.

»Führung« ist heute eine der wichtigsten Lebenskompetenzen. Ohne nachhaltige Führung geht nichts mehr. Unternehmen wollen nicht gemanagt, sondern geführt werden. Vor allem Kinder brauchen Führung, damit sie am Vorbild lernen, ihr Leben selbst zu führen. Die beste erzieherische Hilfe, die Eltern ihren Kindern geben können, ist ihr eigenes Leben als Mann, Frau und Eltern vorbildlich zu führen. Auch Partnerschaften wollen zu einem gemeinsamen Ziel hingeführt werden, damit ein Wir entstehen kann.

Wer aber die richtigen Lebensregeln kennt und sein Leben nach diesen Regeln führt, der kann sein Leben auch märchenhaft genießen.

Die Wahl, vor der Sie stehen, heißt: führen oder verführt und gesteuert werden?

Ob man sein Leben nach den eigenen Interessen und Bedürfnissen wirklich führt oder sich »von außen« steuern lässt, erkennt man am besten an der Frage: **Was MUSS ich noch?** Dieses »ich muss« bedeutet dann: Ich habe keine andere Wahl.

Also prüfen Sie einmal für sich, was Sie alles in Ihrem Leben noch *müssen.* Erstellen Sie eine Liste »Ich muss ...«. Und dann gehen Sie jeden einzelnen Punkt durch und fragen sich: Muss ich das wirklich? Ist es wirklich in meinem Interesse? Wann habe ich es gewählt? Warum habe ich es gewählt? Ist es noch jetzt meine Wahl?

Das Heimtückische an diesem »Ich habe ja keine andere Wahl« ist unser verschleierter Selbstbetrug: Wir reden uns ein, keine andere Wahl zu haben, und so bleiben wir in der scheinbar so bequemen Opferrolle.

Machen wir diese Selbstbefragung an einem Beispiel klar: Die meisten antworten auf die Frage, was sie noch müssen, spontan: Ich muss arbeiten.

Also: Warum muss ich eigentlich arbeiten? – Die Antwort kommt sofort: Weil ich Geld verdienen muss. Ich arbeite also, um Geld zu verdienen. – Gibt es keine andere Wahl? Arbeitet der Mensch nur, um Geld zu verdienen? Könnte ich nicht arbeiten, weil es mir Freude bereitet, und mein Verdienst ist dann eine willkommene »Nebenwirkung«?

Was würde sich in meinem Leben ändern, wenn ich nicht mehr arbeiten *müsste*, sondern arbeiten *wollte*, um mich selbst zu verwirklichen, um einen Beitrag zum *Ganzen* zu leisten?

Wie viel »muss« würde schon aus meinem Leben verschwinden, wenn ich nicht arbeiten müsste, sondern mich beruflich so betätigte, dass es mir wirklich Freude bereitete?

Sie sehen: Diese Fragen konsequent gestellt helfen Ihnen nicht nur, den Schleier des Selbstbetrugs zu lüften, sondern ganz neue Horizonte für Ihr Leben zu öffnen.

Wenn Sie die Wahl hätten: Würden Sie lieber arbeiten müssen oder Ihrer wirklichen Berufung mit Freude nachgehen? Tun Sie jetzt so, als ob Sie die Wahl hätten: Was würden Sie wirklich mit Freude tun, ohne sich die beengende Frage zu stellen, ob Sie Ihren Lebensunterhalt damit verdienen könnten?

Wenn Sie sich *jetzt* von dieser Macht »Ich habe keine andere Wahl« befreien wollen, dann prüfen Sie für sich, was Sie in Ihrem Leben noch müssen, und stellen Sie alle Punkte auf Ihrer Liste infrage: Muss ich es wirklich? Was wäre, wenn ich eine Wahl hätte. Und dann wählen Sie ganz bewusst Ihre

Zukunft! Sie liegt in Ihren Händen – wie das Steuerrad eines Autos, das man selbst lenkt.

Wie Sie Ihr Leben wirklich führen

Ein Leben wirklich zu führen, ist an kleinen Dingen zu erkennen und in kleinen Dingen zu erproben: ein Gespräch führen, eine Situation führen, eine Beziehung führen, Kinder führen, Mitarbeiter führen. Alle diese Führungsaufgaben finden ihren Höhepunkt darin, das ganze Leben zu führen. Das heißt auch: alles loslassen, was nicht mehr wirklich zu mir gehört. Schwächen in Stärken umwandeln und Stärken optimal einsetzen.

Klären wir die großen Lebensbereiche, die Führung erfordern:

Was ist mein Wunschtraum?

Wie kann ich ihn verwirklichen? Welche Hindernisse gibt es? Und warum noch?

Habe ich keine Zeit, kein Geld, keine Träume, fehlt es mir an Glauben, an Geduld, an Beharrlichkeit, habe ich kein Vertrauen in meine Fähigkeiten und Möglichkeiten, habe ich begrenzende Vorstellungen, wie: Ich kann das nicht, ich bin zu alt, zu schwach? Lasse ich mich zu leicht entmutigen oder bin ich nur zu faul?

Wenn wir unser Leben nicht in die Richtung unseres Wunschtraums führen, dann lassen wir uns ver-führen, um den Interessen anderer zu dienen (zum Beispiel durch Konsum). *Führen oder verführt werden, das ist die Frage. Lassen Sie sich noch zu Handlungen verführen, die nicht zu Ihrem Leben gehören?*

Zielklarheit schaffen:

Was will ich wirklich? Warum? Was ist der Sinn meines Lebens?

Ich sollte wirklich »stimmige« Ziele wählen: Ein stimmiges Ziel erkenne ich daran, dass es mir die Motivation *und* die Kraft gibt, es sicher zu erreichen. Ich muss mir vorstellen können, am Ziel zu sein. Ich muss mich wert fühlen, denn das Leben kann mir nichts geben, das ich mir selbst verweigere, versage.

Das ist ja der tiefere Sinn des »Versagens«: dem Leben nicht klar und deutlich zu sagen, was man will, es nicht ultimativ zu bestimmen und zu bestellen. Auch hier gilt: *dem Leben bestimmend sagen, was man will, oder sich den Erfolg ver-sagen.*

Vom Beruf zur Berufung finden:

Der Beruf sollte etwas sein, *wofür* man lebt, nicht nur *wovon* man lebt. Eine solche Tätigkeit kann ich auch nicht mehr »Arbeit« im üblichen Sinne nennen. Es ist Freude und Erfüllung. Es ist ein bewusstes Wirken, ein Werk vollbringen, Werkzeug sein. Wir sagen auch: Ein Mensch hat sein Leben verwirkt. Das meint, er hat nicht wirklich sein Leben gelebt, er hat am Leben vorbeigelebt. Also: *Wirken Sie bewusst in dieser Schöpfung oder verwirken Sie Ihr Leben?*

Den richtigen Umgang mit der Zeit lernen:

Ich kann die Zeit zwar nicht führen, wohl aber mein Leben bewusst *in der Zeit* führen, das heißt, den richtigen Zeitpunkt für alles finden und meine Lebenszeit optimal nutzen. Keine Zeit mehr mit Unwesentlichem vertun. Wissen, wofür es sich lohnt, meine Zeit, mein Geld, mein Leben einzusetzen.

Wir sprechen davon, dass man seine Zeit »vergeudet«. Damit ist nicht gemeint, dass man sich entspannt, ruht, »nichts tut«, in die Zeitlosigkeit kommt. Das ist sogar die Voraussetzung, um die Zeit optimal zu nutzen, die Relativität der Zeit zu erkennen, das subjektive Zeitempfinden bewusst zu erhöhen.

Zeit zu vergeuden heißt, sie nicht zu nutzen. Dieses Kapital und Vermögen durch die Hände streichen zu lassen, ohne sich seiner Lebensaufgabe bewusst zu werden und in diesem Sinne zu wirken.

Sind Sie sich dessen bewusst, dass Sie auch Einfluss auf Ihre Lebenszeit selbst haben? Mit Ihrer Geburt haben Sie ein Lebenskonto von in der Regel 130 Jahren bekommen. Sie buchen von diesem Konto durch Fehlverhalten täglich ab. Selbst wenn Sie mit 80 sterben würden, hätten Sie immer noch 50 Jahre Ihres Lebens »vergeudet«. *Sie haben durch bewusste Lebensführung auch Einfluss auf Ihre Lebenszeit. Vergeuden Sie sie nicht!*

Wie kann ich mehr Lebensqualität schaffen?

Letztlich geht es aber nicht um Lebens*quantität* – und der ist Meister, der am ältesten wird. Es geht um Lebens*qualität.* Fragen Sie sich immer wieder: Was be-/verhindert derzeit noch mein Glück? Warum?

Was würde mein Leben schöner, erfüllender machen? Legen Sie sich eine Liste an:

- Welche Wünsche habe ich noch an mein Leben? Was kann ich *jetzt* tun, um sie zu erfüllen?
- Was sind derzeit meine Probleme? Wieso habe ich sie noch nicht gelöst?

Das Leben stellt mich ständig vor neue Aufgaben. Das lässt sich leicht zum »Sinn des Lebens« stilisieren: Leben ist das Lösen von Aufgaben. Aufgaben werden aber dann zu Problemen, wenn ich mich ihnen nicht zur rechten Zeit stelle. Je länger ich sie vor mir herschiebe, zu desto deutlicheren und drängenderen Problemen entwickeln sie sich. Irgendwann habe ich keine Wahl mehr und muss mich dem schon unlösbar scheinenden Problem stellen. *Pro-aktiv* sein heißt Aufgaben lösen, *re-aktiv* sein heißt, sich mit Problemen herumärgern. Aber jedes Problem ist eine Herausforderung, wieder pro-aktiv zu werden.

Das Leben zu führen heißt also auch: alle sich stellenden Aufgaben *sofort* lösen. (Das Leben stellt einen immer nur vor Aufgaben, die lösbar sind. Unlösbare Aufgaben stellen sich uns nicht.) Indem man Aufgaben sofort löst, löst man sich ganz und gar von Problemen, weil ungelöste Aufgaben nicht mehr zu Problemen eskalieren.

Also: Lösen Sie Ihre Aufgaben und sich damit von Problemen. Auch dadurch reduzieren Sie in ganz erheblichem Maße das *Muss*. Sie haben dann keine Probleme mehr im Nacken, die Sie noch dringend lösen müssen.

Ein *Tipp*: Nehmen Sie sich eine Auszeit. Machen Sie sich eine Liste aller Probleme, die der Lösung harren. Und dann packen Sie alles an, so dass Sie nach der Auszeit sagen können: Alles gelöst, ich habe keine Probleme mehr. Und dann packen Sie jede Aufgabe, die sich Ihnen neu stellt, sofort an.

Lösen Sie sich von Problemen, indem Sie Ihre Aufgaben immer sofort lösen.

Vielleicht helfen Ihnen folgende Fragen weiter, um »aufgestaute Probleme« zu lösen:

- Macht mir meine Gesundheit Sorgen? Wie kann ich sie optimieren?
- Bin ich wirklich meinen Ansprüchen entsprechend erfolgreich? Wie werde ich noch erfolgreicher? Beende ich jedes Vorhaben erfolgreich? Erfolgreich *sein* kann so auch zu einer Gewohnheit werden.
- Bin ich mit meinen finanziellen Verhältnissen mehr als zufrieden? Was kann ich tun, um wirklich »vermögend« zu werden? Habe ich ein wirkliches »Wohlstandsbewusstsein«?
- Was ist mit meinen Gewohnheiten, sind sie »Glück bringend«? Was sollte ich mir ab- und was angewöhnen? Verhalte ich mich so, dass ich immer gut gelaunt und sympathisch bin?
- Bin ich immer auch grundlos glücklich? Das Glück ist, als Mensch zu leben, alles was geschieht, ist ein zusätzliches Geschenk. Habe ich ein richtiges »Talent zum Glücklichsein«?
- Bin ich ein idealer Partner? Was muss ich tun, um einer zu sein?
- Wer oder was spielt in meinem Leben die Hauptrolle? Sind es Erfolg, Anerkennung, Geld, Besitz, Gewohnheit, Liebe,

ich selbst? *Wer* sollte die Hauptrolle in meinem Leben spielen? Was ist dafür zu tun?
- Nie mehr »müssen«. Wo muss ich noch und warum? Muss ich wirklich?
- Lebe ich als Gewinner? Was macht mich zum Gewinner?

Wissen Sie, was der Test dafür ist, ob Sie Ihr Leben wirklich führen? Wenn Sie sagen können: Ich führe ein »märchenhaftes« Leben; so ein wundervolles Leben kann es doch nur in einem Märchen geben.

Sie lernen die Kunst zu praktizieren und ständig zu optimieren, aus einem ganz normalen Alltag etwas ganz Besonderes zu machen. Sie lernen Ihr Leben wirklich zu »zelebrieren«. Sie leben so, dass Sie am Ende sagen können:

Ich habe wirklich gelebt!

Sich selbst neu »er-finden«

Wir sind in einer beneidenswerten Lage. Wir sind Schöpfer. Wir können die Umstände unseres Lebens frei bestimmen. Doch leben die meisten wie Opfer der Umstände, die sie sich selbst geschaffen haben. Wir richten uns nach den Gegebenheiten, orientieren uns an Tatsachen. Dabei sind das doch nur Sachen, die einmal so getan worden sind, deswegen heißen sie ja Tat-Sachen, und die jederzeit anders getan werden könnten. Die meisten Menschen leben gar nicht ihr Leben. So fühlen sie sich in ihrer Situation nie so richtig wohl.

Lassen Sie uns also ab jetzt die Tatsachen schaffen, die wir brauchen, um uns in unserem Leben wirklich wohlzufühlen.

Was ist dafür zu tun? Was ist der »Lehrplan« in unserer Lebensschule zum Erreichen des Lebensführerscheins?

Das Leben gibt uns keinen »linearen Lehrplan« vor, den wir von oben nach unten abarbeiten könnten. Die nächste Aufgabe kommt eher unerwartet. Hier finden Sie in Stichworten die wesentlichen Aufgaben des Lehrplans, um sich als Schöpfer neu zu erfinden. Lassen Sie sich vom Leben überraschen, wann sich die jeweilige Aufgabe bei Ihnen meldet. Klären Sie dabei auch, was Sie schon gelernt haben, was zu Ihrer Gewohnheit geworden ist!

Das Leben führen heißt, den Weg der Freude gehen. Der Lehrplan heißt, das Leben mit immer mehr Freude zu genießen:

- **Das »Werkzeug Mensch« optimieren.** Der Mensch ist ein Werkzeug der Schöpfung und nur als »vollendeter Mensch« ein optimales Werkzeug.
- Seine Vision erkennen und verwirklichen. Klären: Was erfüllt mich wirklich?
- Entscheiden, ob ich mein Ego glücklich machen will oder mich selbst? Das sind zwei ganz verschiedene Wege und beide sind in Ordnung.
- Sich sein Selbstbild bewusst machen und optimieren.
- Das Sichärgern endgültig verlernen und Humor entwickeln.
- Die »Kunst des Genießens« erlernen und ständig praktizieren.
- *Nie* mehr »arbeiten« und bezahlten Urlaub für immer nehmen.
- Vom Beruf über die Berufung zur Erfüllung finden.
- *Jede* Angst auflösen. – Deine Angst liebt dich!
- Entfernen Sie rigoros jedes »Muss« aus Ihrem Leben.
- Optimieren Sie Ihren Umgang mit Kritik und Ablehnung. Jede Kritik ist immer ein Kompliment.
- Lernen Sie in *jeder* Situation »in Leerlauf« zu schalten. Wer nicht spielen will, der muss arbeiten.
- Die Aufmerksamkeit abziehen von Problemen und richten auf Lösungen!
- Stress vermeiden.
- Sich auf das Wesentliche konzentrieren. Prioritäten setzen. Schrittweise eins nach dem anderen durchführen.

- Das Ende des Leidens: Die »Illusion des Ich« durchschauen und sich selbst erkennen. Nur ein Ich leidet, ohne ein Ich ist keiner da, der leiden könnte.
- Bedingungslos ja zum »Spiel des Lebens« sagen.
- Die richtigen Ursachen setzen und aus dem, was *ist*, machen, was sein *soll*.
- Sich als Schöpfer erkennen und wählen.
- Welchem »Ruf« folgen Sie, dem Ruf des Geldes, des Erfolgs, des Glücks, der Gesundheit, der Erleuchtung? Es ist Ihre Wahl und damit bestimmen Sie Ihren Weg, denn das Ziel bestimmt den Weg und die Schritte.
- Bestimmen Sie bewusst die »Hierarchie *Ihrer* Werte«.
- Sein Leben ganz neu konzipieren und manifestieren. Sein Leben wirklich selbst bestimmen und wirklich *sein* Leben leben.
- Schicksal ist »Mach-sal« und damit eine Chance.
- Alles loslassen, was einen noch von sich selbst trennt.
- Eine Liste machen: Was gefällt mir nicht an meinem Leben?
- Welche Hindernisse, Erwartungen, Enttäuschungen gibt es noch in meinem Leben?
- Befreien Sie sich aus dem »Gefängnis der Gegebenheiten«.
- Den »Weg der Freude« gehen. Dieses Leben findet *nur* Ihnen zur Freude statt. **Wenn Sie sich auch nur einen Augenblick lang nicht freuen, haben Sie gerade nicht wirklich gelebt.** Machen Sie eine Liste Ihrer Freuden und verwirklichen Sie einen Punkt nach dem anderen in Ihrem Leben, sonst ist es gar nicht wirklich *Ihr* Leben.
- Lernen Sie, *nein* zu sagen.
- Spielen *Sie* die Hauptrolle in *Ihrem* Leben. *Sie* bestimmen ab sofort das Ziel, den Weg, die Schritte und den Erfolg. Machen Sie Ihren Erfolg »unvermeidlich« – Was ist Ihnen wichtiger: Perfektion oder Effektivität?
- Fangen Sie an, wirklich »märchenhaft« zu leben.

Zusammenfassung:

Das Leben führen können Sie nur, indem Sie wählen. Wer sein Leben nicht selbst wählt, der wird ver-führt, gesteuert, fremdbestimmt, von außen beeinflusst und gesteuert, ohne dass er sich dessen bewusst ist. Ihr Leben selbst zu wählen ist der entscheidende Schritt, um erwachsen und selbstständig zu werden, das Steuer des Lebens in die eigenen Hände zu nehmen.

Machen Sie sich bewusst: Was für ein Leben haben Sie bisher »gewählt«? Haben Sie gewählt, es nicht zu wählen? Was für ein Leben hätten Sie denn gern? Sind Sie bereit, Ihr eigenes Leben *jetzt* zu wählen?

Selbst-Erkenntnis:

Bitte klären Sie für sich folgende Fragen. Führen Sie über diese Selbstreflexion, diese Selbsterkenntnis ein Tagebuch: »Der Quantensprung: Ich erwache zu meinem Leben«.

- Steuere ich mein Leben selbst oder werde ich gesteuert?
- Wovon lasse ich mich steuern? Was MUSS ich noch in meinem Leben?
- Wohin will ich mein Leben in den wichtigsten Lebensbereichen führen? Was sind meine Lebensziele?
- Was sind meine WÜNSCHE, meine Sehnsüchte? Wonach drängt es mich?
- Welche Probleme will ich JETZT LÖSEN? Welche Hindernisse bewusst beseitigen, damit ich in den Fluss meines Lebens komme?
- Welchen AUFGABEN will ich mich SOFORT stellen? Bin ich bereit, das Steuer meines Lebens *jetzt* in meine Hände zu nehmen, das als derzeitige Hauptaufgabe meines Lebens zu sehen?
- Was macht mir wirklich FREUDE im Leben? Was sind die Ressourcen in meinem Leben, die mir Kraft geben?

Alles beginnt genau JETZT: Machen Sie es sich ab JETZT leicht

Schöpfer kennen des Geheimnis des »JETZT – in diesem Augenblick«. Opfer verschieben immer alles auf morgen, auf später. Sie hängen in der Vergangenheit oder machen sich Sorgen um die Zukunft, Leben aber nicht wirklich im *Jetzt.*

Was immer Sie beginnen, Sie können es nur *jetzt* tun. Sie können nicht morgen beginnen. Sie können höchstens *jetzt* planen, morgen zu beginnen. Doch wer weiß, was zwischenzeitlich passiert. Das Leben geht mit Plänen nicht sehr freundlich um.

Sie wandeln Ihr Leben *jetzt* oder nie. *Jetzt* ist immer der *richtige* Augenblick – der *einzige.*

Sie haben *jetzt* die Wahl, wie sich der Rest Ihres Lebens gestalten wird, ganz gleich wie Ihre Vergangenheit ausgesehen hat. Ob Sie verwöhntes Einzelkind von Millionären waren oder ob Sie eine schwere Kindheit hatten, es ist vorbei.

Die Vergangenheit ist einfach so was von vergangen! Sie brauchen Sie auch nicht aufarbeiten und damit umgehen und therapieren und eine Familienaufstellung machen oder Ähnliches. Sie müssen sich einfach nur bewusst machen: Meine Vergangenheit ist endgültig vorbei. Die kann jetzt sowieso nie wieder in Ihr Leben kommen. Die Vergangenheit kommt nie in die Gegenwart. Also ganz gleich, wie sie war, sie ist vorbei.

Doch die *Vorstellung,* Ihr Leben werde von der Vergangenheit bestimmt, macht Sie *jetzt* zu deren Opfer. Ihre Vergangenheit ist nur der vergangene Weg, der Sie zu Ihrem *jetzigen* Standort geführt hat. Aber sie bestimmt nicht, wohin Sie *jetzt* gehen. Das bestimmen allein *Sie – jetzt.*

Die Menschen lassen ihre Vergangenheit nicht los, weil sie mit ihr hadern: »Hätte ich doch nur …«, »Wäre doch nur …«, »Könnte ich noch einmal …«, »Wenn damals nicht …«, »Wenn ich andere Eltern, andere Lehrer, einen anderen Partner gehabt hätte …«

Sie können *jetzt* Ihre Vergangenheit loslassen, wenn Sie sich mit ihr in *Liebe* versöhnen: »Ich liebe mein Leben, wie es *jetzt* ist, und erkenne: Ohne meine Vergangenheit wäre ich nicht da, wo ich jetzt bin. Wenn ich liebe, wo ich *jetzt* bin, kann ich auch meine Vergangenheit loslassen, die mich dahin gebracht hat, wo ich jetzt bin. *Danke* Vergangenheit – und tschüss.« So einfach ist das. **Sagen Sie *ja* zu dem, was Sie *jetzt* sind, dann sind Sie von Ihrer Vergangenheit entlastet und frei, Ihre eigene Zukunft zu wählen.**

Ich frage immer wieder Menschen, die in meine Praxis kommen: »Was kann ich für Sie tun?« Und ich höre dann, »Herr Tepperwein, ich hatte eine so schwere Kindheit.« Ich sage dann: »Na und, seien Sie froh, dass sie vorbei ist.« Wo ist das Problem?

Dann heißt es: »Sie machen es sich leicht.« Meine Antwort ist natürlich immer: »Genau, das sollten Sie auch tun.«

Also, machen Sie es sich leicht und erleichtern Sie sich von Ihrer Vergangenheit. Wir werden vom Leben nicht dafür belohnt, dass wir es uns schwer machen. Leben Sie Ihr Leben leichten Herzens.

Schauen wir also gleich einmal praktisch in den Spiegel Ihrer Lebensumstände und überlegen: Was davon gehört nicht mehr wirklich zu Ihnen? Wovon sollten Sie sich jetzt erleichtern, was in *Liebe* loslassen?

Ganz gleich, was Sie in Ihrem Leben ändern, machen Sie nicht das, was fast alle Menschen tun: Sie fangen mit dem Schwierigsten an, scheitern und geben dann wieder auf. Ich empfehle Ihnen, fangen Sie jetzt gleich mit dem für Sie Leichtesten an. Machen Sie das, zu dem Sie sagen: »Da fällt es mir am leichtesten.« »Das macht mir eigentlich nichts aus.« »Da muss ich nur daran denken.« Danach nehmen Sie das nächste Leichteste. Wenn das eine zur Gewohnheit geworden ist und Sie dann wieder das Leichteste angehen, dann machen Sie immer das Leichteste. Bis zum Schluss das Letzte auch das Leichteste ist.

Ich habe das einmal von einer Schale Erdbeeren gelernt. Ich habe in meinem Leben die sonderbarsten Lehrer. Selten sind das Menschen. Eine Schale Erdbeeren hat mir etwas ganz Wichtiges beigebracht:

Ich habe vom Krieg her noch, wie wahrscheinlich viele Menschen, die Gewohnheit gehabt, immer das Schlechteste, in diesem Fall die schlechteste Erdbeere zu nehmen und dann wieder die mickrigste und dann wieder die am wenigsten reife und dann wieder die kleinste usw. Ich habe nur die schlechteste Erdbeere gegessen, die Letzte war dann aber auch die Schlechteste. Irgendwann ist mir das aufgefallen, und ich habe zu mir gesagt: »Ich mach das anders herum.« Ich lebe jetzt genau anders herum. Ich habe mein Leben um 180 Grad gedreht. Ich habe mich bei der nächste Schale Erdbeeren gefragt: Welche ist die Schönste? Die! Und welche ist jetzt die Schönste? Die!

Dann hatte ich doch einmal ein schlechtes Gewissen, Ja, wenn ich jetzt mit anderen Menschen Erdbeeren esse? Ja, Moment, die können ja auch die schönsten Erdbeeren essen. Mir wurde bewusst: Auch das ist kein Grund für ein schlechtes Gewissen: Fang selbst mit dieser Lebensregel an und nimm die Schönste. Seit der Zeit nehme ich immer die schönste Erdbeere, gleichgültig, ob ich allein bin oder mit anderen zusammen.

Dieses Prinzip wende ich natürlich nicht nur bei Erdbeeren an, sondern im ganzen Leben. **Das heißt, ich nehme immer nur das Beste.** Fangen Sie *jetzt* damit an!

Das erinnert mich an die Geschichte bei einer größeren Feier. Es gab Fisch. Zwölf Personen, zwölf Fische. Die letzten beiden Fische – ein ganz mickriger kleiner und ein wunderschöner großer – kamen dann zu den letzten beiden Gästen. Der vorletzte stand jetzt vor dem Problem: Bin ich unhöflich und nehme den großen, den ich gern hätte, oder bin ich höflich und nehme den kleinen und bin nicht zufrieden?

Dann hatte er eine Idee: »Ich gebe das Problem einfach weiter«, und hielt die Schale dem letzten hin. Der nahm sich den größten Fisch. Jetzt machte der vorletzte Gast ein maßlos enttäuschtes Gesicht; als der letzte ihn fragte: »Ist irgendetwas nicht in Ordnung?« – antwortete er: »Das hätte ich jetzt nicht gedacht, dass Sie sich da den größten Fisch nehmen und mir den mickrigen lassen«; darauf der Angesprochene: »Wieso, welchen hätten *Sie* denn genommen?« »Ich hätte selbstverständlich den kleinen genommen!« Die Antwort brachte ihn zum Nachdenken: »Ja, den haben Sie doch!«

Das wünsche ich mir für Sie, dass Sie lernen, in diese spielerische Leichtigkeit zu kommen und immer nur das Beste zu wählen. Verabschieden Sie sich *jetzt* von falscher Bescheidenheit und falscher Rücksichtnahme. Wählen Sie nicht das zweitbeste Leben, leben Sie nicht drittklassig.

Leben Sie ab jetzt »erste Klasse«. Prüfen Sie einmal Ihre Art zu leben und nehmen Sie ab jetzt nicht nur die schönste Erdbeere, sondern ganz gleich, was es ist, nehmen Sie immer das Beste. Siehe da, dann kriegen Sie es auch. Also, schauen wir noch mal, was könnten Sie in Ihrem Leben loslassen? Wie können Sie sich entlasten?

Zusammenfassung:

Das Leben führen können Sie nur *jetzt*. Sie können weder die Vergangenheit führen noch die Zukunft. Nur in diesem (und jedem einzelnen) Augenblick können Sie Ihr Leben führen. Und jeder Augenblick bedarf Ihrer Führung.

Verschieben Sie die Grundfragen des Lebens nie auf morgen. Sind Sie bereit, sich ihnen *jetzt* zu stellen? Die Grundfragen lauten: Wer bin ich? Lebe ich wirklich *mein* Leben? Die Antwort lautet (und hat unzählige verschiedene Formulierungen): Du bist ein Schöpfer. Du lebst dein Leben, indem du es selbst erschaffst.

Was für eine Art Leben erschaffen Sie? Erschaffen Sie sich ein Leben »erster Klasse«? Behandeln Sie sich selbst wie einen Kunden erster Klasse? Oder geben Sie sich mit einem drittklassigen Leben zufrieden? **Drittklassig zu leben kann nicht Ihre beste Wahl als Schöpfer sein.**

Wählen Sie *jetzt* ein Leben erster Klasse und lassen Sie *jetzt* alles los, was nicht mehr dazugehört. *Loslassen* heißt *jetzt*: geistig und in Liebe loslassen, verabschieden, entlassen und sich entlasten.

Sind Sie bereit, Ihr eigenes Leben *jetzt* zu gewinnen?

Selbst-Erkenntnis:

Bitte tragen Sie die Antworten auf die Fragen wieder in Ihr Tagebuch »Der Quantensprung: Ich erwache zu meinem Leben« ein:

- In welcher Hinsicht hadere ich noch mit meiner Vergangenheit? Mit welchen vergangenen Ereignissen und Menschen habe ich mich noch nicht versöhnt?
- Was kann ich noch nicht in Liebe loslassen? Was hindert mich daran?
- Wo lebe ich noch drittklassig? Wie wäre es, erstklassig zu leben? Wie sieht ein erstklassiges Leben aus, das ich selbst wähle?
- Wo lebe ich falsche Bescheidenheit und falsche Rücksicht? Wo mache ich es mir schwer?
- Was hindert mich jetzt noch daran, mein Leben zu *lieben*, so wie es *jetzt* ist?

Polen Sie sich um: Machen Sie Ihr Leben zu einem Gewinn für sich und andere

Sein Leben zu gewinnen heißt, seine selbst gestaltete Zukunft zu gewinnen. Sie können die beste Zukunft Ihres Lebens jetzt wählen! So wird Ihr Leben zu einem Gewinn für sich und andere. Das ist weit mehr als ein Lottogewinn.

Jeder will im Lotto gewinnen, aber keiner Gewinner sein. Das ist schon merkwürdig. Wie soll das funktionieren?

Vielleicht sind Ihnen die Worte »Gewinn« und »Gewinner« nicht so angenehm. Leicht gerät man damit in die Nähe von »Sieger«, »Ellenbogengesellschaft«, »Profit« und »Profitmaximierung«.

Wir assoziieren mit dem Wort »Sieger«: Wo es Sieger gibt, gibt es Verlierer. – Ein Sieger schafft viele Verlierer. – Der Sieger von heute ist der Verlierer von morgen.

Unser gegenwärtiges Gesellschaftssystem »produziert« (im wahrsten Sinne des Wortes) im eigenen Land und weltweit ganz wenige Sieger und überwiegend Verlierer.

Solange wir in diesen Assoziationen stecken, stellen wir uns selbst ein Bein. Wir sollten klar zwischen Gewinn als Lebensprinzip und Profit als kapitalistischem Prinzip unterscheiden können, auch unterscheiden können zwischen einem Gewinner, der andere zu Gewinnern macht, und einem Sieger, der andere zu Verlierern macht, weil er auf Kosten anderer siegt.

Machen wir uns bewusst: **Gewinnen ist ein Lebensprinzip!** Wer nicht gewinnen will, sagt nein zum Leben. Für jedes lebensfähige System gilt: mehr Energie gewinnen als verlieren. Sobald ein System mehr Energie verliert, als es für seine Erhaltung braucht und gewinnt, ist es bereits in der Spirale des Energieabbaus und gehorcht dem Gesetz der Entropie, des Verfalls. Altern ist kein Gesetz, sondern ein Energieverliererprinzip.

Machen wir uns bewusst, was für ein Gewinn für die menschliche Entwicklung das Feuer, die Kleidung, die Herstellung von Werkzeugen sind. Was für ein Gewinn ist die Entdeckung von Sprache und Schrift! Jedes Lernen ist ein Gewinn. Wir sprechen von »Lerngewinn«. Alle diese ursprünglichen Formen des Gewinns gehen nicht auf Kosten anderer, sondern sind ein gemeinschaftlicher Gewinn. Auch das ist ein Lebensprinzip!

Sie sind von Natur aus ein Gewinner. Sie brauchen sich nur einmal an Ihre Zeugung zu erinnern, den Beginn Ihres Lebens, oder an Ihr Da-Sein in Ihrem Körper denken.

Da machten sich also 300 Millionen Samenfäden auf den Weg, um ein einziges Ei zu befruchten. Es war ein tödliches Spiel, denn schon beim Start stand fest, dass hinterher 299 999 999 nicht überleben würden. Nur einer hatte die Chance dazu. Da treten also 300 Millionen trainierte Athleten zu einem Wettbewerb an und Sie haben gewonnen. Sie haben Ihr Leben gewonnen.

Sie müssen also etwas ganz Besonderes sein. Sie müssen dem Leben wichtig sein. Sie sind ein Gewinner, Sie haben Ihr Leben gewonnen. Sie werden nie wieder im Leben gegen eine solche mörderische Konkurrenz antreten, noch dazu in einem »tödlichen Spiel«. Das heißt, wenn Sie einmal gezeugt sind, können Sie sich zurücklehnen. Der Rest ist ein Kinderspiel. Sie werden nie wieder so eine Prüfung bestehen müssen. Diese erste große Prüfung in Ihrem Leben haben Sie überstanden. Sonst wären Sie nicht hier.

Das sollte Sie überzeugen. Sie sind von Natur aus ein Gewinner, und Sie sind einzigartig. Es hat noch nie einen solchen Menschen gegeben wie Sie. In alle Zukunft wird es nie wieder einen solchen Menschen geben. Sie sind einmalig. Sie können dafür sorgen, dass jeder Kontakt mit Ihnen für den anderen Freude und Gewinn ist.

Fangen Sie an, anderen Segen zu sein. Ganz bewusst jedem, dem Sie begegnen. Jeden Menschen durch Ihr Da-Sein beschenken als Gewinner. Leben Sie ganz bewusst als Gewinner. Denn ein Gewinner findet für jedes Problem die darin enthaltene Lösung. Ein Verlierer findet in jeder Lösung ein Problem. Sie entscheiden, zu welcher Gruppe Sie gehören. Natürlich gewinnen Sie noch mehr, indem Sie anderen helfen zu gewinnen.

Erst gewinnen, dann beginnen!

Machen Sie sich ein ganz wesentliches geistiges Gesetz der Manifestation bewusst: Es kann nur das *werden*, was bereits *ist*. Das klingt merkwürdig paradox und bedarf sicher der Erklärung: Es kann nur das in der materiellen Welt werden (sich manifestieren), was in der geistigen Welt bereits vorhanden ist (vor-gesehen ist). Ein Haus kann nur entstehen, wenn »der Bauherr« es sich vorher vorstellen kann, wenn er die »Imagination seines Traumhauses« dem Architekten bildlich vermitteln kann und wenn dieser einen Plan erstellt. Das Haus *ist* bereits geistig erschaffen, bevor es reale Gestalt annimmt.

So vollzieht sich *jede* Schöpfung im Leben. Erst ist etwas in der geistigen Welt erschaffen (in der Imagination, der Ein-Bildung, der Vor-Stellung), dann manifestiert es sich in der materiellen Welt.

Und so ist »erst gewinnen, dann beginnen« gemeint: erst die Zukunft imaginativ gewinnen, dann mit der Verwirklichung beginnen. Was wir wirklich *tun* müssen: uns das gewünschte Ergebnis stimmig vorstellen können, fast den ganzen Rest der Manifestation können wir dann dem Leben überlassen. Manchmal noch das eine oder andere tun, oft Hindernisse beseitigen. Mit anderen Worten: mit dem imaginativen Gewinnen beginnen.

Dazu brauchen wir das geistige Werkzeug der schöpferischen Imagination. Es ist eines der wichtigsten Schöpfungsprinzipien: Was man sich imaginativ nicht vorstellen kann, das kann sich auch nicht verwirklichen. Alles ist Energie, die darauf wartet, *Form* anzunehmen. Energie geht *in Form* (der tiefe Sinn jeder In-Form-ation). Der Geist, das Bewusstsein gibt imaginativ die Form vor, die Energie dann annehmen kann. Das ist Manifestation.

Die schöpferische Imagination ist die Transformation der Idee einer erwünschten Zukunft in die Realität der Gegenwart. In der Bibel heißt es: »Bittet um was Ihr wollt, glaubt nur, dass Ihr *erhalten habt*, und es muss euch werden.« (Markus 11, 24)

Eine geniale Idee zu haben allein reicht nicht! Ideen können verpuffen, sich wieder auflösen. Erst durch die schöpferische Imagination bekommt eine Idee eine erste klare Form, in der sich die Realität manifestieren kann. Es ist das geistige In-Besitz-Nehmen einer erwünschten Zukunft.

Wichtiger noch: Was immer Sie geistig in Besitz genommen und sich damit »zu eigen gemacht« haben, kann Ihnen das Leben nicht mehr verwehren. **Das Imaginieren des Ziels, vom erwünschten Endzustand aus, ist der Anfang aller Wunder.** Dabei können auch zunächst »Alternativ-Zukünfte« geschaffen werden, ohne sie zu verursachen, um sie »anzuprobieren« und zu spüren, dass sie »stimmen«, damit Sie sicher sein können, auch die richtige, »stimmige« Zukunft zu verursachen.

Das Verursachen geschieht, indem Sie sich die erwünschte Zukunft zunächst klar und präzise vorstellen, dann in diese Vorstellung »hineingehen«, in die Erfüllung eintreten und sich in der Erfüllung erleben. Es ist so, als probierten Sie mehrere Kleidungsstücke an, die Ihnen gefallen, um am Ende das zu wählen, das Ihnen am besten steht, Ihnen wirklich gefällt.

Bei diesem »Anprobieren der Zukunft« sollten Sie so lange die Erfüllung in immer neuen Aspekten erleben, bis Sie ein Gefühl der *Freude* und *Dankbarkeit* erfüllt. Denn diese Gefühle stellen sich *nur* ein, wenn die »anprobierte Zukunft« für Sie auch stimmig ist. Mehr noch: Freude und Dankbarkeit sind ein Zeichen dafür, dass das Leben Ihren Auftrag angenommen hat und er bereits auf dem Weg der Verwirklichung ist. Die erlebte

Dankbarkeit ist gewissermaßen die »Auftragsbestätigung« des Lebens, dass der Auftrag angenommen ist und bald »in Erscheinung« treten muss.

Diese Gefühle der Freude und Dankbarkeit können Sie nicht erzwingen. Dafür brauchen Sie auch nicht über heiße Kohlen zu laufen. Sie sind in dem Moment *da*, wo Sie in Resonanz mit Ihrem Leben sind, dem Leben, so wie es gedacht ist, wenn Sie in Resonanz mit Ihrer Lebensaufgabe, Ihrer Lebensabsicht stehen.

Der erste Schritt, um im Leben etwas zu erreichen und zu manifestieren, ist, das Ziel bereits geistig in Besitz zu nehmen und sich am Ziel, in der Erfüllung zu erleben, in der Gewissheit, dass es so »in Erscheinung« treten muss und sich als erlebte Realität manifestiert.

Deshalb: ERST GEWINNEN, DANN BEGINNEN!

Alles, was Sie beginnen, erfolgreich beenden

Wenn Sie ein klares Ziel haben, dann ergeben sich daraus die erforderlichen Schritte und daraus entsteht der Weg zum Ziel. Das Geheimnis, um jedes, wirklich jedes Ziel sicher zu erreichen, besteht darin, nicht vorher aufzugeben, sich nicht von scheinbaren Misserfolgen auf dem Weg verunsichern und entmutigen zu lassen, sondern im Gegenteil, *jeden* scheinbaren Misserfolg als *wichtige* Botschaft des Lebens zu erkennen, dass es so nicht geht, und vor allem als Botschaft, wie man es besser machen könnte.

Manchmal müssen Sie auf das »In-Erscheinung-Treten« des verursachten Ziels nur noch warten. Häufig aber ist die Manifestation des Ziels ein Tanz zwischen Ihnen und dem Leben: Sie machen einen Schritt, das Leben macht einen Schritt. Sie machen den nächsten, das Leben macht den nächsten. Sie machen einen Schritt und lassen los. Das Leben reagiert und Sie »re-reagieren«. Das ist ein Tanz von Tun und Loslassen, Agieren und Reagieren.

Sie können das Ziel, einen Berggipfel, klar vor Augen haben, sich das »Oben-angekommen-Sein« schon mit Freude und Dankbarkeit vorstellen. Und doch kann es auf dem Weg dahin unerwartete Hindernisse geben, müssen Sie vielleicht sogar noch einmal einen kurzen Abstieg wählen, um einen besseren Weg nach oben zu finden. Und so führt Sie der scheinbare Misserfolg umso sicherer ans Ziel, weil er in Wirklichkeit eine Hilfe des Lebens ist, auch dieses Ziel sicher zu erreichen.

Es ist nicht wichtig, wie oft man auf dem Weg zum Ziel hinfällt, entscheidend ist, dass man einmal öfter aufsteht, als man gefallen ist. Also geben Sie sich das förmliche Versprechen, alles, was Sie beginnen, erfolgreich zu Ende zu bringen, und definieren Sie auch ganz klar, wie der Erfolg aussehen soll.

Genießen Sie das herrliche Gefühl, wirklich in jedem einzelnen Fall erfolgreich zu sein und jedes Ziel letztlich zu erreichen. Seien Sie von sich selbst begeistert und freuen Sie sich an Ihrem sicheren Erfolg.

Eine wichtige Voraussetzung für Ihren Erfolg ist, das Ziel, sobald Sie es klar definiert und sich dafür entschieden haben, geistig »in Besitz« zu nehmen, sich am Ziel zu erleben, bevor Sie den ersten Schritt tun, denn damit haben Sie den sicheren Erfolg *verursacht*, bevor Sie überhaupt beginnen.

Fassen wir dieses fundamentale Schöpfungsprinzip zusammen:

Schöpferische Imagination

Schöpferische Imagination ist die Transformation einer Vorstellung in die Realität und macht aus einer Möglichkeit eine Tatsache.

Das »Wunder der Imagination« können Sie nutzen, um eine erwünschte Realität »in Erscheinung zu rufen«, indem Sie sie »in Besitz nehmen«. Die Zukunft gehört Ihnen bereits, Ihr Ziel ist bereits geistig er-reicht. Auch das ist Reichtum.

Schöpferische Imagination ist die Rückkehr in die vergessene Allmacht des Schöpfer-da-Seins, das wichtigste Werkzeug, um die eigene Zukunft selbst zu bestimmen.

Ob Sie sich dessen bewusst sind oder nicht: *Sie* sind der Schöpfer Ihrer Lebensumstände. Der einzige Mensch, der Sie erfolgreich und glücklich machen kann, sind *Sie* selbst. Denken Sie nicht mehr in Schwierigkeiten, sondern in Möglichkeiten. Optimieren Sie Ihre »inneren Bilder« und unbewussten Überzeugungen, denn daraus entsteht der größte Teil Ihres »Schicksals«. Im Außen spiegelt das Leben, was in Ihnen ist.

Schöpferische Imagination heißt, sich etwas so vorzustellen, dass es sich in der Realität als Ereignis, als Situation, Zufall oder Begegnung manifestiert. Ihr bewusster Gebrauch lässt »in Erscheinung« treten, was immer Sie damit hervorrufen, denn schöpferische Imagination ist »wirklichkeitsschaffende Energie«.

Schöpferische Imagination vollzieht sich – zusammenfassend – in sieben Schritten:

1. Machen Sie sich den unerwünschten Umstand bewusst und schaffen Sie daraus den »erwünschten Endzustand«.
2. Stellen Sie sich den erwünschten Endzustand ganz lebendig vor und versetzen Sie sich dann imaginativ in die Erfüllung. Erleben Sie sich in immer neuen Situationen in der Erfüllung. Probieren Sie dabei »alternative Zukünfte« aus.
3. Identifizieren Sie sich mit dem erwünschten Endzustand, indem Sie ihn als ganz natürlich und zu Ihnen gehörig erleben. Nehmen Sie ihn so geistig »in Besitz«.
4. Fügen Sie den erwünschten Endzustand imaginativ in Ihre individuelle Zeitlinie ein und machen Sie ihn dort fest, indem Sie sich in der gewünschten Zeit in der Erfüllung erleben.
5. Schauen Sie von der Erfüllung, also vom Ziel aus, zurück und erkennen Sie, welche Schwierigkeiten und Hindernisse

auf dem Weg zum Ziel aufgetaucht sind und wie Sie sie gemeistert haben oder wie Sie sie hätten vermeiden können.
6. Erleben Sie ganz lebendig Ihre Freude und Dankbarkeit darüber, dass der erwünschte Endzustand erreicht ist.
7. Lehnen Sie sich zurück, genießen Sie Ihren geistigen Erfolg und lassen Sie das Ganze einfach los.

Schöpferische Imagination beherrschen Sie – so oder so, denn auch das, was Sie für Ihre Zukunft *befürchten,* ist ein inneres Bild, eine Ein-Bildung, eine Vor-Stellung, die sich verwirklicht.

Wenn Sie sich dessen wirklich bewusst sind, dann können Ihnen die Schuppen von den Augen fallen. Dann erkennen Sie durch *einen* Geistesblitz: Sie sind ja bereits Schöpfer, Sie imaginieren Ihre Zukunft bereits (durch Befürchtungen), Sie manifestieren bereits das, was Sie in düsteren Horrorszenarien befürchten.

Es gilt nur, eine *andere* Zukunft zu imaginieren, eine stimmige, farbenprächtige, lichtvolle, gewinnende.

Sympathisch: Wie Sie mit einem Schritt Ihr ganzes Leben verwandeln

Es gibt einen Faktor, der unser ganzes Leben entscheidend beeinflusst. Er ist bei jedem zumindest latent vorhanden, aber unterschiedlich ausgeprägt. Er kann jedoch von jedem jederzeit aktiviert werden, beginnt im selben Augenblick deutlich spürbar zu wirken und verwandelt, ja verzaubert das Leben eines jeden Einzelnen entscheidend durch Wandlung: der Faktor der *Sympathie.* Es ist der Gewinner-Faktor. Wer sympathisch ist, gewinnt: Freunde, Gelegenheiten, Gesundheit, Wohlstand, was immer.

Sympathie ist eine zwischenmenschliche Energie, die jeden zum Gewinner macht. Sie ist die Energie des Gebens: ein ansteckendes Lächeln, geteilte Freude, erleichterndes Mitgefühl; sie lässt einen Licht ausstrahlen, Räume erhellen. Gegenseitige Sympathie gibt das Beste und sieht das Beste im anderen.

Sympathisch sein ist keine Gabe der Natur, die ein launisches Schicksal dem einen in die Wiege legt und dem anderen eben nicht. Es ist eine ganz natürliche Fähigkeit *jedes* Menschen, die nur unterschiedlich entwickelt ist und die von einem Augenblick zum anderen aktiviert werden kann.

Sie werden *sofort* sympathisch, wenn Sie den anderen sympathisch finden. Dadurch entsteht im selben Augenblick eine »energetische Brücke der Sympathie«. Dabei genügt es, *etwas* am anderen sympathisch zu finden. Was dabei aber zählt, ist die »Ehrlichkeit des Herzens«. Indem Sie bei jedem etwas sympathisch finden, wird Ihre Ausstrahlung, Ihr Charisma immer stärker und gewinnender. Sie werden so immer mehr zu einer »gewinnenden Erfolgs-Persönlichkeit«. Dadurch begegnen Sie letztlich nur noch sympathischen Menschen, aber vor allem verändert das Ihre »energetische Signatur« (siehe Seite 63ff.) nachhaltig. Das wiederum sorgt dafür, dass Sie selbst in einer harmonischen Schwingung leben. Dadurch aber verändert sich deutlich Ihr Schicksal, denn nach dem »Gesetz der Resonanz« ziehen Sie jetzt *nur* noch positive Ereignisse, Umstände und Situationen in Ihr Leben und halten Negatives zuverlässig fern, sodass Probleme und Schwierigkeiten gar nicht erst auftauchen. Das lässt Sie nicht nur immer gesünder werden, es verlängert auch deutlich Ihr Leben. Und es ist ein zuverlässiger »Wohlstands-Faktor«, weil dadurch in Ihrem Leben alles »wohl steht«. Sympathischsein ist die beste Kapitalanlage, ohne jedes Risiko und mit den höchsten Zinsen.

Sobald Ihnen also Sympathischsein zur Gewohnheit geworden ist, erleben Sie ein ständig steigendes Wohlgefühl, das Ihren ganzen Körper erfüllt und Sie eine unbändige Lebensfreude spüren lässt.

Nach einiger Zeit stellen Sie auch fest, dass Sympathischsein im gleichen Augenblick beginnt, Ihren Körper zu heilen;

Krankheiten verschwinden mehr und mehr aus Ihrem Leben und dieses Wohlgefühl wird zu Ihrem normalen Zustand. Ihr ganzes Leben beginnt sich segensreich zu verändern und zwar im selben Augenblick, in dem Sie bewusst in die Erfahrung eintreten, sympathisch zu sein. Wenn Sie einen Beweis dafür brauchen, *machen* Sie es einfach und Sie sind der Beweis. Denn Sympathischsein funktioniert bei jedem immer und sofort.

Mit der Veränderung unserer energetischen Signatur zum Positiven schaffen wir uns ein ständig wachsendes »energetisches Guthaben«, und da Energie nicht verloren gehen, sondern nur ihre Form wechseln kann, tritt dieses Guthaben als besondere Chance, als günstiger Zufall oder interessante Begegnung in Erscheinung. Alles geht Ihnen plötzlich viel leichter von der Hand, weil latente Hindernisse sich auflösen, *bevor* sie wirksam werden können. Sie schaffen und vor allem erreichen viel mehr in immer kürzerer Zeit, weil Sie keine Zeit mehr brauchen, um Schwierigkeiten zu beseitigen.

Zusammenfassung:

Das Leben führen können Sie nur als Gewinner. Gewinnen ist ein Lebensprinzip.

Ein Verlierer ist ständig auf andere angewiesen, lebt auf Kosten anderer, nimmt mehr, als er gibt. Ein Gewinner lebt im Gewinn und Überfluss. Er kann geben und einen Beitrag zum Ganzen leisten.

Sind Sie bereit, Ihr Leben *jetzt* als Gewinner zu führen? Sind Sie jetzt bereit, ein unendliches geistiges Vermögen zu gewinnen?

Selbst-Erkenntnis:

Hier wieder einige Fragen für die *Führung* Ihres Quantensprung-Tagebuchs:

- Was bedeutet es für mich, ein Gewinner zu sein?
- Was habe ich schon alles gewonnen? Was will ich noch gewinnen?
- Erkenne ich einen »Lottogewinn« in meinem Leben und bin ich bereit, ihn in Empfang zu nehmen?
- Was heißt es, dass ich etwas Besonderes bin? Was ist meine Originalität, meine Einzigartigkeit?
- Welche Vor-Stellung habe ich von meiner Zukunft? Was befürchte ich?
- Wenn ich meine alternativen Zukünfte wirklich anprobiere, was für eine stimmige Zukunft kann ich für mich erkennen?
- Was will ich jetzt erfolgreich beenden?
- Was finde ich an anderen »ehrlichen Herzens« sympathisch? Was an mir selbst?
- Wem sage ich als Nächstes, was ich an ihm sympathisch finde?

Quantensprung-Bewusstsein: So bauen Sie sprunghaft Ihr »geistiges Vermögen« auf

Wir haben uns daran gewöhnt, *Vermögen* nur materiell zu sehen und als »Kapital« zu bezeichnen. Selbst »geistiges Vermögen« ist in der Sprache unseres Zeitgeistes ein »geistiges Kapital«.

Wie dem auch sei: Das wichtigste Vermögen ist nicht das Finanz-Kapital, sondern das *geistige* Kapital. Geistiges Vermögen kommt vor dem finanziellen und verursacht es erst.

Um geistiges Kapital anzuhäufen, brauchen Sie nichts und niemanden auszubeuten. Sie investieren vor allem Ihre Zeit, um Ihr geistiges Vermögen zu erhöhen. Bevor Sie im Außen im Wohlstand leben können, müssen Sie im Inneren Wohlstandsbewusstsein aufbauen.

Gerade dieses geistige Vermögen unterscheidet uns vom Tier. Das Tier lebt in der Unbewusstheit im Einklang mit der Natur. Es ist dem Menschen (als Individuum wie als Gattung) gegeben, sich aus der *Natur* und der Unbewusstheit zu befreien. Das macht unsere *Kultur* aus, mit unserer Möglichkeit (unserem menschlichen Potenzial) schöpferisch und bewusst die Evolution fortzuführen.

Es ist uns als Mensch in die Wiege gelegt, uns geistig aus dem Unbewussten und über die Natur zu erheben. Dieses menschliche Potenzial ist eine Auf-Gabe, ein Geschenk. Dieses Geschenk will auch als Aufgabe, als Herausforderung angenommen werden und entfaltet sich nicht von selbst.

»Potenzial« heißt aber noch nicht: gelebtes Leben! Jeder Mensch ist ein Sprachgenie, könnte ein Dutzend Sprachen fließend sprechen (jeder Einzelne, der dies vermag, ist nur ein herausragendes Beispiel dafür, welches Potenzial *jeder* in sich trägt). Sprache entwickelt sich nur durch Sprechen.

Und so ist es mit allen unseren geistigen Werkzeugen. Sie entwickeln sich und stehen uns zur Verfügung, wenn wie sie auch wirklich *nutzen*.

Der Lehrplan der Lebensschule sieht für uns zuerst einmal etwas Einfaches vor: ganz Mensch zu werden, unser menschliches Potenzial durch Nutzung zur Entfaltung zu bringen, als Individuum wie als Gattung selbst-bewusst zu werden, unser Denken als Instrument zu nutzen.

So beherrschen Sie Ihr »Denkinstrument« wirklich!

Ungeahnte Möglichkeiten haben wir bisher nicht genutzt, weil wir sie noch gar nicht entdeckt haben. Doch obwohl wir bisher nur einen geringen Teil unseres geistigen Potenzials nutzen, haben wir Großartiges geleistet und das lässt uns ahnen, was auf uns wartet, wenn wir unser ganzes latentes geistiges Potenzial aktivieren. Wir alle verfügen über ein fantastisches Vermögen, von dem die meisten nicht einmal ahnen, dass sie es haben. Um diese Fähigkeiten zu aktivieren, braucht es keine geheimen Einweihungen, keine entbehrungsreichen Jahre im Himalaja, sondern Sie können gleich hier damit beginnen.

Die meisten Menschen denken, wenn überhaupt, »halbhirnig« und leben, wenn überhaupt, »halbherzig«.

Sie besitzen ein Gehirn, aber nutzen es nur minimal. Es ist kein Geheimnis, das die meisten ihr Gehirnpotenzial nur zu vielleicht zehn Prozent nutzen.

Biologisch unterscheiden wir uns kaum vom Menschenaffen und *genetisch* überhaupt nicht von unseren Vorfahren, die vor 200 000 Jahren den Planeten bevölkert haben. Wir unterscheiden uns aber in der *Kultur*. Und unsere menschliche Kultur ist nicht in den Genen verankert, sondern in unserem Gehirn. Es ist ein Spiegel unserer Kultur. Die Vernetzung unseres Gehirns ist nichts, was wir vererbt bekommen haben, sondern was wir in unserer Gattung als Mensch und als Individuum gelernt haben.

Wenn wir unser Gehirnpotenzial nur zu zehn Prozent entfaltet haben, so haben wir auch unser Menschsein noch nicht weiter entfaltet. Das ist eigentlich erschreckend (manche glauben, wir werden noch von unserem »Reptiliengehirn« gesteuert), sollte aber Ansporn sein, unser menschliches Potenzial wirklich zur Entfaltung zu bringen.

Wir trennen Kopf und Herz und halbieren so das Leben. Wir unterscheiden »kopfgesteuerte« und »herzgesteuerte« Menschen. Dadurch machen wir schon einen großen Sprung in der Entfaltung des Gehirnpotenzials, wenn wir Kopf und Herz wieder zusammenbringen: liebevoll denken und intelligent herzen. Wir sprechen von »emotionaler Intelligenz«, von »Herz-Intelligenz«. Sie zu üben befreit auch unseren Geist, denn oft hat das Herz die intelligenteren Antworten als der Kopf.

Die Herz-Intelligenz zu trainieren ist eine hervorragende Möglichkeit, ganzherzig zu leben und dem Gehirn ganz neue Bewusstseinsbereiche zu öffnen.

Das Denken durch »Wahrnehmen« ersetzen, in die Gedankenlosigkeit kommen.

Machen wir uns zunächst bewusst, dass wir uns nur über das Gedanken machen können, was wir auch *wahrnehmen.* Alles, was wir nicht wahrnehmen, entzieht sich auch unseren Gedanken. Dazu eine erhellende Geschichte: Ein Indianer und ein Weißer gehen durch die Stadt. Ringsum rauscht der Großstadtverkehr. Plötzlich hält der Indianer den Weißen an. »Hörst du, da zirpt eine Grille!« Der Weiße leicht irritiert: »Hier gibt es keine Grillen. Alles, was ich höre, sind Autos, Lkws und Motorräder.« Während die beiden weitergehen, lässt der Indianer unauffällig eine 1-Cent-Münze fallen. Sie rollt ein kleines Stück auf dem Asphalt und bleibt liegen. Zwei, drei der vorüberhastenden Menschen hören, dass ein Geldstück gefallen ist. Sie bleiben stehen und beginnen zu suchen. Einer nimmt die Münze auf und steckt sie ein.

Der Indianer und der weiße Mann beobachten dies und gehen weiter. Nach wenigen Schritten schiebt der Indianer einige Pflanzenblätter vor einer Hausmauer beiseite: Da sitzt die Grille. Der Weiße hat gleich die Erklärung parat: »Kein Wunder, ihr Indianer hört eben besser.« Der Indianer sagt: »Die Münze, die gerade gefallen ist, war viel leiser als die Grille. Ihr Weißen hört nur auf das Geld. Ich höre auf die Grille.«

Bewusstseins- und Gedankenerweiterung ist zuerst einmal die Erweiterung unserer Wahrnehmung, immer mehr von dem wahrzunehmen, was *ist.* Und gerade für die Wahrnehmung – und das ist das Kreuz unserer materialistischen Kultur – kann unser kulturell geprägtes Denken, unser »Geld-Gehirn«, wie es der Indianer so treffend entlarvt hat, ein *Hindernis* sein. **Unsere Art zu denken verhindert eine umfassende Wahrnehmung.**

Unser Denken ist materiell orientiert, an Oberflächlichkeiten verhaftet (wie in einem Gefängnis) und nimmt das Wesentliche nicht mehr wahr. Das Wesentliche aber ist das Leben selbst. Wir können unsere Wahrnehmung des Wesentlichen bedeutsam erweitern, wenn wir diese Art des Denkens loslassen und »gedankenlos« leben. So verbinden wir uns wieder mit dem Leben. So nehmen wir wieder wahr, was *ist.*

Weil Tiere nicht denken, nicht durch Denken ihre Wahrnehmung verkümmern lassen, sind sie viel wachsamer und wacher als wir »materialistisch orientierten« Menschen.

Bevor wir anfangen können, wirklich *schöpferisch,* also auf eine neue Art zu denken, müssen wir erst die alte Art komplett loslassen und »gedankenlos« werden, ins Leben eintauchen, statt uns davon zu trennen. Die Methode dazu ist Meditation, in die Gedankenstille kommen. Lernen Sie zu meditieren und erweitern Sie den Raum Ihrer »gedankenlosen« Meditation immer mehr. Das ist ein weiteres – schon paradoxes – Instrument Ihrer Gedankenkraft.

Dazu müssen Sie nicht gleich einen Meditationskurs besuchen. Hier ein paar Anregungen, die Sie *sofort* umsetzen können:

- Reduzieren Sie die Reizüberflutung durch laufendes Radio, Fernsehen. Erleben Sie so oft und so lange wie möglich STILLE.
- Gehen Sie in der Natur spazieren, ohne über etwas nachzudenken, sondern indem Sie ausschließlich die Natur mit allen Sinnen wahrnehmen: den Boden unter den Füßen, die Gerüche in der Luft, die Geräusche von Tieren, die energetische Atmosphäre. Schalten Sie ganz auf die WAHRNEHMUNG dessen, was ist.
- Lassen Sie sich durch eine Massage verwöhnen. Denken Sie dabei an nichts, sondern genießen Sie jede Berührung SO, wie sie gerade ist.
- Gehen Sie in ein Museum, suchen Sie sich ein Kunstobjekt aus, das Sie anzieht. Machen Sie sich keine Gedanken über den Künstler, die Epoche, den Stil, die »Botschaft«. Lassen Sie sich vom Kunstwerk vollkommen gedankenlos ergreifen, bis Sie *eins* mit diesem Kunstwerk selbst sind. WAHRE Kunst führt Sie in dieses Einssein.
- Nehmen Sie ein Abendrot, einen Sternenhimmel wahr, so wie sie sind. Lassen Sie sich von der Heiligkeit des Augenblicks ergreifen.
- Gehen Sie so oft wie möglich und so lange wie möglich in die Stille des *Nichts-Tuns.*
- Dann sollten Sie auch gezielt eine Meditation bei einer Meditationslehrerin lernen. (Geht es auch bei einem Meditationslehrer? – Klar. Aber wenn hier gleich »Meditationslehrer« gestanden hätte, dann hätte wohl niemand gefragt, ob es auch bei einer MeditationslehrerIN gehe. Nehmen Sie diese Merkwürdigkeit wahr, ohne sich Gedanken darüber zu machen. Sie werden ganz einfach schmunzeln. Das ist doch schon ein ganz gutes Gefühl.)

Das Richten der Aufmerksamkeit ist der Schlüssel zur Meisterung der Realität

Nachdem ich wahrgenommen habe und bevor ich denke, richte ich meine Aufmerksamkeit auf etwas. Irgendetwas in meiner Wahrnehmung erregt meine Aufmerksamkeit. Fehler können mich »erregen«, aber auch Herausforderungen. Ich bin kein Opfer physischer Erregungen, sondern kann wählen, worauf ich meine Aufmerksamkeit richte.

Die Werbung (selbst die eines Vogels in der Balz) beherrscht die gezielte Aufmerksamkeitserregung und will damit verführen. Aber unsere menschliche Gedankenkraft kann Aufmerksamkeit bewusst ausrichten und muss sich nicht von außen erregen lassen. **Wohin ich meine Aufmerksamkeit richte, dorthin fließt meine Schöpfungskraft, das verwirklicht das Leben.**

Konkret bedeutet das: Ich ziehe bewusst meine Aufmerksamkeit ab von … (Problemen zum Beispiel) und richte meine Aufmerksamkeit bewusst auf … (Lösungen zum Beispiel).

Das ist wirklich so einfach, wie es sich anhört. Vielleicht *beobachten* Sie zunächst einmal, worauf Ihre Aufmerksamkeit *normalerweise* gerichtet ist. Das lässt sich trainieren. Wenn irgendeine Situation besprochen wird, halten Sie an und prüfen Sie einmal: Ist Ihre Aufmerksamkeit eher auf das *Problematische* der Situation gerichtet oder sprudelt Ihr Geist über von *Lösungen*? Tragen Sie in Situationen *Bedenken* vor oder haben Sie *Lösungen* parat?

Unser Denken ist nicht dazu da, überall Bedenken zu äußern, sondern sich kreativ Lösungen einfallen zu lassen.

Unsere Aufmerksamkeit zu beobachten, uns bewusst auszurichten, ist ein weiteres Werkzeug zur bewussten Gestaltung der eigenen Zukunft. Sie haben von Ihrem »Zauberstab Gedankenkraft« Gebrauch gemacht, und es funktioniert. Es funktioniert immer. (Wir werden das Thema gleich noch einmal vertiefen.)

Machen Sie sich auch die »Macht des richtigen Träumens« bewusst

»Richtig (tag-)träumen« ist ein ganz wichtiges geistiges Werkzeug, dass Sie nutzen *müssen*! Die meisten Menschen träumen nämlich gar nicht mehr oder falsch.

Was will jemand noch erreichen, der keine Träume mehr hat? Wir träumen nur *das*, was in der Macht unserer Manifestation liegt. Träumt jemand von Ihnen, Papst zu werden oder amerikanischer Präsident? Wohl kaum. Wir träumen nur das, was realisierbar ist. Manchmal erreichen wir sogar etwas, das wir uns in den »kühnsten Träumen« nicht hätten vorstellen können. Dann bekommen wir wirklich Rückenwind vom Leben!

Aber auch TRÄUMEN will gelernt sein. Denn die meisten träumen WEG und nicht HERBEI. Sie träumen so, dass sie sich von der Verwirklichung des Traums wegträumen. Typisch für solche Träume ist: »Hätte ich doch nur …«, »Was ginge es mir gut, wenn …«, »Am liebsten wäre mir …«. »Du fehlst mir …« »Ich brauche für mein Glück nur noch …« Durch falsches Träumen kann man Menschen oder Situationen wegstoßen. Es ist MANGEL-Träumen.

Richtiges Träumen ist anziehend, träumt herbei und nicht weg. Es ist nicht bedürftig, schmachtet nicht. Es träumt sich in der Fülle, in der Er-füllung.

Beobachten Sie einmal Ihre Träume: Träumen Sie weg oder herbei?

Auch das können Sie *ändern*. Sie haben die Wahl!

Schaffen Sie sich eine innere »Erfolgsformel«. Sie lautet ganz einfach: Ich bin Erfolg

Viele denken: Ich WILL Erfolg haben, ich WILL erfolgreich sein. Das klingt sehr gut, funktioniert aber überhaupt nicht. Es sind in Wahrheit *Miss*-Erfolgs-Formeln.

Jeder Versager (das ist jemand, der sich den Erfolg versagt) will Erfolg haben und will es auch noch in hundert Jahren. Erfolg haben WOLLEN ist nicht dasselbe wie Erfolg zu HABEN oder Erfolg zu SEIN.

Sie können den Rest Ihres Lebens Erfolg wollen, Sie können ihn auch ein paar Mal haben. Etwas ganz anderes ist es, Erfolg zu sein.

Prüfen Sie einmal die unterschiedlichen Energien! Selbst jemand, der sagen kann: Ich habe Erfolg gehabt!, könnte im gleichen Atemzug sagen: Ich habe einmal im Leben Erfolg gehabt!

»Ich BIN Erfolg!« ist eine ganz andere Energie. Gehen Sie *jetzt* einmal in diese Energie. Kommen Sie in die Formel: ICH BIN Erfolg! Dann bleiben Sie drin!

Der erste Schritt ist also, sich seine innere Miss-Erfolgs-Formel bewusst zu machen und sie in eine wirksame Erfolgsformel umzuformen. Dabei sind oft negative Glaubenssätze aufzulösen und erwünschte zu schaffen und zu verankern.

Das betrifft zum Beispiel Ihre Einstellung zu Geld und Erfolg selbst, denn die meisten Menschen haben dazu eine negative Einstellung, wie: »Geld verdirbt den Charakter« oder »Geld macht nicht glücklich«.

Das Beherrschen dieser »geistigen Werkzeuge« gibt Ihnen die Möglichkeit, Lebensprozesse und Umstände aktiv zu steuern, in eine gewünschte Richtung zu lenken und ein beabsichtigtes Ergebnis zu erzielen.

Nutzen Sie bewusst Ihr »geistiges Kapital«, Ihre Gedankenkraft, Ihr inneres Vermögen, denn es bringt die höchsten Zinsen, und das ohne jedes Risiko.

Wir nehmen uns von den geistigen Werkzeugen noch ein paar spezielle heraus:

Handeln Sie *nie* ohne Zielklarheit

Viele Menschen »probieren« im Leben mal dies, mal jenes: mit Arbeitsstellen, Hobbys, Partnern, Wohnorten. In diesem ziellosen »Rumprobieren« ist das Scheitern bereits begründet. So wird das ganze Leben zu einem einzigen »Probieren«, einem Leben »auf Probe«, aber keinem wirklichen Leben. **So wird das ganze Leben eine »Werkelei«, ohne dass derjenige wirklich wirkt, ein Lebenswerk vollbringt.**

Wenn man diese Menschen fragt, was sie wollen, wissen sie nur, was sie *nicht* wollen. Doch wie kann man sein Ziel erreichen, wenn man es nicht kennt? Viele Menschen verfolgen hartnäckig einen Weg, den sie zufällig gehen, aber nur wenige das Ziel.

Wenn Sie voller Begeisterung »zielgerecht« denken, fühlen, reden und handeln, fällt Ihnen der Erfolg in den Schoß.

Zielklarheit bezieht sich nicht nur auf einzelne Ziele, sondern auf das Leben selbst. Ich muss mir darüber klar werden, weshalb ich hier bin und wo ich am Ende angekommen sein will.

Also sollte ich mich fragen:

- Wohin will ich? *Warum*? Was verspreche ich mir davon?
- Welches Leben will ich ab sofort führen? »Führe« ich überhaupt mein Leben? Kann ich »führen«: ein Gespräch, eine Situation, eine Firma, ein Leben? Bin ich mir dessen bewusst: **Wenn *ich* mein Leben nicht selbst führe, ist es gar nicht mein Leben.**
- Manche sind erfolgreicher, gesünder, glücklicher als andere. Was machen die anders? Warum gehöre ich nicht dazu?

Wer ein klares Ziel hat, hat bereits den halben Weg zurückgelegt. Aus klaren Zielen ergeben sich klare Entscheidungen und Prioritäten. So kann man mit einem Minimum an Aufwand ein Maximum an Ergebnis erreichen.

Beginnen Sie *nie* mehr etwas, bevor Sie das Ziel nicht klar vor Augen, es nicht durch schöpferische Imagination »geistig in Besitz« genommen haben, und dann halten Sie so lange daran fest, bis es erreicht ist. Machen Sie keine halben Sachen mehr!

Das Richten der Aufmerksamkeit als Werkzeug zur Gestaltung der eigenen Zukunft

Bevor Sie in dieses Leben eingetreten sind, haben Sie dafür gesorgt, dass Sie alles erleben und in der »Illusion der Realität« manifestieren können, worauf Sie Ihre Aufmerksamkeit richten *und gerichtet halten*. Sonst wären Sie nicht hier.

Ihr Geist und Ihr Energiefeld »auf Wolke 17« konzentrierte einmal die Aufmerksamkeit darauf, Mensch zu werden. So haben Sie sich durch gezielte Aufmerksamkeit Eltern und Umstände ausgesucht, Ihren Körper manifestiert. Das *können* Sie, auch wenn Sie es im Prozess der Wiedergeburt vergessen haben. Lernen Sie wieder, Ihre Aufmerksamkeit gerichtet zu halten, am besten *jetzt*.

Die meisten Menschen richten ihre Aufmerksamkeit fast ständig auf die Schwierigkeiten und Probleme des Lebens und schaffen sich so unbewusst immer neue. Der Schlüssel, um vom Leben zu bekommen, was immer Sie wollen, ist: »Das Abziehen der Aufmerksamkeit von …« und »Das Richten der Aufmerksamkeit auf das, was sein soll.« Worauf Sie Ihre Aufmerksamkeit richten, dorthin fließt Ihre Schöpfungskraft und verwirklicht das, worauf sie gerichtet ist. Das betrifft *alle* Lebensumstände wie: Gesundheit, Erfolg, Wohlstand, eine harmonische Beziehung, beruflichen Erfolg, Anerkennung, Ihre persönliche Entwicklung, Erfüllung, Weisheit, das Leben wirklich »meistern«.

Sie sollten zunächst einmal lernen, unerwünschte Ereignisse nicht mehr hervorzurufen oder anzuziehen und dann die erwünschten Ereignisse energetisch zu verursachen, indem Sie Ihre Aufmerksamkeit darauf richten und gerichtet halten, bis sie sich als Realität manifestiert haben. So werden Probleme zu Chancen, Aufgaben zu Lösungen, Krankheit zu Gesundheit, Vitalität und Lebensfreude, Mangel zu Fülle, Fehlschläge zu Erfolgen und Wünsche zur Erfüllung. Das scheinbare Schicksal wird so zum »Mach-sal«: Es wird nicht von irgendwo geschickt, sondern Sie machen es selbst.

Ihre gerichtete Aufmerksamkeit erschafft die Lösung. Sie müssen nicht einmal wissen, wie sie konkret aussehen soll. Im Gegenteil. Das wäre eher hinderlich.

Indem Sie die Richtung Ihrer Aufmerksamkeit ändern, ändert sich Ihr ganzes Leben. Das bewusste Abziehen Ihrer Aufmerksamkeit von Problemen und Schwierigkeiten und Richten auf Möglichkeiten und Lösungen und das, was sein soll, ist wohl das wichtigste Werkzeug zur bewussten Gestaltung der eigenen Zukunft. **Alles, was ist, kann in das gewandelt werden, was sein soll.**

Und alles »geschieht« völlig mühelos. Wenn nicht, zeigt das nur, dass es anders leichter ginge! Es ist, als ob Sie Rückenwind oder Gegenwind beim Fahrradfahren hätten. Wenn Sie *Ihr eigenes* Leben führen, haben Sie immer Rückenwind und das Radfahren ist absolut mühelos. Sie lenken Ihr Rad natürlich immer noch. Wenn Sie vom Leben Gegenwind bekommen und es wirklich anstrengend wird, Sie sich abstrampeln, aber nicht vorankommen, dann leben Sie wahrscheinlich nicht *Ihr* Leben.

Schon die Richtung zu wechseln, um Ihr Leben mit Rückenwind zu führen, geschieht völlig mühelos.

Die kausalen Wandlungspunkte

Ein weiteres geistiges Werkzeug ist die Nutzung der kausalen Wandlungspunkte. Hier erkennen Sie ganz besonders, wie eng Geist und Energie zusammenhängen: Wir werden geistig eingefahrene Programme mithilfe des energetischen Klopfens durch neue geistige Programme ersetzen. Dadurch können *alle* bewusst oder unbewusst angenommenen Verhaltensmuster und Programme gelöscht, gewandelt und dauerhaft neue »verankert« werden.

Prüfen Sie einmal, was Sie jetzt an »schlechten Gewohnheiten« ablegen wollen. Die meisten Menschen schleppen Ersatzbefriedigungsprogramme für ein glückliches Leben in ihrem

Rucksack mit sich herum, die das Leben nicht nur schwer machen, sondern auch verhindern, dass Neues in Erscheinung tritt.

Von welchem lästigen Verhalten möchten Sie sich *jetzt* lösen?

- Zigarettenkonsum
- Alkoholkonsum
- Medikamentenkonsum
- Fernsehkonsum
- Computersucht
- Spielsucht
- Sexsucht
- Esssucht
- Schlafsucht
- Arbeitssucht
- und andere lästige Gewohnheiten

Wenn Verhaltensweisen für Sie lästig und zu einer Last geworden sind, dann ist es Zeit, sie loszulassen. Suchen Sie sich eine Verhaltensweise aus, die Sie *wirklich* wandeln, und klären Sie, welches Verhalten Sie stattdessen annehmen möchten, was Sie wirklich glücklich macht. Machen Sie es sich auch dabei leicht: Welches lästige Verhalten loszulassen würde Ihnen am leichtesten fallen? Beginnen Sie mit dem Leichtesten!

Dann nehmen Sie das **Klopfen der kausalen Wandlungspunkte** zu Hilfe, um Ihr Verhalten in den nächsten Tagen nachhaltig zu verändern. Denn jedes lästige Verhalten hat eine entsprechende Blockade in Ihrem Energiesystem zur Folge. Das Lösen dieser Blockaden und das wieder freie Fließen der Energie durch das Klopfen ganz bestimmter Wandlungspunkte erleichtert es Ihnen, Ihr unerwünschtes Verhalten loszulassen.

So lösen und löschen Sie ein hartnäckiges Programm:

- Finden Sie den höchsten Punkt Ihres Kopfes. Die beiden ersten Punkte befinden sich unmittelbar davor und dahinter. Die anderen beiden Löschungspunkte liegen jeweils in der Mitte der Augenbrauen. Klopfen Sie nun mit zwei Fingern der linken Hand die beiden Punkte auf Ihrem Kopf, während Sie *gleichzeitig* mit zwei Fingern der rechten Hand die beiden Punkte in der Mitte der Augenbrauen klopfen. Richten Sie dabei Ihre Aufmerksamkeit auf das zu löschende Programm und erleben Sie, wie es sich innerhalb von 30 Sekunden auflöst.

- Ist in Ihrem Bewusstsein noch eine erfolgsverhindernde Überzeugung (»Glaubenssatz«) vorhanden, so können Sie sie auf dieselbe Weise »löschen« und durch eine erwünschte, Erfolg verursachende Überzeugung ersetzen. Denn auch Überzeugungen sind nur ein Programm im Unterbewusstsein, das jederzeit ausgetauscht werden kann und in der Regel mit lästigen Verhaltensweisen verbunden ist.
- Sie formulieren zunächst den erwünschten Endzustand klar in einem einfachen Satz. Dies nennt man im Mentaltraining »Affirmation«. Während Sie Ihre volle Aufmerksamkeit auf diesen Satz richten und ihn lautlos energetisch mehrfach wiederholen – am besten 21-mal –, klopfen Sie den jeweiligen energetischen Wandlungspunkt, um die Wandlung dauerhaft zu verankern.
- Um den jeweiligen Punkt sicher zu treffen, können Sie auch mehrere Finger und den Daumen »bündeln« und mit diesem »Fingerbündel« klopfen. Die Klopfgeschwindigkeit ist dabei ohne Bedeutung.
- Während Sie klopfen und den jeweiligen Satz 21-mal wiederholen, imaginieren Sie den erwünschten Endzustand und er-leben sich in der Erfüllung.
- Sie intensivieren die Wirkung, indem Sie *mehrmals täglich* klopfen. Um das bisherige, unerwünschte Verhalten sicher zu löschen und das neue, erwünschte Verhalten sicher zu »verankern«, sollten Sie das an 21 Tagen hintereinander wiederholen.

Es ist sicher »verankert«, wenn Sie dabei ein starkes Gefühl der Freude und Dankbarkeit erleben und Ihren Erfolg genießen können.

Auf diese Weise können Sie zuverlässig Lebensumstände ändern, unerwünschte Eigenschaften auflösen oder neue annehmen oder Ihre ganze Persönlichkeit wechseln und gegen eine erwünschte austauschen. Nach dem Energieerhaltungsgesetz kann Energie nicht verloren gehen und wirkt so lange, bis sie als Ereignis »in Erscheinung« getreten ist.

Sobald das erwünschte Denken oder Verhalten auf diese Weise Teil Ihrer »energetischen Signatur« geworden ist, beginnt es zu wirken und die Realität beginnt sich im *selben Augenblick* entsprechend zu verändern.

Die Macht der neuen Gewohnheiten

Eine neue Gewohnheit wird zur Macht durch regelmäßige Wiederholung. So sollte alles, was als richtig und wichtig erkannt ist, sofort bewusst und regelmäßig in den Tagesablauf integriert und damit »verankert« werden. **Kaum etwas verändert das eigene Leben so schnell und nachhaltig, wie die bewusste Änderung der Gewohnheiten.** Das betrifft natürlich ganz besonders die Ernährungsgewohnheiten. Essen ist die stärkste Droge, die wir regelmäßig zu uns nehmen, abgesehen vom Atem.

Ein anderer wichtiger Bereich der Gewohnheiten ist die Psychohygiene, das *sofortige* Bereinigen von Disharmonien wie Ärger, Stress, Schuldgefühle usw., so dass sie keine energetischen Spuren hinterlassen können und damit wirkungslos bleiben, zumindest ohne Nachwirkungen.

Die Annahme neuer, entwicklungsförderlicher Gewohnheiten ist ein spannendes Abenteuer und keine lästige Pflicht. Erst wenn ich mir so die mir entsprechenden Gewohnheiten zulege, kann ich im Einklang mit mir sein, echt, ehrlich und authentisch. Und das, ohne jedes Mal mein Denken, Fühlen,

Reden und Handeln zu prüfen, sondern einfach weil ich mir mein Stimmigsein zur Gewohnheit gemacht habe. Dann bin ich automatisch in Harmonie mit mir und meinem Leben, lebe mit Rückenwind.

Tagesrückschau: die Kunst der Revision

Sie sollten jeden Tag in einer »Tagesrückschau« den vergangenen Tag noch einmal so in der Imagination erleben, wie Sie ihn gern gelebt hätten. Ändern Sie die Ereignisse in Ihrer Vorstellung und lassen Sie in Ihrer Fantasie so alles gut ausgehen. Dadurch wird der Tag energetisch neugeboren und hat eine entsprechende Wirkung auf Ihre Zukunft. Vergeben Sie, wo Sie verurteilt haben. Lassen Sie dann den Tag los und richten Sie Ihre ganze Aufmerksamkeit und Freude auf den revidierten Tag.

Auf diese Weise können Sie Ihr ganzes Leben in Liebe loslassen.

Das Ausmaß der Verwandlung, die eine solche Revision bringt, wird Sie immer wieder überraschen. Die Änderung der Realität findet zuerst in der Imagination statt und wird dann im Außen erlebt.

Auf diese Weise können Sie sogar zukünftige Ereignisse umerleben, bevor sie geschehen sind. Stellen Sie sich die Ereignisse einfach in einem idealen Verlauf vor und akzeptieren Sie sie freudig und dankbar. Wenn Sie das zukünftige Ereignis so in Ihrer Imagination in der erwünschten Form lebendig werden lassen und gläubig bejahen, wird es im Voraus entscheidend geprägt.

Sie können sich so eine ganz andere Vergangenheit »zulegen«, die Ereignisse Ihres vergangenen Lebens, besonders Ihre Kindheit, ganz neu prägen und wirksam werden lassen. Sie können so unerwünschte Gewohnheiten ändern, erwünschte festigen und Unerwünschtes auflösen. Sie können so jedes Versagen in einen Erfolg umwandeln, mit den entsprechenden energetischen Folgen. Und Sie können anschließend mit dem Armtest* prüfen, ob das Ereignis auch wirklich gelöscht und neugeboren wurde. Ihnen ist hier Unglaubliches anvertraut. Sie haben die Vollmacht, die höchste Kraft des Universums, die schöpferische Urkraft beliebig in Tätigkeit zu setzen und hervorzubringen, was immer Sie wollen, ja sogar Vergangenes beliebig zu korrigieren. Sobald Sie das denken und glauben, muss es im gleichen Augenblick beginnen, in Erscheinung zu treten.

KAI-ZEN praktisch

Kai-Zen kommt aus dem Japanischen. »Kai« bedeutet dabei »Veränderung«, »Wandel« und »Zen« bedeutet »zum Besseren«. In diesem Wort Kai-Zen kommt die japanische Philosophie zum Ausdruck, das Vorhandene tagtäglich zu verbessern. Diese Vorstellung ist sehr hilfreich, um das Leben zu wandeln: heute ein wenig besser sein als gestern.

Seien Sie sich *bewusst*: Wer etwas ändern will, muss etwas ändern. Machen Sie es sich zur Gewohnheit, jeden Tag einen neuen Schritt zu tun.

Machen Sie sich jeden Tag bewusst:

- Welchen Schritt habe ich gestern getan? Was war heute mein neuer Schritt?
- Was mache ich heute besser als gestern?
- Was kann ich morgen besser machen als heute, um gesünder, erfolgreicher, ein idealer Partner zu sein? Aber auch um loszulassen, glücklicher, bewusster, erfüllter zu sein.

Was ist Ihnen noch wichtig?

---

* Genauer im kostenlosen Leser-Service zum Buch (S. 273ff.)

Zusammenfassung:

Das Leben führen können Sie nur, wenn Sie Ihr geistiges Vermögen (»geistiges Kapital«) ständig optimieren, Ihr geistiges Werkzeug pflegen und es sicher einsetzen.

Unser geistiges Potenzial immer besser zu nutzen ist ein Teil der individuellen Menschwerdung: des Lehrplans in der Schule des Lebens.

Sind Sie bereit, Ihr geistiges Potenzial, Ihr geistiges Vermögen *jetzt* entscheidend zu optimieren? Sind Sie bereit, nur noch stimmige Ziele anzustreben und daran festzuhalten, bis das Ziel erreicht ist? Sind Sie bereit, jetzt zu Ihrer wahren geistigen Größe zu erwachen?

Wie weit Sie Ihr geistiges Vermögen entwickelt haben, zeigt sich unverfälscht in Ihrer Ausstrahlung, Ihrer »energetischen Signatur«.

Selbst-Erkenntnis:

Hier finden Sie wieder hilfreiche Fragen für Ihr Quantensprung-Tagebuch:

- Erkenne ich mein geistiges Vermögen?
- Weiß ich, wie ich mein »geistiges Kapital« vermehren kann?
- Bin ich mir dessen bewusst, dass die Nutzung meines geistigen Werkzeugs die Qualität meines Menschseins ausmacht?
- Was ist zu tun, damit ich wirklich »ganzhirnig« und »ganzherzig« lebe?
- Bin ich in der Lage, vollkommen in die *Wahrnehmung* zu kommen und mein an der Oberfläche verhaftetes Denken ganz loszulassen?
- Worauf richte ich normalerweise meine Aufmerksamkeit? Auf Bedenken oder auf Lösungen?
- Wovon möchte ich *jetzt* meine Aufmerksamkeit abziehen und *worauf* richten?

- Beobachte ich mein »Tagträumen«: Träume ich herbei oder weg?
- Welchen Traum möchte ich *jetzt* verwirklichen? Was muss ich tun, um die Erfüllung *herbei*-zuträumen?
- Was ist *meine* Formel für Erfolg?
- Welche Wege gehe ich im Augenblick in den verschiedenen Bereichen meines Lebens? Bin ich mir der *Ziele* dieser Wege bewusst: Wohin führen sie eigentlich?
- Was möchte ich *jetzt* an unstimmigem Verhalten ändern? Was würde mir dabei vermutlich am leichtesten fallen?
- Welcher einprägsame *Satz* ist für das erwünschte Verhalten die wirklichkeitsschaffende Formulierung? (Z.B. Ich löse die Vergangenheit auf und löse mich von ihr. Ich lebe friedlich und freudig im Jetzt.)
- Was will ich noch loslassen, damit mein Stimmigsein zu meiner Lebensgewohnheit wird?
- Wie wäre der gestrige Tag optimal gewesen? Kann ich ihn als optimalen, idealen Tag neu erleben?
- Wie kann ich mein bisheriges Leben so umerleben, dass es ein optimales, ideales, stimmiges Leben ist, meine bisherige »Wunschbiographie«?
- Was kann ich *heute* besser machen als gestern? Welchen »Schritt der Verbesserung« (Kai-Zen) tue ich heute?

Quantensprung-Energie: So optimieren Sie sprunghaft Ihre »energetische Signatur«

Nachdem Sie gelernt haben, zunächst einzelne Ereignisse geistig zu verursachen, dann einzelne Lebensbereiche in eine optimale Situation zu verwandeln, wird jetzt **die unmittelbare und bewusste »energetische Arbeit« vorrangig**.

Sie leben immer in und mit Energien. Alles, was Sie tun, hat energetische Voraussetzungen und Konsequenzen. Beim Klopfen der energetischen Wandlungspunkte im letzten Kapitel ist das Einssein von Geist und Energie schon deutlich geworden.

Auf einer höheren Bewusstseinsebene, auf die Sie der Quantensprung katapultiert, wirken Sie nicht durch einzelne mentale Aktionen (das bewusste Setzen von Ursachen), sondern durch Ihr ganzes Da-Sein und Ihre entsprechende energetische Signatur der Stimmigkeit und Authentizität.

Jeder Mensch strahlt ein sehr komplexes, absolut persönliches und einzigartiges energetisches Wellenbild aus. Sobald Sie sich dessen bewusst werden, können Sie es auch bewusst optimieren.

Die Quantenphysik lehrt uns, dass wir Geist und Materie/Energie nicht so messerscharf trennen können, wie es Philosophie, Geistes- und Naturwissenschaft seit Jahrhunderten tun. Allein die Trennung zwischen Geistes- und Naturwissenschaften macht diesen tiefen Spalt, diesen tiefen Riss mehr als deutlich.

Mit der Quantenphysik müssen wir völlig neu denken, unsere Weltanschauung komplett ändern, sonst leben wir noch im letzten Jahrhundert der Spaltung zwischen Geist und Materie.

Geist und Energie (das Wesen der Materie) sind nicht zu trennen. Das weiß jeder Schöpfer und handelt danach. Der Quantensprung in das nächste Bewusstseinsreich erfordert es,

Geist und Energie als Einheit zu sehen, wahrzunehmen, zu fühlen und zu führen. Dies ist eine weitere Grundbedingung, um sein *eigenes* Leben wirklich zu führen.

Wie Sie Energie führen

Energetisches Führungsmanagement heißt, auf der energetischen Ebene alles NOT-wendige zu tun, ohne im Außen einzugreifen. Das heißt, eine Situation, eine Beziehung, einen Umstand energetisch so zu verändern, dass er sich danach in der Realität in der gewünschten Form manifestiert.

Realität entsteht durch den »zielgerichteten Aufbau von Energiefeldern«. Gedanken, Gefühle, Vorstellungen und Überzeugungen sind wirklichkeitsschaffende, zielgerichtete Energiefelder. Ihre Gedanken und die daraus resultierenden Handlungen bestimmen den größten Teil Ihres Lebens, denn jeder einzelne Gedanke kehrt zu Ihnen zurück, als Ereignis, als Situation oder Umstand. Ein negativer Gedanke kann nur ein negatives Ereignis verursachen, ebenso zuverlässig, wie ein positiver Gedanke ein positives Ereignis verursacht. Daher ist und bleibt wahres positives Denken ein wichtiger zukunftsbestimmender Faktor.

Wenn mir an meinen Lebensumständen etwas nicht gefällt, dann muss ich die entsprechende Energiequalität in mir ändern, damit ich das Erwünschte hervorrufe. Es sind also meine Einstellung, meine Absicht, meine Überzeugungen, Erwartungen und Kernglaubenssätze, die meine »energetische Signatur« bestimmen und damit das hervorrufen, was wir Realität nennen; nicht zu vergessen natürlich auch meine Ängste, Befürchtungen, Widerstände und Ablehnungen, die genau das anziehen, was ich *nicht* will.

Ich muss also zunächst einmal lernen, die unerwünschten Ereignisse energetisch nicht mehr hervorzurufen oder anzuziehen und dann die erwünschten Ereignisse energetisch zu verursachen und damit in der Realität zu manifestieren. Hier können folgende Fragen helfen:

- Was raubt mir Energie?
- Wo habe ich Energielöcher?
- Warum dulde ich noch Energieräuber in meinem Leben?

Zur »energetischen Selbstführung« gehört es, unerwünschte Energien wie Ärger, Stress, Angst, Unsicherheit usw. zu erkennen und aufzulösen, *bevor* sie als Realität in Erscheinung treten.

Sie senden permanent Energie einer ganz bestimmten Schwingung aus und ziehen damit zuverlässig ganz bestimmte Ereignisse in Ihr Leben. Ebenso zuverlässig schließen Sie damit andere Ereignisse und Umstände aus, auch wenn Sie sie noch so sehr wünschen oder ganz dringend brauchen, wie zum Beispiel Geld.

Zum energetischen Führungsmanagement gehört vor allem auch die Fähigkeit, »stimmig« zu leben, zu erkennen, was zu diesem Zeitpunkt für mich stimmt, und danach zu handeln. Wenn etwas auf diese Weise wirklich stimmt, dann stimmt es auch in Zukunft und für alle Beteiligten.

Zur »energetischen Selbstführung« gehört außerdem die Fähigkeit, bewusst sympathisch zu sein und diese energetische Brücke der Sympathie ständig zu schaffen, indem ich am anderen etwas ehrlichen Herzens sympathisch finde und Wortgeschenke mache. Vor allem gehört dazu, zu segnen und segensreich zu leben, das heißt: jedem Segen werden, der das Glück hat, Ihnen zu begegnen.

Leben ist ein »energy-game«, ein Spiel auf der energetischen Ebene, und NUR was dort verwirklicht ist, KANN »in Erscheinung treten«: Der Geist formt zunächst die Energie. In diese Energieform kann die Welt sich dann manifestieren.

Meine Lebensumstände, mein Erfolg, die Entwicklung meiner Beziehungen sind abhängig von meiner »energetischen

Signatur«: was ich nach dem Gesetz der Resonanz durch mein einzigartiges Energiefeld anziehe oder abstoße. Ich kann nur das »in Erscheinung rufen«, was dieser energetischen Signatur entspricht. Sobald ich mein Energiefeld verändere, muss sich meine Realität entsprechend verändern.

Das »PUBO-Training«: das Aktivieren Ihrer Lebensenergie

Wie haben nicht nur geistiges, sondern auch **energetisches Potenzial, das darauf wartet, geweckt zu werden.** Jede menschliche Kultur hat es entdeckt, es ist ihr Geheimnis und das ihrer bewusstesten Mitglieder, der Schamanen und Mystiker einer jeden Kultur. Es trägt viele Namen: KA, Ga-llama (Ägpten), Ch'i/Gi/Qi/Ki (China, Japan, Korea), Prana, Kundalini (Indien), Tummo (Tibet), Huna (Hawai), Cheim, El Shaddai (Juden), Physis, Energia, Pneuma, Entelechie (Griechen), Enormon (Hyppokrates), Iliaster, Archeus (Paracelsus), animalischer Magnetismus (Mesmer), ätherisch-formative Kraft (Steiner), Lebenskraft (Hahnemann), Od (Reichenbach), élan vital (Bergson), Orgon (Reich), um nur die wichtigsten und bekanntesten zu nennen.

Wir nennen diese Energie – in Anlehnung an Stephano Sabetti – hier einfach: Lebensenergie.

Wenn wir unser Leben bewusst führen, können wir es geistig oder energetisch auf die nächste Stufe heben. Gehen wir geistig einen Schritt weiter, folgt die Energie unmittelbar. Schaffen wir neue energetische Felder, folgt der Geist unmittelbar.

Ich möchte Ihnen hier zeigen, wie Sie das unglaubliche Potenzial der Lebensenergie Ihres »Bio-Computers« wecken und nutzen können.

Wir benutzen ein Instrument, das in Jahrmillionen entwickelt, getestet und immer weiter verbessert wurde. Aber wir haben keine Ahnung von der umfassenden Kapazität und dem

Potenzial dieses wunderbaren Instruments. Obwohl wir damit schon Großartiges geleistet haben, nutzen wir bisher nur einen ganz geringen Teil seiner fast grenzenlosen Möglichkeiten und das lässt uns ahnen, was wir erreichen könnten, wenn wir es einmal wirklich beherrschten. Wir wenden Millionenbeträge auf, um die Kapazität unserer Computer zu steigern, während unsere eigene weder qualitativ noch quantitativ ausgeschöpft ist. So wie wir maximal zehn Prozent unserer *geistigen* Kapazität nutzen, nutzen wir maximal zehn Prozent unserer *energetischen* Kapazität, obwohl unser »PC« jederzeit zu 100 Prozent betriebsbereit ist und darauf wartet, dass sein Besitzer »zu Bewusstsein« kommt, um ihn wirklich in Besitz zu nehmen.

Das Ausmaß an eigenen »latenten Talenten« ist weitaus größer, als man bisher ahnte, und doch bleibt die Entdeckung und Nutzung dieser Möglichkeiten jedem Einzelnen selbst überlassen.

In Berkley (Kalifornien), in Stanford und von Gerhard Eggetsberger in Wien wird schon längere Zeit wissenschaftlich erforscht, wie man dieses latente Potenzial unseres genialen »Bio-Computers« besser nutzen, wie man die Geheimtechnik der alten Kulturen in unsere wissenschaftliche Zeit übertragen kann. Dabei wurde festgestellt, was die Weisen aller Kulturen immer schon berichtet haben, dass jeder Mensch am unteren Ende der Wirbelsäule eine »Quelle der Kraft« als Potenzial in sich trägt, die jederzeit aktiviert werden kann. Das funktioniert ausnahmslos bei jedem und ist in erstaunlich kurzer Zeit zu erreichen.

Dieser wunderbare Bio-Computer hat drei deutlich zu unterscheidende Areale, die unterschiedliche Betriebsspannungen brauchen, um in Betrieb gehen zu können. Wir nutzen derzeit nur das erste und kleinste, das etwa 20 Prozent der Gesamtkapazität ausmacht und das mit »Schwachstrom« arbeitet. Das ist die Betriebsspannung, die uns normalerweise zur Verfügung steht, die dem Stand unserer individuellen Evolution entspricht. Aber wir haben die Möglichkeit, unsere

Betriebsspannung jederzeit zu erhöhen, und können so auch die anderen Areale in Betrieb nehmen.

Das mittlere Areal braucht »Normalstrom« und das größte mit dem größten Potenzial, das bisher völlig ungenutzt ist, braucht sogar Starkstrom.

Die Energie des »Schwachstroms« reicht für den Quantensprung in ein erwachtes Leben nicht aus. Der Quantensprung setzt die Aktivierung des mittleren Energielevels notwendigerweise voraus. Ich will damit nicht behaupten, dass Sie dieses Energielevel nur durch die Übung erreichen können, die ich gleich beschreiben werde. Aber es ist die meiner Erfahrung nach einfachste und zuverlässigste Übung, um Ihr Energielevel sprunghaft zu erhöhen.

Unsere Energiequelle am unteren Ende der Wirbelsäule beinhaltet *alle* Stromstärken und ist unerschöpflich. Sie können und müssen wir für den Quantensprung aktivieren. Das geschieht im Laufe der Evolution ohnehin, aber **wenn wir »zu Bewusstsein kommen«, indem wir sie selbst aktivieren, können wir unsere individuelle Evolution beschleunigen, können wir einen Evolutionssprung machen und das Potenzial unseres Bio-Computers voll nutzen**. Was das bedeutet, können wir ohne die praktische Erfahrung gar nicht absehen, aber wir können erkennen, dass wir ohne diesen Entwicklungssprung der Lösung unserer Zukunftsaufgaben gar nicht gewachsen sind.

Jeder, der im Leben Höchstleistungen vollbringt, nutzt diese Quelle bewusst oder unbewusst. Um sie nutzen zu können, braucht es drei Schritte:

1. **Der erste Schritt besteht im regelmäßigen PUBO-Training.** Dadurch wird die Energie aktiviert, der »Strom« eingeschaltet. Es dauert aber einige Zeit, bis sich die Nervenbahnen der höheren Spannung angepasst haben.
   Das Training besteht darin, den PUBO-Muskel (Pubococcygeus-Muskel, auch PC-Muskel, am Beckenboden) bewusst

anzuspannen und einige Sekunden so zu halten, dann bewusst loszulassen, und ihn dann gleich wieder anzuspannen, und das etwa 30-mal, zweimal täglich. Diesen Muskel erspüren Sie sofort, wenn Sie beim Urinieren den Wasserstrahl bewusst stoppen. Sie können so auch gleich seine Stärke oder Schwäche testen: Wie lange können Sie den Wasserstrahl anhalten? Sekunden oder Minuten?
In wenigen Tagen ist der Muskel so weit trainiert, dass wir die Spannung eine Minute und nach einigen Monaten 20 Minuten halten können. Dann genügt eine zweimalige Aufladung täglich, um unseren Bio-Computer mit der benötigten Betriebsspannung zu versorgen.
2. **Nach ein paar Tagen kann man gleichzeitig mit dem zweiten Schritt beginnen.** Man verbindet die Anspannung des Muskels mit der Vorstellung (Imagination), dass dabei der »Strom« eingeschaltet wird und über die Wirbelsäule in den Kopf fließt, und spürt auch, wie er dort ankommt.
3. **Sobald Schritt eins abgeschlossen ist, beginnt der dritte Schritt.** Jetzt muss man den Muskel nicht mehr anspannen, sondern es genügt die lebendige Imagination, dass der Strom von der Quelle über die Wirbelsäule fließt, nun aber über den Kopf hinaus, in den Raum darüber, den Sitz des Bewusstseins. Erst dann kann auch das höchste Areal in Betrieb genommen werden, denn nur der Energiekörper vermag diese hohe Spannung auszuhalten.

Durch das PUBO-Training wird ein natürlicher Entwicklungsprozess des Menschen unglaublich beschleunigt, der in ganz kurzer Zeit zu einer völlig neuen Form der Wahrnehmung führt, denn jetzt steht dem Gehirn die volle Betriebsspannung zur Verfügung und es werden Gehirnareale in Tätigkeit gesetzt, die bisher betriebsbereit geruht haben. Die Wahrnehmung geht weit über das Denken hinaus und aktiviert Fähigkeiten, die vorher nicht zur Verfügung standen:

Man hat seit jeher geahnt, dass **zwischen körperlicher und geistiger Schöpferkraft Zusammenhänge bestehen**, die ja auch in der Wortähnlichkeit von »genial« und »genital« sprachlich zum Ausdruck kommen.

Bei mir war es zunächst die Fähigkeit, von einem Augenblick zum anderen Wahrheit und Irrtum oder Lüge ganz eindeutig zu unterscheiden. Dann kam die Fähigkeit dazu, »ergänzend zu lesen und zu hören«, das heißt, das zu lesen oder zu hören, was gar nicht im Text stand oder gar nicht gesagt wurde, aber dazugehört, selbst wenn es der andere gar nicht wusste.

Dann aktivierte sich die Fähigkeit der *Intuition* und damit die Möglichkeit, die Wirklichkeit hinter dem Schein zu erkennen, aber auch Entscheidungen nicht mehr zu fällen, sondern zu »treffen«. Danach erwachte irgendwann das »energetische Gedächtnis«, das heißt, die Fähigkeit, auch sehr komplexe Situationen mit allen Ursachen und Konsequenzen in Punktzeit zu erfassen. Aber auch die Fähigkeit, Energien zu »lesen« und so die Absicht eines anderen zu erkennen und letztlich jeden Menschen zu durchschauen, auch sich selbst. Des Weiteren die Fähigkeit, unmittelbar sich selbst zu heilen, nicht nur hinsichtlich Krankheiten, sondern auch in Beziehungen und Situationen.

Durch die Aktivierung des PUBO-Muskels werden bestimmte Hormone und Endorphine freigesetzt, die eine *Hochstimmung* verursachen und die auch die Sexualität viel erfüllender machen, aber das ist bestenfalls ein angenehmer Nebeneffekt, denn die eigentliche Wirkung ist viel beeindruckender: Jugendliche Spannkraft und Aktivität, überschäumende Kraft und Vitalität, eine unglaubliche Konzentration und Effektivität und Wohlbefinden durch die Produktion dieser »Glückshormone«.

Und nicht zu vergessen eine *Ausstrahlung*, die Ihren Erfolg letztlich »unvermeidbar« macht. Dazu Höchstleistungen in Schule, Beruf und Sport, die noch dazu fast mühelos erbracht werden. Sie lernen immer schneller und letztlich unmittelbar, haben ein umfassendes Gedächtnis, eine vervielfachte Kreativität, gute Laune und ein ständiges Wohlgefühl durchflutet Ihren Körper.

Dabei erleben Sie irgendwann ein Phänomen: Sie wissen etwas, Sie wissen, dass Sie es wissen und dass es absolut richtig ist, aber Sie können es nicht sagen, es fehlen Ihnen die richtigen Worte, denn Ihr Verstand kann Ihr neues energetisches Gedächtnis nicht verstehen. **Sie erkennen unmittelbar das Wesen hinter dem Schein.** Der Schleier ist gelüftet, Sie nehmen die Welt und andere Menschen wahr, wie sie sind. Sie schauen nicht nur *auf* etwas, sondern *durch* etwas, Sie durchschauen alles, sind nicht mehr zu betrügen.

Wenn Sie etwas verbalisieren wollen, können Sie nur ausdrücken, was sagbar ist, und das ist der geringste Teil dessen, was Sie wissen. Was Sie wissen, ist kein informatives, sondern ein lebendiges Wissen, das energetisch gespeichert ist und auch nur energetisch abgerufen, nicht gewusst und gesagt werden kann.

Sobald Sie Ihre Aufmerksamkeit auf ein Vorhaben oder eine Aufgabe richten, macht sich **Ihre vervielfachte Kreativität** bemerkbar, und Ihnen fällt sofort ein, was zu tun ist, aber auch, welche Auswirkungen das haben wird. Zu jeder Aufgabe erkennen Sie sofort die Lösung. Sie »sehen«, wie sich eine Beziehung entwickelt, welche Schwierigkeiten auftauchen werden und wie man sie vermeidet oder löst. Und Sie wissen einfach, wie man ein Ziel sicher erreicht. Normales Wissen braucht Zeit und Überlegung, dieses lebendige Wissen steht immer in Punktzeit zur Verfügung, mag die Antwort auch noch so komplex sein.

Sie können die »Sprache der Lebensumstände« verstehen und bewusster mit Informationen umgehen. Sie lesen und hören auf eine ganz neue Art, erkennen richtig und falsch und sogar, was fehlt. Sie können hören, was der andere gar nicht gesagt, aber gemeint hat. Und Sie wissen es bereits, *bevor* er es sagt, ja, bevor es ihm überhaupt bewusst wird.

Eine ganz natürliche Menschenkenntnis erwacht, mit deren Hilfe Sie jeden durchschauen, und Sie erkennen seine Absicht und seine Motivation. Und Ihr Intelligenzquotient wird dadurch noch einmal wesentlich gesteigert. Sie erleben ein ständiges Hochgefühl, das Sie vielleicht so bestenfalls einmal in Ihrer Jugend gekannt haben. Mit einem Wort: **Sie treten als neuer Mensch in Erscheinung, leben Ihr wahres menschliches Sein.**

Zusammenfassung:

Das Leben FÜHREN können Sie nur, indem Sie ENERGIE FÜHREN, das bedeutet, Ihre Energiequelle zu aktivieren, »in Form zu bringen«, »in Erscheinung treten« zu lassen, Ihr eigenes Leben zu manifestieren.

Energie zu führen setzt voraus, sie wahrzunehmen, energetische Quellen zu erschließen, sich mit der einen Quelle, der Quelle des Lebens überhaupt, zu verbinden und diese Verbindung zu halten.

Der Quantensprung zu einem erwachten Leben setzt eine entsprechende Energie (die Lebensenergie oder Kundalini im zweiten Energielevel) voraus, die es jetzt zu wecken gilt.

Sind Sie bereit und mental stark genug, die unerschöpfliche Energiequelle am Ende Ihrer Wirbelsäule zu aktivieren? Sind Sie bereit, Ihr Leben nicht mehr auf »Schwachstrom«, sondern mit der Power von »Normal-« oder »Starkstrom« zu führen? Sind Sie bereit, konsequent Ihr geistiges und energetisches Potenzial *jetzt* sprunghaft zu erhöhen?

Selbst-Erkenntnis:

Hier finden Sie wieder hilfreiche Fragen für Ihr Quantensprung-Tagebuch:

- Was raubt mir Energie in meinem Leben? Habe ich mich schon von Ärger, Stress, Angst, Unsicherheit befreit?
- Welche Menschen sind regelrechte »Energieräuber« in meinem Leben? Was tun sie noch da?
- Was sind meine Energieressourcen? Was aktiviert in mir Lebensenergie?
- Was bringt mich in wirkliche Hochstimmung? Wann habe ich sie das letzte Mal gespürt?
- Habe ich meinen »Sympathiefaktor« inzwischen erhöht? Wie erhöhe ich ihn weiter?
- Wie sehe ich den Zusammenhang zwischen Geist und Energie?
- Wie nehme ich Energie besser wahr?
- Wie komme ich mit meinem »PUBO-Training« voran?

Höhere Führung: So lassen Sie sich von Ihrer inneren Stimme führen

Wenn Sie sich bewusst sind, dass Sie sich und Ihr Leben auf eine höhere Bewusstseinsstufe und ein höheres Energielevel führen können, dann ist doch eine Frage ganz nahe liegend: Ist dann dort »das Ende der Fahnenstange« oder könnte es ein noch höheres Bewusstsein, noch höhere Energiefelder geben, von denen Sie bisher noch keine Ahnung hatten?

Ein unabdingbarer Bestandteil des Quantensprungs, das eigene Leben zu führen, ist auch das Bewusstsein, dass dies erst der Anfang ist. Das eigentliche Leben beginnt erst jetzt. Alles, was bisher war, wird für Ihr Leben »Vorgeschichte«.

Das eigene Leben führen heißt nämlich auch, sich vom Leben, von den höheren Energien und dem höheren Bewusstsein des Lebens führen zu lassen. Wer sich nicht führen lässt, kann auch nicht führen. Diese Dimension der Lebensführung ist absolut unverzichtbar. Denn wir führen unser eigenes Leben nur dann stimmig, wenn es im Einklang mit dem Leben allgemein steht.

Die Führung durch das Leben selbst trägt viele Namen: Intuition, Gewissen, Seele, wahres Selbst, wahres Wesen, Ruf des Herzens, innerer Führer oder Heiler, höheres Selbst, Überbewusstsein, höheres Bewusstsein und vieles mehr. Im Grunde ist es gleich-gültig, welchen Namen wir ihr geben.

Es gibt nur in unserer Sprache aber einen ganz merkwürdigen **Zusammenhang zwischen Stimme, Stimmung, Stimmigsein und Bestimmung**. Ich wähle hier für die innere Führung als Wort »innere Stimme«, um auf dieses Wortfeld aufmerksam zu machen.

Jeder hat in seinem Leben eine **Bestimmung**, die er »auf Wolke 17« – also vor dieser Inkarnation – **selbst bestimmt** hat. Es ist die Aufgabe, die Lebensabsicht, deretwegen wir inkarnieren. Doch wir vergessen im Laufe der Inkarnation, der Kontraktion unseres Egos, der Entwicklung unserer Persönlichkeit diese Bestimmung, müssen sie wieder neu entdecken. Unsere Seele weiß darum und führt uns durch Gefühle und Stimmungen wie Liebe, Freude, Begeisterung, Dankbarkeit, Mitgefühl auf diesen Weg. Wenn wir auf Irrwegen sind, fühlen wir uns nicht wirklich gut, nicht wirklich stimmig. Wir erleben diese Un-Stimmigkeit in einer ständigen emotionalen Ver-Stimmung.

Wir können uns nichts vormachen: Der Grad, unsere Bestimmung zu leben, macht sich in unserer Stimmung deutlich, insbesondere im Gefühl des Stimmigseins. Diese innere Stimme unseres Stimmigseins kommt aus der Seele: Sie ist nicht das (physische) Herz. Das Herz ist eher das Tor zur Seele. Unsere Seele ist eine Bewusstseinsenergie, die weit umfangreicher ist als unser Körper. Sie ist nicht Teil unseres physischen Körpers, sondern er ist Teil unserer viel größeren und viel umfassenderen Seele. Jede Nacht lassen wir im Tiefschlaf die begrenzte Hülle des Körpers hinter uns und sind eins mit unserer Seele (Erleuchtete erleben dies bei vollem Bewusstsein, Unerleuchtete im Tiefschlaf).

Um aus der alltäglichen Enge des Körperbewusstseins aus- und in das Seelenbewusstsein »einzutreten«, gibt es zwei Hauptwege: das Herz- und das Scheitelchakra.

Der Weg über das Herz verbindet uns als Herzenergie mit dem Gefühl der Liebe, das immer über den eigenen Körper hinausgeht. Den Weg über das Scheitelchakra nutzt die Kundalini- und Chakra-Energie, um unser Bewusstsein für höhere Sphären zu öffnen.

Beides miteinander zu verbinden, ist sehr hilfreich, um unsere innere Stimme immer häufiger und am besten ständig wahrzunehmen. Dabei nehmen wir sie eher selten als wirkliche »Stimme« wahr, sondern eher als Ahnung, als Intuition, »Hellfühlen«, »Hellsehen«, »Hellhören«, »Gewissen«.

Gegenüber anderen Stimmen in uns (der Stimme des Kritikers, des inneren Kindes und viele andere) ist diese höhere innere Stimme emotionslos. Sie warnt einen niemals angstvoll oder angsteinflößend, sondern eher distanziert: »Das ist jetzt stimmig. Das ist jetzt nicht stimmig.«

Das Tor des Himmels öffnen: das physische Tor zu einem höheren Bewusstsein

Das physische Tor zu einem höheren Bewusstsein kann bewusst durch Imagination geöffnet werden. Wer hindurchgeht, erkennt die Geheimnisse des Lebens unmittelbar. Er erlebt den Durchbruch zur befreienden Einsicht und lebt von da an im »kosmischen Bewusstsein«. Erst der so Vollendete ist der wahre Mensch.

Die Vorübung:

- Ich beobachte einmal meinen Atem – nichts verändern, nur beobachten.
- Ich atme einmal nur in den linken Lungenflügel.
- Ich atme einmal nur in den rechten Lungenflügel.
- Ich atme einmal ganz bewusst in beide Lungenflügel gleichzeitig. Obwohl es sich anhört wie bisher, ist es doch ganz anders.
- Ich atme einmal senkrecht nach unten durch die Füße in die Erde und mache mir bewusst, was dabei mit mir geschieht.
- Ich atme einmal senkrecht nach oben, über Körper und Kopf hinaus und mache mir bewusst, wie sich das anfühlt.
- Ich atme nach unten und oben gleichzeitig.
- Ich lege eine Hand auf meinen Bauch und die andere auf meinen Rücken und atme einmal nur nach vorn durch die eine Hand und nur nach hinten durch die andere.
- Ich atme nach vorn und hinten gleichzeitig, so weit es geht.

- Ich atme nach beiden Seiten gleichzeitig.
- Ich atme nun einmal von meiner Mitte aus nach allen Seiten gleichzeitig über den Körper hinaus in meine Aura. Meine Aura ist mein Atemraum.
- Mein Atemraum ist damit größer als mein Körper. Dies ist die natürliche Vollatmung.
- Wenn ich bereit bin, bleibe ich von nun an dabei.

Die Hauptübung:

- Ich beobachte einmal meine Gedanken.
- Ich wähle mir einen bestimmten Gedanken, den ich gern denke. Wenn Ihnen spontan nichts einfällt, dann denken Sie vielleicht: Ich bin Liebe.
- Ich denke diesen Gedanken einmal nur mit meiner linken Gehirnhälfte.
- Ich denke diesen Gedanken einmal nur mit meiner rechten Gehirnhälfte.
- Ich mache mir den Unterschied bewusst.
- Ich öffne nun ganz bewusst die Verbindung zwischen beiden Seiten, wie eine Schiebetür, die ich in der Imagination aushänge.
- Ich denke nun den gleichen Gedanken in dem neuen Denkraum, mache mir bewusst, wie sich das anfühlt.
- Ich denke nun einmal den gleichen Gedanken mit dem Bauch als Denkraum.
- Ich denke nun einmal den gleichen Gedanken mit meinem Herzen.
- Ich denke nun den gleichen Gedanken mit dem dritten Auge.
- Ich denke nun den gleichen Gedanken mit meinem Kronenchakra.
- Ich denke nun den gleichen Gedanken in allen Denkräumen gleichzeitig. Ich denke mit meiner Aura als neuem Denkraum, bin damit im »holistischen Denken«.

- Ich öffne in der Imagination diesen neuen Denkraum wie ein Ei und denke den gleichen Gedanken mit dem ganzen Universum als Denkraum.
- Ich bin damit im »universellen Denken«.

Wenn ich mit dem ganzen Universum denke, WER BIN DANN ICH? Ich erkenne mich als NICHTS, reine Existenz, die EINE KRAFT, ICH BIN.

Ich bin zurückgekehrt ins *wahre* Leben.

Stimmschulung: der schnellste Weg zum authentischen Sein

Ein Teil unseren Stimmschulung besteht darin, durch die Erweiterung unseres Bewusstseinsraumes unsere **innere Stimme** möglichst ständig wahrzunehmen. Nun haben wir aber auch eine »**äußere Stimme**«, mit der wir verbal kommunizieren. Beide hängen eng miteinander zusammen. Wenn Sie Ihre Stimme einmal aufnehmen und dann anhören, werden Sie in der Regel erschrocken sein. Sie klingt und tönt wie eine verstimmte Gitarre. Sie ist nicht harmonisch, sondern disharmonisch.

Das Geheimnis: Solange bei Ihnen der Dreiklang von Bauch, Kopf und Herz nicht im Einklang ist, klingt Ihre Stimme verstimmt. Sie ändert sich ganz automatisch, sobald Sie diesen Einklang erreicht haben. Durch bewusstes Schulen der Stimme vollzieht sich dieser Prozess schneller. Die Menschen hören, dass Sie authentisch und im Einklang mit sich selbst sind, dass Ihre Stimme nicht mehr verstimmt, sondern stimmig ist.

Manche Menschen sind in der Lage, ihre innere Stimme direkt nach außen zu kommunizieren. Sie denken nicht erst nach, was sie sagen, sondern lassen die Worte aus dem Herzen sprechen. Das ändert auch den Klang der Stimme. Sie wird authentisch und »subkutan«, geht unter die Haut.

Es gibt kaum einen Bereich, in dem man so viel für seinen Erfolg tun kann, wie Stimme und Sprache. Auf keinem Weg wird der Erfolg schneller sichtbar. Ein Mensch, der seine Stimme verändert, verändert damit auch seinen Charakter. **Stimmschulung ist der schnellste Weg zum stimmigen Erfolg.** Dazu gehört auch die »Kunst des Zuhörens«.

Die Stimme ist Ihre »hörbare Visitenkarte«, Ihre hörbare energetische Signatur. Lernen Sie nun, optimalen Gebrauch vom »Zauberinstrument Stimme« zu machen.

Die Schulung Ihrer Stimme beginnt damit, dass Sie sie einmal bei verschiedenen Gelegenheiten auf Tonband, Kassette oder Diktaphon aufnehmen und in Ruhe kritisch anhören; Sie werden überrascht sein, wie viel es an ihr und an Ihrer Sprache noch zu verbessern gibt.

Es ist nicht nur wichtig, *was* jemand sagt, sondern mehr noch, *wie* er es sagt.

Machen Sie sich bewusst:

- WOHIN sprechen Sie, wenn Sie sprechen? Sprechen Sie vor sich hin oder sprechen Sie den anderen wirklich an?
- WEN sprechen Sie an, wenn Sie zum anderen sprechen? Die Person? Den Verstand? Das Gefühl? Sein Ego oder ihn selbst?
- ALS WER sprechen Sie, wenn Sie mit einem anderen sprechen? In welcher Identifikation sind Sie? Sorgen Sie dafür, dass Sie beim Sprechen immer Sie selbst sind, denn das Wort ist eine »wirklichkeitsschaffende Kraft«.

Finden Sie Ihren persönlichen Sprachstil!

Welche Sprachenergie möchten Sie ausstrahlen: Manager, Nachrichtensprecher, Optimist, Freund, Gemütsmensch usw. (Für meine eigene Stimmschulung war es wichtig, mir vorzustellen, ein orientalischer Märchenerzähler zu sein.) Wechseln Sie dabei auch spielerisch die Sprachenergie.

Lernen Sie zu telefonieren, denn meist wird der erste Kontakt ein Anruf und Ihre Stimme der erste Eindruck sein.

Sorgen Sie dafür, dass Sie bei jedem Telefonat einen optimalen Eindruck hinterlassen. Wenden Sie sich jedes Mal wirklich ganz dem anderen zu, und lassen Sie ihn Ihr Interesse und Ihre Anteilnahme spüren.

Dazu gehört auch der Erfolgsfaktor Lächeln. Lächeln schafft ein positives Gesprächsklima, und mit Humor geht wirklich alles leichter.

Zusammenfassung:

Ihr Leben führen können Sie nur, indem Sie sich von Ihrer »inneren Stimme« führen lassen: Wer führen will, muss sich von Höherem auch führen lassen können. Sie können nicht im Einklang mit dem Leben sein, wenn Sie sich nicht von ihm selbst führen lassen. Es führt Sie zu sich selbst durch Ihre innere Stimme, den Ruf des Herzens.

Sind Sie *jetzt* bereit, auf Ihre innere Stimme zu achten, sie immer klarer wahrzunehmen und auf sie zu hören? Sind Sie *jetzt* bereit, ein wirklich stimmiges Leben zu führen, indem Sie auf Ihre innere Stimme achten und Ihre (äußere) Stimme zu energetischer Stimmhaftigkeit zu schulen? Erst dann wird Ihr Leben leicht wie ein Kinderspiel.

Selbst-Erkenntnis:

Hier finden Sie wieder hilfreiche Fragen für Ihr Quantensprung-Tagebuch:

- Was heißt es für mich, dass mein eigentliches Leben erst *jetzt* beginnt?
- Wie nehme ich meine innere Stimme wahr?
- Wie beschreibe ich meine Erfahrungen bei der Übung: Das Tor des Himmels öffnen?
- Wann bin ich das letzte Mal meiner inneren Stimme gefolgt?

- Habe ich von anderen Menschen schon einmal Feedback über meine Stimme bekommen?
- Wie nehme ich meine eigene Stimme wahr?
- *Wohin* spreche ich, wenn ich spreche?
- *Wen* spreche ich an, wenn ich spreche?
- *Als wer* spreche ich, wenn ich spreche?
- Was für einen Sprachstil möchte ich jetzt gern lernen?
- Welche Energie sendet meine Sprache aus?
- Kann ich in unterschiedliche Sprachmodi wechseln (meditatives, informatives, humorvoll erzählendes Sprechen, weises Sprechen ...)?

Das Leben ist ein Spiel und Sie sind am Zug: Verspielen Sie es nicht!

Der große indische Weise und Gelehrte Sri Aurobindo sagte einmal: »Was, letzten Endes, ist Gott? Ein ewiges Kind, das in einem ewigen Garten ein ewiges Spiel spielt.«

Das mag sehr esoterisch klingen, aber die moderne Wissenschaft erkennt immer mehr, dass die Gesetze der Evolution verblüffende Ähnlichkeiten mit den Gesetzen des Spiels haben. Der Nobelpreisträger und Professor für biophysikalische Chemie Manfred Eigen nannte eines seiner Hauptwerke: »Das Spiel. Naturgesetze steuern den Zufall.«

Das ganze Leben ist ein Spiel, und der ganze Sinn des Spiels ist es, zu SPIELEN und das Spiel wirklich zu genießen. Wenn das ganze Leben, die Schöpfung, die Evolution ein Spiel ist, dann sind Sie nur spielerisch ein Teil dieses Spiels, ein Teil des Lebens. Doch Sie spielen hier gegen niemanden – höchstens gegen sich selbst. So können Sie auch niemanden außer sich selbst zum Verlierer machen. Es geht nicht darum, das Spiel zu GEWINNEN, sondern es zu GENIESSEN.

Gewinnen oder verlieren ist »gleich-gültig«. Sobald Sie dieses Spiel unbedingt gewinnen wollen, hören Sie auf zu spielen. Es ist wie beim Joggen, der Gewinn ist das Laufen, nicht das »Irgendwohinkommen«. Das Leben ist ein Spiel mit seinen unendlichen Möglichkeiten!

Das Leben ist ein Spiel. Es ist nur die Frage, was für ein Spiel Sie spielen: »Das Leben ist ein Kampf« oder »Das Leben ist eine ständige Baustelle« oder »Jeder will mich kleinmachen« oder auch das Spiel »Das Leben ist schwer und mühselig, das Leben ist leidvoll«.

Hätten Sie einen Namen für das Spiel, das Sie spielen?

Ein Spiel, das die meisten spielen, heißt: Glückssuche. Schauen wir uns dieses Spiel einmal genauer an!

Manche spielen dieses Spiel ein Leben lang. Das beginnt schon im Kleinkindalter, dass sie sagen: »Wenn ich erst einmal in den Kindergarten darf und dann ganz viele andere Kinder, schöne Spielsachen, liebe Tanten dort sind, dann bin ich glücklich.«

Dann sind die Kinder nicht so lieb und die Tanten auch nicht, und die wollen immer das Spielzeug, das man selbst gerade hat. Dann gibt es Geschrei und Streit, und dann denken sie: »Wenn ich groß bin und in die Schule darf, dann bin ich glücklich.«

Sind sie dann eine Weile in der Schule, dann denken sie, wenn sie erst einmal die olle Penne hinter sich haben, dann sind sie glücklich. Irgendwann ist auch die Schule vorbei, und dann sagen sie: »Na gut, jetzt stehe ich ja am Anfang meines Berufslebens, wenn ich jetzt Tritt gefasst habe, wenn ich Erfolg habe, dann bin ich glücklich.«

Irgendwann stellt sich der Erfolg ein, nach ein paar Jahren, und dann denken sie: »Wenn ich jetzt noch einen Partner finde, mit dem zusammen ich glücklich sein kann, mit dem ich den Erfolg teilen kann, dann bin ich glücklich.«

Sie finden den Partner und denken: »Ja gut, wenn wir jetzt noch ein gemeinsames Kind hätten, etwas, das aus uns hervorgegangen ist, dann wäre ich glücklich.« Dann kommt auch ein Kind und noch eines, und dann denken sie irgendwann, ja, wenn sie ein eigenes Häuschen hätten, damit die Kinder sich freier bewegen können und sich die Nachbarn nicht immer beschweren, dann wären sie glücklich.

Irgendwann besitzen sie dann ein Häuschen, und dann denken sie, wenn die Kinder jetzt noch etwas Ordentliches geworden sind, damit sie sich keine Sorgen mehr machen brauchen, dann sind sie glücklich. Dann werden die Kinder etwas Ordentliches, und sie sagen sich, wenn die Kinder jetzt noch aus dem Haus sind und sie mal wieder an sich denken können, dann sind sie glücklich.

Dann sind die Kinder nach ein paar Jahren aus dem Haus, und dann stellen sie fest: »Wenn wir jetzt noch das Häuschen abbezahlt haben, damit wir alle Verpflichtungen los sind, dann sind wir glücklich.«

Nach ein paar Jahren ist auch das erledigt. Glücklich sind sie noch immer nicht, bloß alt. Das Leben ist vorbei. Sie haben immer darauf gewartet, dass irgendwann einmal das Glück kommt.

Dieses alberne Spiel könnten Sie heute, hier beenden. Das heißt, Sie könnten jetzt erkennen, dass es Glück ist, zu leben. Was passiert, ist alles ein zusätzliches Geschenk.

Suchen Sie nicht mehr nach dem Glück. Seien Sie glücklich. Glück kann man nämlich nicht finden. Es ist also nicht möglich, irgendeinen Umstand zu entdecken, der Sie glücklich macht. Es gibt Dinge, die können Sie eine Weile zufrieden machen, aber nicht wirklich glücklich. Glück ist ein Zustand des Bewusstseins und nicht von irgendwelchen Umständen abhängig. Wann immer Sie hoffen, Umstände zu finden, die Sie glücklich machen, werden Sie enttäuscht.

Seien Sie einfach glücklich, dass Sie leben. Machen Sie sich bewusst, drüben »auf Wolke 17«* gibt es eine lange Warteliste von Leuten, die gern inkarnieren würden, und hier gibt es nur wenige »Lehrstellen«. Sie haben eine bekommen. Sie müssen also dem Leben wichtig sein. Sie sind privilegiert. Sie haben das Glück, zu leben. Jetzt können Sie ja alles daraus machen. Sie sind ja Schöpfer. Sie können alles haben. Also, was wollen Sie denn noch? Sie müssten eigentlich morgen schon mit spitzen Schreien des Entzückens aufwachen, dass Sie immer noch leben und dass Sie einfach alles aus Ihrem Leben machen können.

Das Leben ist einfach zu schön, als dass man die kurze Zeit, die es dauert, mit etwas anderem verbringen sollte als mit Leben. Fangen Sie heute hier an, die Spielregeln Ihres Lebens

---

* Glossar im kostenlosen Leser-Service zum Buch (S. 273ff.)

selbst zu erfinden, es wirklich zu leben und dieses Spiel zu genießen.

Sie können in Ihrem Lebensspiel auch zocken, Ihr Leben verspielen. So werden Sie nur zu Ihrem eigenen Spielverderber.

Wenn Sie Ihr Leben nicht wirklich in Freude und Dankbarkeit genießen können, dann ver-spielen Sie es, dann verlieren Sie gegen sich *selbst*. Dann haben Sie Ihr Lebenskonto schnell leer geräumt. Krankheit, Schulden, Disharmonien, frühzeitiges Altern, Einsamkeit, Angst und Lebensmüdigkeit sind die Folgen. Das Jagen nach dem äußeren Glück macht Sie nicht nur unglücklich, sondern richtig ungenießbar. Wer das Leben nicht genießt, ist auch für andere ungenießbar.

Sobald Sie sich ganz auf das *Jetzt* einlassen und wirklich *spielen*, erleben Sie die »Leichtigkeit des Seins«. Sie erkennen: Das Leben meistert man spielend oder überhaupt nicht! Sie machen es sich leicht, indem Sie alles loslassen, was nicht zur Erfüllung des Augenblicks gehört, und gehen »ledigen Gemütes« – wie Meister Eckhart sich ausdrückte –, frei von jeder emotionalen Verstimmung durchs Leben. Dabei wird es immer leichter, immer freier, immer schöner, immer einfacher.

Sie suchen andere, die ebenfalls bereit sind, bewusst das »Spiel des Lebens« zu spielen, nicht nur rumzuspielen, gegen andere Spielchen zu spielen. Das Lebensspiel zu führen heißt, den Augenblick zu erfüllen, die dem Jetzt innewohnende Auf-Gabe, aber auch die Chance zu erkennen und zu erfüllen, ständig Erfüllung im Jetzt zu erleben. Einen erfüllten Augenblick an den anderen zu reihen, zu einem erfüllten Leben und die Schöpfung mitzugestalten!

Es geht also nur noch darum, das »Geschenk des Augenblicks« zu erkennen und dankbar anzunehmen, aber die meisten Menschen haben keine Zeit, das Geschenk des Lebens anzunehmen, sie haben zu tun, müssen arbeiten, sind auf der Suche nach Glück.

Zum Spiel des Lebens gehört es auch, nie mehr etwas zu tun, das Sie »Arbeit« nennen müssten, sondern Ihrer Berufung zu folgen, das zu tun, was Ihnen ohnehin am meisten Freude macht, bewusst den »Weg der Freude« zu gehen und damit in »bezahltem Urlaub für immer« zu sein. Sie gestatten dem Leben, Sie dafür auch noch fürstlich zu bezahlen.

Entfernen Sie dazu jedes Muss aus Ihrem Leben, denn im »Spiel des Lebens« gibt es kein Muss! Sobald Sie »müssen«, einem Zwang nachgeben, endet das Spiel. Lassen Sie keine Ausrede gelten, wie: Sie müssten ja schließlich Geld verdienen. Es genügt, dem Leben zu gestatten, dass es Ihnen »zufließt«! Das geschieht ganz spielend, wenn Sie es zulassen und glauben können.

Sie »müssen« nicht einmal sterben, denn Sie sind Bewusstsein, das nicht sterben kann. Sie werden irgendwann am Ende dieses Spiels Ihren Körper verlassen. Aber das ist nur das Ende und die Krönung des Spiels und der Anfang eines neuen, denn Sie, Bewusstsein, leben ewig. Sie wählen einfach nur ein anderes Spiel – und das Spiel geht in einer anderen Form weiter!

Zusammenfassung:

Das Leben führen können Sie nur im Spiel, Sie führen es spielerisch oder gar nicht. Sobald Sie Ihr Leben spielerisch führen, können Sie es nur gewinnen.

Wer sein Leben nicht genießt, der hat es schon ver-spielt und wird auch für andere ungenießbar, wird sein eigener Spielverderber.

Sind Sie bereit, das schwere Gepäck in Ihrem Rucksack abzulegen und es sich leicht zu machen? So leicht wie die Vögel des Himmels, so leicht, wie die Delfine des Wassers, so leicht wie die Gazellen auf der Erde?

Selbst-Erkenntnis:

Hier finden Sie wieder hilfreiche Fragen für Ihr Quantensprung-Tagebuch:

- Welchen Namen würde das Spiel tragen, das ich bisher gespielt habe?
- In welchem Bereich des Lebens bin ich verkrampft und nicht locker?
- Wie spiele *ich* das Spiel »Glück suchen«: Wenn ich … dann bin ich glücklich?
- Bin ich mir des Glücks meines Lebens bewusst?
- Was verstimmt mich noch emotional?
- Wo bin ich mein eigener »Spielverderber«?
- Lebe ich wirklich schon meine Berufung?
- Fließt das Geld spielerisch in mein Leben?
- Ist meine Partnerschaft ein spielerischer Tanz weiblicher und männlicher Energien, weiblichen und männlichen Bewusstseins?
- Kann ich auch den Tod als »Krönung des Lebensspiels« sehen?
- Was hindert mich daran, mich ganz auf das Spiel des Lebens einzulassen?

TEIL 2:

WERKZEUGE UND SCHRITTE ZUR LEBENS-FÜHRUNG

Stellen Sie sich einmal vor, Sie würden in einer vollkommenen Welt leben. Sie sind immer gesund und gut gelaunt. Sie und alle anderen tun immer das Richtige zur rechten Zeit. Sie bekommen immer alles, was Sie haben wollen, erreichen jedes Ziel und wissen schon vorher, dass es klappen wird.

Irgendwann würde Ihnen das langweilig, das Leben würde keinen Spaß mehr machen. Stellen Sie sich weiter vor, in dieser tödlichen Langeweile entdeckten Sie einen Knopf mit der Aufschrift: »Ein Leben voller Abenteuer und Überraschungen«. Sie würden sicher denken, alles andere kann nur besser sein, als diese vollkommene Langeweile. Sie drücken den Knopf und befinden sich im gleichen Augenblick in Ihrer derzeitigen Lebenssituation. Und das Abenteuer kann beginnen!

Jetzt brauchen Sie nur noch lernen, sich an diesem Abenteuer auch vollkommen zu erfreuen.

Die gute Nachricht in der Situation lautet: **Sie lernen alles, was Sie wissen müssen – letztendlich.** Die schlechte Nachricht lautet: Der Unterricht geht so lange weiter, bis Sie es gelernt haben. Sie lernen es entweder auf dem königlichen Weg der Erkenntnis (durch ein Buch, ein Seminar, ein Gespräch mit einem Freund, eine Meditation) oder auf dem normalen Weg: durch die schmerzhafte Erfahrung, Leid, Angst, das Gefühl der Sinnlosigkeit.

Der Sinn des Lebensführerscheins ist es, nicht den Weg des Leids, sondern den der Erkenntnis zu gehen, so in die Leichtigkeit des Lebens zu kommen und das Leben als Spiel zu genießen.

Machen Sie sich immer bewusst: Das Leben ist ein Klassenzimmer, und Sie haben ein Stipendium in der »Schule des Lebens«.

Aber das Leben entlässt Sie nicht eher, als bis Sie Ihre Ausbildung abgeschlossen haben, entweder mit dem Meisterbrief oder einer Nichtversetzung. Dabei werden positive Lektionen (es gibt nur positive, aber das ist auch eine Lektion, die Sie lernen werden) nicht immer auf angenehme Weise erteilt.

Vielleicht denken Sie noch: »Das Leben ist eine tödliche Krankheit und letztlich stirbt man daran«, weil Sie vergessen haben, dass Sie hier sind, weil Sie »auf Wolke 17« genau dieses Leben gewählt haben. Wenn Sie aber gern in einem anderen Leben wären oder lieber ein anderer sein möchten – Sie haben die Wahl, in jedem Augenblick. Sie können sich und Ihr Leben in jedem Augenblick ändern! Doch nur als Sie selbst können Sie es ändern, wann immer Sie wollen.

Mit den Emotionen des Kinder-Ich

So wie wir alle auf der materiellen Ebene einen Körper als Werkzeug haben, so haben wir auch ein individuelles »Sosein«, ein Ich, eine Persönlichkeit.

Wenn wir geboren werden, haben wir noch kein Ich. Wir nehmen uns selbst nicht wahr, unsere Wahrnehmung beginnt mit dem »Du«, in der Regel der Mutter. Ohne uns unserer selbst bewusst zu sein, machen wir doch Erfahrungen, es entstehen »Ein-Drücke« und daraus bestimmte Verhaltensmuster und Programme. So formt sich unsere Persönlichkeit, indem sich diese Muster mit unserem Charakter verbinden, den wir als die Summe früherer Erfahrungen mitbringen. Unsere sogenannte Persönlichkeit bildet sich so im Wesentlichen durch die Außenwelt, die anderen.

Bevor wir selbst Einfluss darauf nehmen können, ist unsere Persönlichkeit schon entstanden, auf die wir oft so stolz sind und zu der wir doch wenig beigetragen haben.

Unser »Kinder-Ich« ist gerade entstanden. Nun käme sicher niemand auf die Idee, mit seinen Kinderkleidern oder gar in Windeln durchs Leben zu gehen, und doch leben die meisten Menschen emotional als dieses »Kinder-Ich« – und sterben auch so.

Bestenfalls haben sie im Laufe der Zeit »daran gearbeitet«, haben Therapien mitgemacht, Seminare besucht, Prozesse durchlaufen, um unerwünschte Teile dieses »Ich« zu verändern. Sie versuchen, meist mit geringem Erfolg, dieses Kinder-Ich in Richtung eines Ideals zu verändern, und vergessen dabei, dass dieses Ideal nur eine Vorstellung ist und ihnen meist gar nicht entspricht. Selbst wenn sie mit der Veränderung erfolgreich sind, fühlen sie sich deshalb in sich nicht wohl.

Ich erkenne auf diesem Weg des Zum-Leben-Erwachens zunächst, dass »**meine Persönlichkeit**« **von der Umwelt erschaffen wurde und mir selbst gar nicht entsprechen muss.** Sie ist durch genetisches Erbe entstanden, durch Erziehung, die Eltern, Geschwister, Lehrer – und nur zu einem kleinen Teil durch eigene Erfahrung.

In dieser durch andere geschaffenen Persönlichkeit lebe ich, als diese Persönlichkeit fühle ich mich, mit der identifiziere ich mich. Diese Persönlichkeit bestimmt mein Verhalten und damit, nach dem Gesetz der Resonanz, auch mein Schicksal. **Ich lebe also ein Leben, das gar nicht mein Leben ist, kein Wunder, wenn ich mich darin nicht wohlfühle.**

Unsere Emotionen, unser »inneres Kind«, ist meist in dieser Entwicklungsphase stecken geblieben. Unser Intellekt, unser Mind, wie es auf Neudeutsch heißt, hat sich weiterentwickelt, ist vielleicht sogar erwachsen geworden. So aber sind zwischen Verstand und Gefühl Spannungen unvermeidbar, die den Verstand oft die Lebensfreude vergessen lassen, denn dazu braucht er das Gefühl. Das aber ist als kleines Kind ängstlich, verunsichert, hilflos und traurig. Wie kann da Freude aufkommen? Dazu kommt, dass der Verstand eine Identität darstellt, die ihm ideal erscheint, aber die er nicht wirklich ist.

Der Leidtragende in diesen Auseinandersetzungen zwischen Verstand und Gefühl ist der Körper! Er muss die Spannungen zwischen unserem »inneren Kind« und dem Verstand aushalten und äußert sie als Verspannung, Müdigkeit, Lustlosigkeit und Krankheit. Sie belasten aber nicht nur unseren Körper, sondern verhindern auch, dass wir uns unserer wahren Identität bewusst werden, der Vollkommenheit unseres wahren Seins.

Jede Therapie, jedes Seminar, jede Veränderung und Heilung befasst sich nur mit den »Ein-drücken« und Verhaltensweisen des Egos. **Wahre Heilung aber bedeutet Erinnerung an sich SELBST.** Das Selbst braucht keine Heilung oder Veränderung, es ist ewig und vollkommen. Versäume ich aber diese wahre Heilung, die Erinnerung an mich selbst, geschieht letztlich Heilung durch den Tod, eine Transformation, der sich keiner entziehen kann. Ergreift der Mensch immer wieder nur halbe Maßnahmen, die keine vollkommene Veränderung herbeiführen können, bleibt irgendwann kein Platz mehr für Kompromisse und der frühzeitige Tod führt diese vollkommene Veränderung zuverlässig herbei. Wir können biologisch 120 Jahre bei bester Gesundheit werden, denn Alter ist keine Krankheit. Entweder verändern wir unser Leben nach den Lebensgesetzen, oder der Tod beendet vorzeitig das nicht gelebte Leben.

Erwachsen werden und zum Leben erwachen

Wenn wir geboren werden, befinden wir uns zunächst in der Rolle des Opfers. Wir sind auf die Mutter, auf die Umwelt angewiesen. Irgendwann aber sollten wir die Opferhaltung loslassen und erwachsen werden, uns als Schöpfer erkennen, die Verantwortung für unser Leben übernehmen und die Lebensumstände bewusst selbst bestimmen.

Willkommen in Ihrer Zukunft – sie hat gerade begonnen! Das eigentliche Leben kann beginnen. Erinnern Sie sich daran, wer Sie wirklich sind, und geben Sie sich eine Chance, wirklich zu leben.

Der Lehrplan für den Lebensführerschein für Ihr eigentliches Leben umfasst zehn Werkzeuge und zehn Schritte. Mit anderen Worten: Sie können sich diese Werkzeuge Schritt für Schritt aneignen.

1. **Schritt und erstes Werkzeug: Die Lebensinventur**
   Um sich immer wieder auf Lebensziel und Lebensaufgabe auszurichten, ist die regelmäßige Bilanz und Inventur unumgänglich: Was *ist* und was *soll sein*? Nehmen Sie sich eine Auszeit und machen Sie eine Lebensinventur!
2. **Schritt und zweites Werkzeug: Die Sprache des Lebens verstehen**
   Das Leben gibt uns ständig Botschaften, wo wir nicht im Einklang mit ihm stehen, wo es Disharmonien gibt. Lernen Sie seine Sprache, um das Spiel des Lebens immer mehr genießen zu können!
3. **Schritt und drittes Werkzeug: Loslassen, was nicht mehr zu Ihrem Leben gehört**
   Nicht nur unser Körper hat einen Stoffwechsel und scheidet Verbrauchtes aus, auch in einem bewussten Leben wird Verbrauchtes losgelassen. Entrümpeln Sie Ihr Leben! Alles raus, was nicht mehr zu Ihrem Leben gehört!
4. **Schritt und viertes Werkzeug: Wirklich selbstständig werden**
   Geistig selbst-ständig zu sein heißt, nicht mehr aus dem kleinen Ego, sondern aus dem großen Selbst heraus zu leben, zu sich selbst zu erwachen. Hier wird die Grundlage für eine ganz neue Lebensqualität geschaffen, der Sprung aus dem Kinder-Ich ins Erwachsenen-Ich.
5. **Schritt und fünftes Werkzeug: Erschaffen Sie sich Lebensqualität in allen Lebensbereichen**
   Das Leben will ganz und heil gelebt werden. Ein wesentlicher Schritt dahin ist es, alle seine Bereiche neu zu integrieren. Nehmen Sie alle Lebensbereiche geistig in Besitz und entwickeln Sie sich zu einem ganzen Menschen! Diese Ent-Faltung ist Ihre Metamorphose: Die Raupe wird zum Falter, zum Schmetterling.
   Das wichtigste Werkzeug für die Erschaffung des ganzen Menschen ist die Arbeit mit »inneren Bildern«. Sie können sich ein neues Selbst-Bild erschaffen, das von einer hohen Lebensqualität geprägt ist.

6. **Schritt und sechstes Werkzeug: Lernen Sie, dem Leben wirklichkeitserschaffende Anweisungen zu erteilen**
   Wie ein Auto darauf wartet, gefahren und gesteuert zu werden, so wartet das Leben nur auf Ihre Anweisungen als Schöpfer. Opfer re-agieren nur. Mit dem Lebensführerschein lernen Sie vor allem, dem Leben in jedem einzelnen Fall die richtigen Anweisungen zu erteilen.
7. **Schritt und siebentes Werkzeug: Erschaffen Sie sich einen gesunden und vitalen Körper**
   Sie zeigen Ihre Selbstachtung vor allem im Umgang mit Ihrem Körper. Was muten Sie ihm alles zu? Je mehr Achtung Sie ihm schenken, desto mehr Achtung schenken andere Menschen Ihnen. Sie *sind* nicht Ihr Körper, Sie *haben* einen, den wichtigsten Partner Ihres Lebens. Schenken Sie ihm alle Ihre Achtung, Wertschätzung und Liebe.
8. **Schritt und achtes Werkzeug: Erschaffen Sie sich Ihren Traumberuf**
   Wer sich selbst nicht treu ist, wird einem anderen Menschen auch nicht treu sein können. Vor der richtigen Partnerschaft kommt die Verwirklichung des Traumberufs. Opfern Sie nie Ihren Traumberuf Ihrer Partnerschaft. Verwirklichen Sie sich in Ihrem Traumberuf, so können Sie einem Menschen, der Sie darin achtet, auch ein Leben lang treu sein. Dann haben Sie Ihren Seelenpartner gefunden.
9. **Schritt und neuntes Werkzeug: Erschaffen Sie sich eine liebevolle Partnerschaft**
   Darin besteht die hohe Schule der Selbstliebe. Der Weg dazu ist, selbst zu einem idealen Partner zu werden. Als solcher ziehen Sie zuverlässig ein ideales Du in Ihr Leben – oder wandeln Ihre Partnerschaft in eine ideale Liebesbeziehung. Wenn Sie auf diesem Weg der Selbstliebe sind, wird auch der andere sich ändern: Ihnen näher kommen oder Sie verlassen.

10. **Schritt und zehntes Werkzeug: Erschaffen Sie sich finanzielle Fülle und einen ganzheitlichen Wohlstand**
    Ganzheitlicher Wohlstand ist das große Finale und der Lohn Ihrer Selbstverwirklichung: Alles im Leben steht zum Wohl. Zum Wohlstand gehört nicht nur, aber auch finanzielle Fülle. Da Geld Energie ist, ist es ein zuverlässiger Maßstab dafür, wie der Energiefluss Ihres Lebens beschaffen ist.

Bei jedem Schritt und jedem Werkzeug in der Lebensschule hin zum Lebensführerschein stellen Sie sich als Fragen die Erkenntnisse aus dem ersten Teil, also:

1. Vor welcher WAHL stehe ich jetzt?
2. Welche Wahl TREFFE ich JETZT?
3. Wie mache ich meine Entscheidung zu einem GEWINN für mich und andere?
4. Wie erweitere ich dabei mein GEISTIGES VERMÖGEN?
5. Wie optimiere ich dabei meine ENERGETISCHE SIGNATUR?
6. Nehme ich dabei meine INNERE STIMME wahr? Was sagt sie mir?
7. Wie mache ich diesen Schritt zu einem SPIEL und genieße es?

1. Schritt und erstes Werkzeug: die Lebensinventur

»Nimm dir Zeit und nicht das Leben!«

Das wünscht man oft einem rasenden Autofahrer. Wer durch das Leben rast, hastet, sich hetzen lässt, der verliert die Achtsamkeit und den Lebensgenuss – und im wahrsten Sinne das eigentliche Leben. Während wir hetzen, findet das Leben anderswo statt.

Können Sie sich noch daran erinnern, wann Sie sich zuletzt für sich selbst und Ihre Wünsche Zeit genommen haben? **Sie meinen, den Luxus können Sie sich nicht leisten? Im Gegenteil – Sie können es sich nicht leisten, sich *keine* Zeit für sich selbst zu nehmen**. Denn es ist absolut lebens-not-wendig. Wenn Sie Ihre Lebenszeit nicht in sich selbst investieren, dann ist das – klar und deutlich gesagt – eine Form von Selbstmord. Wenn Sie sich keine Zeit für sich selbst nehmen, dann nehmen Sie sich Ihr Leben.

Niemand hat mehr oder weniger Zeit als Sie. Nichts ist gerechter verteilt als die Zeit. Es kommt darauf an, wie Sie mit Ihrer Zeit umgehen. Wofür Sie sie einsetzen. Investieren Sie sie in Ego-Bedürfnisse oder in das Wachstum Ihres Selbst? Alles wächst und entfaltet sich, wenn es Beachtung geschenkt bekommt, Aufmerksamkeit und Pflege.

Der Quantensprung ist ein Sprung aus der Identifikation mit dem Ego in die *Identifikation mit Ihrem Selbst.* Da sind keine halben Sachen möglich. Da erschaffen Sie sich eine andere Identifizierung und Identität.

Alle Jugendlichen befriedigen ihr Ego, leben heute narzisstischer denn je. Zum eigenen Leben erwachen bedeutet, die Befriedigung von Ego-Bedürfnissen hinter sich zu lassen und zu sich selbst zu erwachen. Das heißt, wirklich erwachsen zu werden.

Lassen Sie sich nicht hetzen, leben Sie langsamer, gehen Sie mit Ihrem Zeitkonto sinnvoll um und investieren Sie Ihre Zeit immer mehr in sich selbst.

Am besten nehmen Sie sich jetzt die Zeit für eine komplette Lebensinventur. Nie war sie so wichtig wie jetzt, wo Sie vor dem großen Quantensprung stehen, Ihr Leben nicht mehr von Ihrem kleinen Ego bestimmen zu lassen, sondern von Ihrem großen Selbst.

Jede Firma macht jährlich Inventur, macht eine Bestandsaufnahme, klärt Vermögen und Schulden, Werte und Mengen, um eine Bilanz und für das kommende Geschäftsjahr einen neuen Geschäftsplan zu erstellen. Es ist auch für Sie Zeit, Ihre Energielöcher zu identifizieren, ungenutzte Ressourcen zu aktivieren, Zeit und Energie bewusster und zielgerichteter auf Ihre Lebensziele und Lebensaufgaben auszurichten.

Nehmen Sie sich eine Auszeit und machen Sie eine solche Lebensinventur. Sammeln und ordnen Sie Ihre Kräfte, bringen Sie Ihr Leben jetzt in Ordnung.

Die Kraft Ihres Wollens (Ihr Lebenswille)

Ehe ich anfangen kann, mich zu verändern, muss ich zuerst einmal anders sein *wollen.* Dazu kann ich ein Idealbild von der Person schaffen, die ich sein will. Ich kann aber auch einfach prüfen, welche Wirklichkeit mir entspricht. Jede Wirklichkeit ist jederzeit bereit, in Erscheinung zu treten, wenn ein Schöpfer die entsprechende Ursache setzt.

Dann muss ich die Vision meiner zukünftigen Persönlichkeit zur Gegenwart machen, indem ich sie durch »gezielte Imagination« in Besitz nehme. Wie in ein geistiges Kleid schlüpfe ich in diese so geschaffene Persönlichkeit hinein und bin, was ich sein will. Alles andere erkenne ich von nun an als Vergangenheit. Die Zukunft wird also Gegenwart, indem ich mir vorstelle, dass ich bereits bin, was ich sein will. Indem ich durch die Imagination das Gefühl des bereits erfüllten Wunsches wachrufe, versetze ich ihn energetisch auf eine höhere Ebene der Wirklichkeit. Diese Annahme wird durch Beharrlichkeit zur Tatsache. Diese Ihre Annahme erzeugt so unausweichlich die Ereignisse Ihres Lebens.

Sie können in jedem Augenblick aufs Neue wählen, welche Teile der Schöpfung Ihnen in Ihrem Leben als Ereignis, Umstand, als Tatsache begegnen sollen. Dabei sind Sie tatsächlich frei und alles ist möglich. Voraussetzung ist, dass Sie es DENKEN und GLAUBEN können.

Auch die »inneren Bilder«, die einen großen Teil unseres Lebens bestimmen, können wir so neu schaffen. Es ist vor allem der Teil des Lebens, der aus dem Unterbewussten heraus bestimmt wird. Wir können nur über Bilder mit unserem Unterbewussten kommunizieren, weil es die Welt der Bilder, Symbole, Archetypen und Metaphern ist. So wird die konsequente Wandlung der »inneren Bilder«, insbesondere des *Selbst*-Bildes, zu einem Schmiedewerkzeug, um unser Schicksal selbst zu bestimmen.

Immer wenn kein spezieller Auftrag vorliegt, handelt das Unterbewusstsein nach diesen inneren Bildern. Diese Bilder des »Kinder-Ich« sind uns ja durch die Umwelt, Erziehung und Gesellschaft eingegeben worden und entsprechen uns meist längst nicht mehr. Anstatt in den langwierigen Prozess der mühsamen Änderung einzutreten, schaffen wir gleich neue Bilder, mit denen wir im Ein-Klang sind.

Die meisten Menschen sind mit sich nicht zufrieden, weil sie nach Bildern leben, die in der Vergangenheit von anderen geschaffen worden sind und ihnen längst nicht mehr entsprechen. So möchten sie mitunter lieber »aus der Haut fahren«, und das sollten wir ganz wörtlich verstehen. Die alte Haut passt ihnen einfach nicht mehr. So wie wir jeden Tag Kleider anziehen, die der jeweiligen Situation entsprechen, so sollten wir auch für jeden neuen Lebensabschnitt ein anderes, passendes geistiges Kleid wählen und somit unsere Eigenschaften, unsere Persönlichkeit, unser »Sosein«, unser Ich frei bestimmen. Wir schaffen damit einen Maßanzug für unser derzeitiges Leben, so dass wir uns wirklich in uns wohlfühlen. Es ist viel einfacher, dieses alte »Kinder-Ich« auszuziehen und loszulassen, als immer wieder daran herumzuflicken. Meine geistigen Kleider sollten meinem geistigen Alter entsprechen.

Im »Spiel des Lebens« spiele ich immer neue Rollen, bis ich mich selbst gefunden habe. Irgendwann muss ich das Ich loslassen, denn es ist eine Illusion und in der Wirklichkeit ist kein Platz für eine Illusion. Versuchen Sie nicht länger, Ihr Ich zu erlösen, sondern lösen Sie sich vom Ich, dann sind Sie wirklich erlöst. Unsere wichtigste Aufgabe ist es, uns wieder an unsere grenzenlosen Möglichkeiten zu »er-innern« – an die »Spielregeln des Lebens«, daran, dass Probleme, Krankheit, Mangel und Leid, Sorge, Ärger, Stress nur »emotionale Fehlprogramme« sind, die aus der Illusion des Ich entstehen. Lassen Sie alle Täuschungen los, dann kann das Leben Sie auch nicht mehr »ent-täuschen«.

Wenn Sie bereit sind, beginnt in diesem Augenblick ein ganz neues Leben. Alles, was bisher war, ist vorbei und kommt nie mehr wieder.

Was tun Sie eigentlich den ganzen Tag?

Eine Inventur beginnt mit dem, was ist, dem Zählen von Mengeneinheiten. Klären Sie einmal für sich, womit Sie die ganze Zeit »beschäftigt« sind. Zählen Sie einfach, wie und womit Sie Ihre Zeit nutzen.

1. Machen Sie sich einmal **eine Liste aller Ihrer Tätigkeiten**. Schreiben Sie alle wesentlichen Tätigkeiten auf, die Ihr Leben füllen.
2. Klären Sie, wie viel Zeit diese Tätigkeiten verbrauchen: pro (Arbeits-)Tag / pro Woche / pro Jahr: **Welche zehn Tätigkeiten verbrauchen die meiste Zeit und wie viel?**

3. Finden Sie aus der Liste Ihrer Tätigkeiten das heraus, was Ihnen davon am meisten Freude bereitet. Vielleicht differenzieren Sie diese Tätigkeiten in »sehr gern«, »gern«, »ungern«, »sehr ungern«. **Welche zehn Tätigkeiten machen Ihnen am meisten Freude?**
4. **Vergleichen Sie beide »Prioritätenlisten«:** Ist das, was die meiste Zeit verbraucht, auch das, was Ihnen am meisten Freude bereitet? Wie weit liegen beide Listen auseinander?
5. Welche **Konsequenzen** wollen Sie daraus jetzt ziehen? Wie lassen Sie das, was Sie in Ihrem Leben »sehr ungern« und »ungern« tun, verschwinden?

Wofür geben Sie eigentlich Ihr ganzes Geld aus?

Auch Ihr Geld können Sie nur dann sinnvoller nutzen, wenn Sie sich bewusst sind, wie Sie es zurzeit nutzen. Auch für diese Geldinventur sollten Sie sich jetzt Zeit nehmen.

1. Was verdienen Sie im Monat?
2. Was und wie hoch sind Ihre fixen Kosten?
3. Wie viel Geld legen Sie monatlich für Ihre Zukunft an?
4. Was haben Sie an Vermögen, was an Schulden?
5. Wie viel Geld investieren Sie in das, was Ihnen wirklich Freude bereitet?
6. Wie viel Geld investieren Sie in das Wachstum Ihres Selbst?
7. Was können Sie tun, um den Geldfluss in Ihrem Leben besser zu steuern? Wie können Sie Kosten sparen? Wie können Sie sich ent-schulden?

Wie steht es mit Ihrer Lebensqualität: Was ist Ihre gegenwärtige Lebenssituation?

Der sinnvolle Umgang mit Zeit und Geld macht Ihre Lebensqualität, Ihren Wohlstand aus. Verbrauchen Sie Ihre Zeit, um Geld hinterherzujagen? Dann ist weder Ihr Umgang mit Geld noch

Ihr Umgang mit der Zeit sinnvoll. Leben Sie im Zeitmangel (Stress) und im Geldmangel (Schulden)? Oder sind bei Ihnen Zeit und Geld im Fluss und kommen im Überfluss zu Ihnen?

Wie schätzen Sie den Grad Ihrer Lebensqualität, Ihres »Wohl-Stands« ein, wenn ein für Sie erstklassiges Leben 100 Punkte bekäme? Wie viele Punkte würden Sie sich für die aktuelle Realisierung Ihrer Lebensqualität geben? In welchem Bereich gibt es noch eine Mangelsituation?

Geben Sie diese Punktzahl auch für Ihre Verwirklichung in den einzelnen Lebensbereichen (100 immer als Optimum):

- Bin ich gesund und vital, achte meinen Körper und spüre meine Energie?
- Lasse ich mich nicht mehr von Emotionen wie Angst, Ärger, Wut, Schuld, Eifersucht führen?
- Übernehme ich immer die VOLLE Verantwortung für das, was ich tue?
- Wie schätze ich meine Ausbildung, meine beruflichen Fähigkeiten und Kompetenzen ein?
- Wie »erfolgreich« bin ich in meinem Leben?
- Lebe ich als Berufene/r meine Berufung?
- Bin ich selbst ein idealer Partner?
- Lebe ich in einer harmonischen Partnerschaft?
- Lebe ich in Liebe, Dankbarkeit und Vergebung gegenüber meinen Eltern?
- Bin ich ein Vorbild für meine Kinder? Liebe ich sie von ganzem Herzen?
- Leiste ich einen aktiven und wertvollen Beitrag zur Gesellschaft?
- Fließt Geld mühelos in mein Leben zurück?
- Habe ich auch materielles Vermögen, Sicherheit für jetzt und für die Zukunft aufgebaut?
- Lebe ich in Humor, Gelassenheit und Leichtigkeit?
- Ist mein Leben ein Spiel, das ich genießen kann?
- Gehe ich den »Weg der Freude«?
- Wie »stimmig« lebe ich?

Für die Einschätzung Ihrer Lebensqualität brauchen Sie keine aufwändigen Analysen durchzuführen. Es ist doch sehr beachtlich, dass Sie ein ziemlich klares Gefühl dafür haben, wie viel Lebensqualität Sie schon realisiert haben und wo es noch mangelt. Sie haben einen inneren Maßstab für 100 Punkte!

Ihr Selbst, Ihre Seele weiß um die 100 Punkte, weiß, was optimal wäre, wie weit Sie noch von der Ausschöpfung Ihres 100-Prozent-Potenzials entfernt sind.

Und es weiß auch, wie Sie nach dem Maßstab Ihres Selbst in allen Lebensbereichen Ihr Potenzial verwirklichen können.

Fragen zum Lebensweg: Was SOLL sein?

Bei jeder Lebensbilanz sollten Sie **sich fragen, ob Sie noch auf dem richtigen Weg sind, was Ihr Lebensziel ist und ob der eingeschlagene Weg wirklich zum Ziel führt.** Was erfüllt ist und losgelassen werden kann, was noch offen ist und verwirklicht werden sollte.

- **Warum bin ich?**
  Warum existiere ich überhaupt? Was macht den Unterschied aus, ob ich existiere oder nicht? Für wen macht es einen Unterschied? Würde es einen Unterschied für die Menschheit machen?
- **Warum bin ich so, wie ich bin?**
  In diesem Geschlecht? In diesem Land? In dieser Zeit?
  Was heißt es, dass ich eine Frau oder ein Mann bin? Dass ich in diesem Land mit seiner Kultur lebe und in keinem anderen? In dieser Zeit des globalen Umbruchs?
- **Warum bin ich hier?**
  Weil ich eine Lebensaufgabe habe? Habe ich sie vergessen? Kann ich mich ihrer jetzt er-innern?
- **Was ist meine Aufgabe und wie erfülle ich sie?**
  Bin ich mir ihrer wirklich bewusst und erfülle ich sie?

Besteht ein erfülltes Leben darin, jederzeit seine Lebensaufgabe zu erfüllen?

- **Wie bin ich und wie sollte ich sein** (wie bin ich »gemeint«) Lebe ich die höchste Vision dessen, was ich sein könnte?
- **Woher kommen meine Lebensumstände?** Warum sind sie nicht optimal? Was habe ich dazu beigetragen, dass sie so sind, wie sie sind? Wann habe ich was gewählt?
- **Was will ich im Leben erreichen?** Und warum?
- Was soll aus meinem Leben verschwinden?
- Was fehlt mir noch? Warum?
- Welche Wünsche habe ich noch an mein Leben? Wie kann ich sie erfüllen?
- Welche Absichten habe ich? Und welche Aussichten?
- Was habe ich bisher dafür getan?
- Was bin ich jetzt zu tun bereit?
- Was hat Priorität?
- **Wer oder was spielt die Hauptrolle in meinem Leben?** Erfolg? Anerkennung? Geld? Besitz? Sex? Oder ich selbst?
- Was ist mein Wunschtraum?
- Wann will ich ihn verwirklichen?
- Bin ich bereit, jetzt damit zu beginnen?
- Bin ich bereit, in diesen Tagen mein Leben zu verändern?
- Was ist mein Ziel, mein Weg, was meine Schritte, Hindernisse, Möglichkeiten? Was muss ich jetzt tun, um am Ende meines Lebens sagen zu können: »Ich habe wirklich gelebt!«?

Er-Innerung an den ersten Schritt zum Lebensführerschein

Um sich immer wieder auf Lebensziel und Lebensaufgabe auszurichten, ist die regelmäßige Bilanz und Inventur unumgänglich: Was ist und was soll sein?

- Nehmen Sie sich jetzt Zeit für Ihre Lebensinventur! (Wenn nicht jetzt, wann dann?)
- Prüfen Sie den Grad Ihres Wollens.
- Klären Sie, wohin Ihr Vermögen *Zeit* fließt.
- Klären Sie, wohin Ihr Vermögen *Geld* fließt.
- Klären Sie den *Mangel* in Ihrer Ist-Situation.
- Klären Sie Ihren *Lebensweg*: Was sein soll.

Anregungen für Ihr Quantensprung-Tagebuch

Mit diesem Werkzeug können Sie ein ganz neues Kapitel in Ihrem Tagebuch beginnen, vielleicht als »Eröffnungsbilanz«.

Machen Sie sich vor allen Dingen bewusst, was die sieben Grundbedingungen für den Quantensprung für das erste Werkzeug und den ersten Schritt bedeuten:

1. Vor welcher WAHL stehe ich jetzt?
   Bin ich reif für meine Lebensinventur? Mache ist sie jetzt oder nicht? Bleibe ich in meinen Egorollen verhaftet oder befreie ich mich zu mir selbst?
2. Welche Wahl TREFFE ich JETZT?
   Wie viel Zeit investiere ich in meine Lebensinventur? Ein Wochenende? Welches?
3. Wie mache ich meine Entscheidung zu einem GEWINN für mich und andere?
   Was werde ich durch diese Lebensinventur ganz konkret gewinnen? Wen möchte ich wie an diesem Mehr an Lebensgewinn teilhaben lassen?
4. Wie erweitere ich dabei mein GEISTIGES VERMÖGEN?
   Welches geistige Vermögen werde ich mir jetzt aneignen und wie mache ich es mir zur Gewohnheit, geistig vermögend zu sein? Wie wird sich mein Leben verändern, wenn ich regelmäßig Inventur mache und bilanziere? Jährlich? Monatlich? Wöchentlich?

5. Wie optimiere ich dabei meine ENERGETISCHE SIGNATUR?
Wovon ziehe ich jetzt meine Aufmerksamkeit ab? Worauf lenke ich sie jetzt? Was strahle ich mehr aus? Welche Lebenskompetenz strahle ich jetzt aus?
6. Nehme ich dabei meine INNERE STIMME wahr? Was sagt sie mir?
Bin ich bei dieser Aufgabe so in der Stille, dass ich meine innere Stimme wahrnehmen kann? Was kann ich vernehmen?
7. Wie mache ich diesen Schritt zu einem SPIEL und genieße es?
Bedeutet für mich diese Aufgabenstellung des Lebens noch Mühe oder kann ich daraus ein Spiel machen? Was fehlt mir noch, um es spielerisch genießen zu können?

2. Schritt und zweites Werkzeug: die Sprache des Lebens verstehen

Sie sind untrennbar mit Ihrem Leben verbunden, und das Leben liebt Sie ohne jedes Wenn und Aber.

Diesen Satz können Sie oberflächlich und intellektuell lesen, oder er kann Sie wirklich ergreifen. Vielleicht machen Sie sich darüber Gedanken oder Sie gehen in sich hinein und spüren, dass das Leben Sie bedingungslos liebt.

Sie können Therapeuten aufsuchen oder Gurus, Seminare besuchen, Bücher lesen – oder was viel leichter wäre: sich ganz einfach jetzt von der bedingungslosen Liebe des Lebens Ihnen gegenüber erfassen lassen. Wie spüren und fühlen Sie diese Liebe jetzt? – Halten Sie ein! Halten Sie ein! Jetzt ist der beste Augenblick, diese Liebe des Lebens Ihnen gegenüber in ganzer Größe und Reinheit zu fühlen.

Machen Sie eine Pause? Lassen Sie Ihre Gedanken los? Gehen Sie in die Stille? Fühlen Sie? Öffnen sich Herz und Seele? **Fühlen Sie Ihre Verbundenheit mit dem Leben?**

Sie sind mit dem Leben verbunden, sonst könnten Sie überhaupt nicht leben. Sie können nicht außerhalb des Lebens leben. Und machen Sie sich bewusst: Das Leben schadet nicht sich selbst und möchte auch für Sie nur das Beste, weil es auch nur das Beste für das Leben selbst ist.

Es gibt nichts Erstklassigeres als das Leben selbst.

Diese Verbundenheit können Sie gar nicht trennen. Sie können sich höchstens in die Illusion verirren, vom Leben getrennt zu sein. Das macht Angst und klein. Das ist die normale Identifikation des kleinen Ich, des Ego.

Zu dieser »Kommunion mit dem Leben«, dem Einssein, gehört auch die Kommunikation. Alles, was miteinander verbunden ist, kommuniziert auch miteinander. Deswegen »spricht« das Leben ständig zu Ihnen. **Daher ist es, um in Einklang mit dem Leben zu kommen, wichtig, seine Sprache zu**

verstehen – wie die Muttersprache. Den meisten Menschen, die sich vom Leben getrennt fühlen, erscheint die Sprache des Lebens wie eine unverständliche Fremdsprache.

Alles, was wir erleben, ist eine Botschaft. Das Leben »spricht« ständig zu uns. Die »Sprache des Lebens« ist die wichtigste »Fremdsprache«, die wir beherrschen sollten. Jeder Wunsch, jedes Ziel ist eine Botschaft, ebenso wie meine Beziehung, meine Gesundheit und mein beruflicher Erfolg. Jede Wirkung hat eine Ursache und das Leben handelt nach dem Gesetz: »wenn – dann«.

Wenn wir auf eine Botschaft nicht reagieren, weil wir sie vielleicht gar nicht bemerkt oder nicht verstanden haben, wiederholt das Leben sie in deutlicherer Form, es gibt uns »Nachhilfeunterricht«. Dabei spricht es in den verschiedenen Bereichen unterschiedliche »Dialekte«:

- Im Bereich unseres Körpers spricht es den Dialekt der **Symptome und Krankheiten**.
- Im Bereich unseres täglichen Handelns spricht es den Dialekt von **Schwierigkeiten und Problemen**.
- Im Bereich unserer Gefühle spricht es den Dialekt **des Ärgerns, der Angst, der Eifersucht, der Schuldgefühle, der Verstimmung**.
- Im Bereich unserer Partnerschaften spricht es den Dialekt **des Missverstehens, der Empfindsamkeit, der Verletzung.**
- Im Bereich unseres Berufes spricht es den Dialekt der **Arbeits- (oder Auftrags-)losigkeit, der inneren Kündigung, des Ausgebranntseins**.
- Im Bereich des Geldes spricht es den Dialekt **der Schulden, des Geldmangels**.

Wenn Sie diese Botschaften verstanden haben und Ihnen als Schöpfer begegnen, dann wird Ihr Leben zu einem Wunder, werden sich Dinge in Ihrem Leben ereignen, die Sie nicht einmal in Ihren kühnsten Träumen für möglich gehalten hätten.

Krankheit als Botschaft

Lernen Sie zuerst, wie das Leben über den Körper mit Ihnen kommuniziert. Das erfahren Sie nämlich nur, wenn Sie sich nicht mehr mit ihm identifizieren. Sie SIND nicht Ihr Körper, Sie HABEN einen. Und mit ihm können Sie sprechen.

Ihr Körper spricht schon lange zu Ihnen. Hören Sie überhaupt zu? Was will uns unser Körper durch Gewicht, Form, Altern, Symptome und Krankheit sagen? Was ist seine Botschaft? Wie macht er uns klar, dass wir nicht stimmig leben?

Jedes Symptom, jede Krankheit ist eine Botschaft, eine »In-Form-ation« über nicht lebensgerechtes Verhalten. Keine Krankheit ist eine Strafe oder eine Verurteilung, sondern immer eine Chance, etwas zum Besseren zu wenden. Unser Körper ist nur die Leinwand, auf die das Leben den Inhalt unseres Bewusstseins als Realität projiziert. Die Ursache für alles, was wir erleben, sind wir selbst. Hinter jeder Krankheit steht so immer ein Problem, eine ungelöste Aufgabe.

Wenn wir eine Botschaft nicht beachten, schickt uns das Leben den Schmerz. Das Symptom ist also gar nicht die Krankheit, sondern die Information über sie und besteht immer aus drei Teilen:

1. die *Art* der Erkrankung,
2. den *Ort* der Erkrankung und
3. den *Zeitpunkt* der Erkrankung.

Der Krankheitsverlauf zeigt getreulich die Lernschritte im Bewusstsein auf und die Heilung dokumentiert, dass der Lernprozess abgeschlossen ist. Krankheit und Heilung sind nichts weiter als Lernprozesse in der Schule des Lebens.

Können Sie sich ein vollkommen heiles Leben vorstellen? Frei von jeder Krankheit? Können Sie sich vorstellen, dass auch das Altern keine »Krankheit« mehr ist? Ihr Körper hat das Potenzial, bei bester Gesundheit 120 Jahre und älter zu werden, alterslos zu sein. Er bringt mit den Jahren Ihre Lebensfreude oder Ihre Lebensmüdigkeit zum Ausdruck. Altern ist Lebensmüdigkeit und kann schon früh einsetzen.

Können Sie sich also vorstellen, bis zum letzten Atemzug Ihres Lebens gesund und vital zu sein? Das Leben verlassen in dem Bewusstsein: Ich habe meine Lebensaufgabe erfüllt! Jetzt ist es gut so. Jetzt trete ich ab, um anderen Platz zu machen.

Probleme als Botschaft

Eine der hartnäckigsten Botschaften sind Probleme. Jedes Problem ist in Wirklichkeit ein Geschenk des Lebens an mich und eine Auf-Gabe, die ich zu lösen habe, um wieder einen Entwicklungsschritt zu tun. Es ist die Folge einer geistigen Fehlhaltung und eine Aufforderung des Lebens an mich, diese Fehlhaltung zu erkennen und zu beseitigen, und das Problem verschwindet. So ist ein großes Problem immer ein »Kompliment des Schicksals« an unsere Fähigkeit, einen großen Entwicklungsschritt zu tun.

Der erste Schritt zur Lösung ist die exakte Definition des Problems. Jedes Problem hat nur drei mögliche Ursachen:

1. Widerstand gegen …
2. Sehnsucht nach …
3. Zorn über …

Jede exakte Problemdefinition enthält immer die optimale Lösung. Viele Probleme entstehen dadurch, dass wir heute das Gestern noch mit uns herumschleppen. Indem ich das erkenne, entwickle ich eine ganz neue Einstellung zu Problemen und Schwierigkeiten. Ich erkenne das Problem als Botschaft, finde in aller Ruhe die beste Lösung, setze sie um und bin bereit, die nächste Aufgabe zu lösen.

In Wirklichkeit gibt es keine Probleme, nur Umstände und Situationen. Da ist keine Vergangenheit, die »aufgearbeitet« werden, keine Zukunft, um die man sich Sorgen machen müsste, da ist nur das Leben, das auf Ihre Anweisungen wartet.

Die Botschaft des Lebens ist keine wirkliche Fremdsprache, sondern ein Spiegelbild meines Seins. Natürlich können Sie alles jederzeit ändern. Ganz gleich, was bisher war, Sie bestimmen, wie es weitergeht.

Können Sie sich ein Leben ganz ohne Probleme vorstellen?

Ärger als Botschaft

Ärger ist eine emotionale Botschaft. Solange Sie sich mit Ihren Emotionen identifizieren, können Sie das nicht erkennen. Erst wenn Sie Ihnen klar ist, dass Sie nicht Ihre Gefühle sind, sondern dass Sie Gefühle haben, dann können Sie ihre Sprache verstehen, ihre Botschaft deuten und sich so verhalten, dass Ihre Gefühle Sie nicht mehr belasten. Sie werden dann ohne emotionale Verstimmung durch das Leben gehen können.

Nur wenige Menschen ärgern sich nicht, aber es gibt solche, und das zeigt, dass es möglich ist, die Psychoseuche Ärger zu heilen. Ganz gleich, was der Anlass dafür war, das Ergebnis ist immer das Gleiche: **Ärger macht alles nur noch ärger.**

Die Gesundheit wird durch Ärger stark belastet, Krankheiten geradezu heraufbeschworen, und das, worüber man sich geärgert hat, ist danach immer noch unverändert vorhanden, man könnte sich gerade wieder ärgern! Ärger ändert also nichts, schafft aber zusätzliche Belastungen gerade dann, wenn man seine ganze Kraft brauchte, um die Situation zu bereinigen. Viele Menschen meinen aber, sie müssten sich unter bestimmten Umständen ärgern: In Wirklichkeit aber hat niemand auf der Welt die Macht, mich zu ärgern, das kann nur ich selbst und nur ich selbst kann es auch lassen – jederzeit, zum Beispiel jetzt!

Je häufiger und intensiver ich Ärger erlebe, desto schlechter ist mein Gesundheitszustand. Dabei haben die großen Belastungen langfristige Folgen für meine Gesundheit, während die kleinen Ärgernisse sich stärker auf das momentane Befinden und auf meine Laune auswirken. Was aber ein großes und was ein kleines Ärgernis ist, das entscheidet jeder durch seine Einstellung zum Leben selbst.

Können Sie sich ein Leben ganz ohne Ärger und andere emotionale Verstimmungen vorstellen?

Empfindsamkeit als Botschaft

Unser Ego ist empfindsam, sehr verletzlich, nimmt alles persönlich. Es sieht sich von allen anderen getrennt und hat eine Höllenangst vor Zurückweisung und Kritik. Es fühlt sich bei allem gleich so bedroht, als ginge es um Leben oder Tod.

Ich erkenne, dass Lob oder Kritik an mir immer nur die Meinung eines anderen darstellen und die kann richtig oder falsch sein. Wenn Kritik richtig ist, dann bin ich dem anderen dankbar dafür, dass er mich auf etwas aufmerksam gemacht hat und mir so Gelegenheit gibt, an mir zu arbeiten und mein Bewusstsein zu erweitern – mich zu verbessern, besser: Falsches oder Unerwünschtes loszulassen. Ist es aber falsch, was er mir vorwirft, dann habe ich erst recht keinen Grund, ihm böse zu sein, denn er hat sich einfach nur geirrt und dazu hat jeder Mensch das Recht.

Lobt er mich, so freue ich mich, dass er eine so gute Meinung von mir hat, doch ich weiß natürlich, dass auch dadurch keine neue Wirklichkeit geschaffen wurde, auch das Lob ist nur die Meinung des anderen über mich, die ich gelassen hinnehme.

Ob also jemand Lob oder Kritik äußert, ich verhalte mich gleich gelassen (»gleich-gültig«) und prüfe nur objektiv, ob ich daraus Konsequenzen ziehen will und welche, tue das und lasse die Situation wieder los.

Können Sie sich ein Leben vorstellen, in dem Sie nicht mehr »eingeschnappt« sind, Sie sich nie mehr verletzt fühlen, Sie alles Verhalten Ihnen gegenüber als einen Gewinn verbuchen und erleben können?

Ausgebranntsein als Botschaft

Arbeiten, um Geld zu verdienen und um überleben zu können, führt immer zum Ausgebranntsein. Das kann ein aktueller Zusammenbruch sein, Frührente, der baldige Tod nach dem Eintritt in den Ruhestand.

Wenn meine Arbeit mich mehr Energie kostet, als sie mir Lebensenergie liefert, wenn sie mich »ausbrennt«, dann wird meine »Arbeit« zu einem Krankheitsfaktor ersten Ranges. Vor dieser Art »Arbeit« sollten Sie sich hüten und sich davon lösen!

Haben Sie sich einmal gefragt, warum Sie einer ungeliebten Tätigkeit nachgehen müssen, um Ihren Lebensunterhalt zu verdienen? Und was Sie sich damit eigentlich antun? Haben Sie sich einmal gefragt, warum Sie nicht mit etwas Geld verdienen können, das Ihnen richtig Freude bereitet? Glauben Sie, dass man mit einer ungeliebten Tätigkeit wirklich Glanzvolles leisten kann?

Wir haben eine merkwürdige Vorstellung von Arbeit: Vor allem darf sie keine Freude machen! Man kann ja nicht auch noch für das bezahlt werden, was einem die meiste Freude bereitet. Nein, Geld bekommt man nur, wenn man seine Pflicht erfüllt, wenn man dafür seine Freude opfert, wenn man tut, was Vorgesetzte einem sagen.

Solange Sie dieses merkwürdige Spiel mitmachen, spielen Sie nur eine Egorolle. Das Ego lebt in Abhängigkeit, »und koste es, was es wolle«. Es hat Angst vor der Freiheit, fühlt sich nicht wert, für das, was am meisten Freude macht, auch noch fürstlich bezahlt zu werden.

Können Sie sich vorstellen und sich erlauben, nur noch das zu tun, was Ihnen die meiste Freude bereitet – und dafür auch noch fürstlich bezahlt zu werden?

Schulden als Botschaft

Niemand gerät unverschuldet in Schulden. Das passiert, indem wir falschen Überzeugungen folgen.

Dumme Schulden (im Gegensatz zu intelligenten, die es als Kapitalanlage auch gibt) sind Konsumschulden – ich verbrauche Geld, ohne es zu haben: durch Urlaub auf Kredit, Möbelkaufen und Ähnliches. Damit belaste ich unnötigerweise meine Zukunft. Statt Zinsen zu bekommen, muss ich Zinsen zahlen – zusätzlich zu meinen Schulden.

Das Leben auf Kredit fesselt an die Vergangenheit, und Sie verbrauchen Ihre Zukunft. Das Schlimme an Schulden ist, dass sie Sie zuverlässig davon abhalten, wohlhabend zu werden, Sie in eine Energiespirale führt, die Ihre ganze Lebensqualität immer mehr verschlechtert.

Warum macht man überhaupt Schulden? Menschen erliegen den Verlockungen des Konsums, weil das Ego alle diese Äußerlichkeiten braucht, um sich großartig zu fühlen. Es lebt nach dem Prinzip: mehr scheinen als sein. Es ist eine Sucht, sich über Konsum eine Scheinwelt aufzubauen, die mit dem wirklichen Leben nichts zu tun hat. Schulden zeigen, dass Sie Ihr Leben nicht selbst führen, sondern Konsumverlockungen und Banken. Sie sind seine Botschaft, dass Ihre Lebensenergie falsch gepolt ist. Aus Ihrem Leben fließt mehr Energie ab, als Sie aufnehmen.

Sie nehmen Ihr finanzielles Leben wieder in die eigenen Hände, indem Sie sofort Ihre Schulden zu tilgen beginnen. Es kommt dabei auf jeden Euro an. Zwischen Armut und Reichtum liegt nur ein Euro: der eine Euro, den Sie im Monat mehr einnehmen, als Sie ausgeben. Das ist die Umpolung.

Können Sie sich ein Leben ganz ohne Schulden vorstellen? Können Sie sich vorstellen, dass Sie immer mehr Geld zur Verfügung haben, als Sie brauchen? **Können Sie sich vorstellen, ein Vermögen zu haben, von dessen Zinsen Sie bequem leben können?**

Er-Innerung an den zweiten Schritt zum Lebensführerschein

Das Leben schickt uns ständig Botschaften, die uns zeigen, wo wir nicht im Einklang mit ihm stehen, wo es Disharmonien gibt. Lernen Sie seine Sprache, um das Spiel des Lebens immer mehr genießen zu können.

Schreiben Sie einmal mit jeweils einem Satz (in der Form einer Satzergänzung) auf, welche Botschaften Ihnen Ihr Leben übermitteln möchte:

- Mein Körper übermittelt mir die Botschaft …
- Meine Lebensumstände übermitteln mir die Botschaft …
- Meine Beziehungen übermitteln mir die Botschaft …
- Meine Probleme übermitteln mir die Botschaft …
- Mein Lebenserfolg übermittelt mir die Botschaft …
- Meine spirituelle Entwicklung übermittelt mir die Botschaft …
- Meine Zufälle übermitteln mir die Botschaft …
- Meine Eigenschaften übermitteln mir die Botschaft …
- Meine Wünsche übermitteln mir die Botschaft …
- Dieser Augenblick übermittelt mir die Botschaft …
- Meine Schwingung und meine »energetische Signatur« übermitteln mir die Botschaft …
- Meine emotionalen Stimmungen übermitteln mir die Botschaft …
- Meine Überzeugungen übermitteln mir die Botschaft …
- Meine Identität übermittelt mir die Botschaft …
- Meine Rollen übermitteln mir die Botschaft …
- Mein Aussehen übermittelt mir die Botschaft …

- Meine Stimme übermittelt mir die Botschaft …
- Meine Wohnung, mein Haus übermittelt mir die Botschaft …
- Meine Kleidung übermittelt mir die Botschaft …
- Meine Interessen, Hobbys übermitteln mir die Botschaft …
- Meine Art, Geld zu verdienen, übermittelt mir die Botschaft …
- Mein Bankkonto übermittelt mir die Botschaft …
- Meine Bücher übermitteln mir die Botschaft …
- Meine Zeiteinteilung übermittelt mir die Botschaft …
- Mein Auto übermittelt mir die Botschaft …
- Mein Bewusstsein übermittelt mir die Botschaft …
- Meine Lebensaussichten übermitteln mir die Botschaft …
- Meine Liebe übermittelt mir die Botschaft …
- Mein Umgang mit mir selbst übermittelt mir die Botschaft …
- Meine Ausstrahlung übermittelt mir die Botschaft …
- Meine Werte und ihre Hierarchie übermitteln mir die Botschaft …
- Meine Absichten übermitteln mir die Botschaft …
- Meine Lebensphilosophie übermittelt mir die Botschaft …
- Sinn und Ziel meines Lebens übermitteln mir die Botschaft …

Anregungen für Ihr Quantensprung-Tagebuch

Mit diesem Werkzeug können Sie wieder ein ganz neues Kapitel in Ihrem Tagebuch beginnen, vielleicht als »**Selbsterkenntnisse aus den Botschaften meines Lebens**«.

Machen Sie sich auch jetzt wieder bewusst, was die sieben Grundbedingungen für den Quantensprung für das zweite Werkzeug und den zweiten Schritt bedeuten:

1. Vor welcher WAHL stehe ich jetzt?
   Will ich das Leben als mir freundlich gesinnt oder als feindlich erleben? Will ich die vielen Hilfestellungen und Liebeserklärungen des Lebens an mich jetzt annehmen oder nicht? Will ich die Sprache meines Lebens lernen oder nicht?

2. Welche Wahl TREFFE ich JETZT?
   Wie viel Zeit investiere ich in meine Selbsterkenntnis aus den Botschaften des Lebens? Ein Wochenende? Welches?
3. Wie mache ich meine Entscheidung zu einem GEWINN für mich und andere?
   Was werde ich durch diese neue Einstellung zum Leben und seinen Botschaften ganz konkret gewinnen? Wen möchte ich wie an diesem Mehr an Lebensgewinn teilhaben lassen?
4. Wie erweitere ich dabei mein GEISTIGES VERMÖGEN?
   Welches geistige Vermögen werde ich mir jetzt aneignen und wie mache ich es mir zur Gewohnheit, geistig vermögend zu sein? Wie wird sich mein Leben verändern, wenn ich regelmäßig frage, was das Leben mir mit diesem »Zufall« sagen will?
5. Wie optimiere ich dabei meine ENERGETISCHE SIGNATUR?
   Was ändert sich an ihr, wenn ich ganz im Einklang mit dem Leben stehe? Was strahle ich durch mein neues Vertrauen mehr ins Leben aus? Welche Energie strahlt diese Lebenszuversicht aus? Was ändert sich in meiner energetischen Signatur, wenn ich ausstrahle, dass das Leben mich bedingungslos liebt?
6. Nehme ich dabei meine INNERE STIMME wahr? Was sagt sie mir?
   Bin ich bei dieser Aufgabe so in der Stille, dass ich meine innere Stimme wahrnehmen kann? Was kann ich vernehmen? Kann ich sie als Stimme des Lebens selbst wahrnehmen? Komme ich in diese Kommunikation und Kommunion mit dem Leben?
7. Wie mache ich diesen Schritt zu einem SPIEL und genieße es?
   Bereitet diese Aufgabenstellung des Lebens mir noch Mühe oder kann ich daraus ein Spiel machen? Was fehlt mir noch, um es spielerisch genießen zu können?

3. Schritt und drittes Werkzeug: loslassen, was nicht mehr zu Ihrem Leben gehört

Bevor Sie sich ein neues, schöneres Leben kreieren können, müssen Sie Raum schaffen, indem Sie das bisherige loslassen. Wenn Sie einen Raum neu möblieren wollen, müssen Sie auch die alten Möbel erst rausstellen. Wenn Sie neue Kleidung tragen wollen, müssen Sie die alte erst ausziehen.

Das ist ein Lebensprinzip, das uns auch als »Stoffwechsel« bekannt ist: Das Leben ist ein ständiges Aufnehmen energiereicher (Sonne, Sauerstoff, Wasser, Nahrung) und Ausscheiden verbrauchter Stoffe. Wenn dieses Ausscheiden nicht funktioniert, werden im Körper Depots von Fetten, »Müllhalden« (Schlacken) angelegt, geraten Verdauung und Kreislaufsystem in Unordnung.

Loslassen ist der Anfang aller Wunder, und es ist einfacher, als Sie denken. Letztlich ist Loslassen der Weg zur Vollkommenheit, denn wenn Sie alles Unwesentliche losgelassen haben, sind Sie am Ziel. Was immer Sie erreichen wollen, Sie müssen das Bisherige loslassen.

Loslassen hat viele Namen

Loslassen kann heißen: löschen, auflösen, diskreieren, entschöpfen, beenden, aufheben, entlassen. Gerade vor dem Quantensprung in das eigene Leben ist eine ganze Menge loszulassen: Ihr bisheriges Leben geführt aus den Emotionen des Kinder-Ich.

Bevor eine neue Schöpfung sich manifestieren kann, sollte die bisherige gelöscht werden, sonst kollidieren zwei Schöpfungen miteinander. Bevor das Selbst Ihr Leben vollkommen renovieren kann, müssen die Kreationen des falschen Selbst, des kleinen Ich ausgeräumt und der Raum geleert werden.

Löschen heißt, das Unerwünschte nicht mehr zu schöpfen, denn alles, was existiert, wird in der Gegenwart geschaffen. Indem Sie eine Schöpfung nicht mehr fortsetzen, hört sie auf zu existieren. Das Licht brennt nur, solange noch Energie fließt, beenden Sie den Energiefluss, geht das Licht ganz von selbst aus. Indem Sie das Alte nicht mehr schöpfen und erschaffen, hört es auf zu sein. **Löschen heißt also, den Energiefluss beenden, der die vergangene Schöpfung noch in der Realität hält.**

Was geschieht während der Schöpfung, der Evolution? Die Bewusstheit des Lebens taucht in die eigene Schöpfung ein, um sie zu erleben. Sie wird zu ihrer eigenen Schöpfung, identifiziert sich mit ihr. Sie reagiert nicht mehr *auf*, sondern *als* ihre Schöpfung. Sie vergisst ihre eigene Grenzenlosigkeit und erlebt sich in der Begrenzung der eigenen Schöpfung. Sie geht in die Dualität, die Erfahrung des Ich (Subjektivität), des Du (Intersubjektivität) und des Es (Objektivität).

Ein indisches Sprichwort macht dieses Erwachen der Schöpfung in der Schöpfung zu sich selbst mit ganz einfachen Worten klar:

Gott schläft im Stein,
atmet in der Blume,
träumt im Tier und
erwacht im Menschen.

Diesen Prozess des Erwachens in und durch die eigene Schöpfung vollzieht jeder einzelne Mensch. Das ist das Erwachen zum eigenen Leben, zum ganzen Menschsein. Das ist der Quantensprung aus dem Ego ins Selbst. Das ist die Lebensführerschein-Prüfung.

Aber alle Schöpfung geschieht innerhalb der Bewusstheit des Lebens selbst. Im Menschen wird das Leben sich seiner selbst bewusst und erwacht zu sich selbst.

Solange ich mich scheinbar als Kreatur und Kreation erfahre, kann ich diesen Zusammenhang nicht erkennen. Um meine eigene Kreation zu überblicken, muss ich sie überschreiten. Das Bewusstsein, das ich bin, kann sich ausdehnen, bis es die Grenzen der eigenen Kreation erreicht und überschreitet. Nun kann ich als Bewusstsein wiedererkennen, dass ich nicht die Kreation bin, und höre auf, mich damit zu identifizieren. Denn das, was ich beobachte, kann ich nicht sein. Ich bin der Beobachter.

Deswegen ist dieses Selbst-Beobachten in dieser Lebensphase so wichtig: auf Distanz gehen, sich den Fragen stellen und sich ihnen nicht mehr entziehen. Nicht mehr im Bewusstsein des Körpers, im Body verweilen, sondern ihn überschreiten, ins Selbst-Bewusstsein kommen, in den Mind des wahren Menschseins.

Selbst-Beobachtung ist nicht nur reflexiv gemeint: sich selbst beobachten, sondern **sich aus der Perspektive des Selbst beobachten**. Das ist die höhere Perspektive, die Perspektive des Überblicks, des Über-Schauens, die Perspektive der Seele.

Als Beobachter erkenne ich, dass ich der Schöpfer der Kreation bin und dass es in meiner Macht steht, sie wieder zu löschen. Das heißt, ich beende den erschaffenden Energiefluss, der meine Kreation in der Realität hält.

Von innen erlebe ich, von außen lösche ich oder erschaffe eine neue Realität. Indem ich meine eigene Kreation vollständig erlebe, löscht sie sich automatisch. Erleben heißt, ohne Bewertung durch das Erleben hindurchgehen. Kommt dabei Angst auf, kann ich sie in Neugier umwandeln und erleben.

Loslassen, was nicht glücklich macht

Woran erkenne ich ganz sicher, dass ich etwas loslassen sollte, es nicht mehr in mein Leben passt? Die Antwort ist ganz einfach: Alles loslassen, was meinem Glück, meinem Glücklichsein im Wege steht.

Die Suche nach dem Glück begleitet uns ein Leben lang. Kinder wissen noch, dass das Glück ein ständiger Begleiter des

Lebens ist, aber irgendwann nehmen wir unsere Erwartungen immer weiter zurück, sind schon froh, wenn wir größeres Unglück vermeiden können, oder geben die Suche nach dem Glück schließlich ganz auf. **Andere halten ihr Leben lang Ausschau nach dem Glück, blicken aber in die falsche Richtung, weil sie glauben, das Glück im Außen zu finden, anstatt in sich selbst.**

Wir suchen nach Glück, haben aber gar keine Vorstellung davon, was das eigentlich ist. Wir halten Glück für etwas, das man haben kann, und so suchen wir es im Reichtum, in der Macht, im Ruhm oder im Sex und meinen, wenn wir es erst einmal hätten, dann wären wir glücklich. Der Hungrige meint, er wäre der glücklichste Mensch der Welt, wenn er nur genug zu essen hätte. Ist er dann satt, sehnt er sich nach einer gemütlichen Wohnung, und hat er sie, fehlt ihm ein eigenes Häuschen zum Glück. Hat er das Häuschen, dann scheint ihm nur noch der ideale Partner zum Glück zu fehlen, und hat er den, dann meint er, ein Kind würde sein Glück vollkommen machen. Bei all dem Jagen nach dem Glück büßt er allmählich seine Gesundheit ein, und es erscheint ihm nun als das höchste Glück, gesund zu sein. Ist er wieder gesund, geht die sinnlose Jagd nach dem Glück weiter, bis er feststellt, dass er alt geworden ist, ohne glücklich zu sein. Der Tod erlöst ihn dann vorübergehend »zum Glück« von diesem sinnlosen Treiben, doch wenn er nicht zur Einsicht gekommen ist, geht die sinnlose Jagd in einem neuen Leben weiter. Bis er irgendwann erkennt, dass man Glück weder erjagen noch besitzen kann, denn Glück ist ein Zustand der Seele. Deshalb spricht man auch von Glückseligkeit. Glück ist nur dort zu finden, wo ein Mensch mit sich und der Welt im Einklang lebt. Solange dem Menschen diese Erkenntnis fehlt, sorgt »zum Glück« das Leid dafür, dass er weitersucht, bis er auf dem rechten Weg ist. Dann erkennt er, wie wenig man im Außen braucht, um glücklich zu sein, und ist irgendwann wunschlos glücklich.

Weder unsere Eltern noch die Schule noch Lebenspartner sind in der Lage, uns den Weg zum Glück zu zeigen. Sie vermitteln uns nur ihre Vorstellung davon, die uns selten entspricht. Doch auch wenn wir unsere eigenen Wege zum Glück suchen, folgen wir unserer Vorstellung und werden ebenfalls ent-täuscht.

Ist dann aber einer mal er selbst, geht vor Lebensfreude strahlend und singend durch den Alltag und tut froh seine Arbeit, dann meldet sich der Verstand sofort und sagt ihm: »Bist du denn von allen guten Geistern verlassen und total verrückt geworden? Schau dich doch mal um, du hast keinen Grund, so glücklich zu sein.«

Der nüchterne und gefühlskalte Verstand aber kann unsere Welt weder besser noch schöner machen. Wenn wir die Bedingungen und Umstände zu schaffen versuchen, die uns vermeintlich glücklich machen, dann folgen wir dem Verstand, um enttäuscht festzustellen, dass dieser Weg nicht zum Glück führt.

Wenn wir den Lebenslauf der Menschen prüfen, die im Leben viel Glück hatten, sehen wir, dass sie nicht gewartet haben, bis es ihnen über den Weg läuft, sondern sich selbst verwirklich haben. Seien Sie einfach so glücklich, als sei alles erfüllt. Stellen Sie zuerst die Wirkung her und die Ursache folgt auf dem Fuße. Seien Sie glücklich, und Sie werden gesund, und Ihre Wünsche erfüllen sich. Seien Sie einfach glücklich, und alles ergibt sich daraus. **Mit einem Wort: Wer als Glücklicher durchs Leben geht, dessen Tun und Sein bewirkt in seiner Umgebung die Wende zum Glück. Streifen Sie einfach alles Leid von sich ab als etwas, das nicht zu Ihnen gehört.**

Mancher findet dabei sein Glück vor dem Traualtar, ein anderer vor dem Scheidungsrichter. Für manche sind Kinder das Glück der Welt, für andere sind das nur Störenfriede und Kostenfaktoren. Manche empfinden es schon als Glück, auf die Toilette gehen zu können, und wenn sie Verstopfung haben, dann haben sie eben am nächsten Tag doppelt Glück.

Sie können alles zum Auslöser für Ihr Glück nehmen. Worauf es ankommt, ist nur, dass Sie daran glauben. Jedem geschieht nach seinem Glauben. Das richtig angewandt verwandelt Ihr Leben.

Was Sie loslassen sollten

Zuerst müssen Sie *geistig* loslassen. Sich geistig verabschieden, erkennen: Das gehört nicht mehr in mein Leben. Das entlasse ich jetzt aus meinem Leben!

- Das Erste, was Sie loslassen sollten, ist Ihre VERGANGENHEIT. Die ist so was von vergangen und kommt ohnehin nie wieder.
- Loslassen sollten Sie PROBLEME. Der erste Schritt zur Lösung ist stets ihre exakte Definition, denn sie enthält immer die Lösung. Am Ende lösen Sie sich von allen Problemen und führen ein problemloses Leben.
- Lebe ich als Ich, als Mensch, als Persönlichkeit, dann habe ich eine Menge loszulassen, vor allem ein *negatives* SELBSTBILD.
- Dazu gehört, das ÄRGERN zu verlernen und Stress zu vermeiden.
- Aber auch das Loslassen von ANGST, Empfindlichkeit, Schuldgefühlen, Erwartungen, Enttäuschungen, Aggressionen, Fehlprogrammen, Minderwertigkeitsgefühlen, Urteilen, der »Illusion des Ich«, von Leid, Mangel, Problemen, Krankheit.
- Lassen Sie die Vorstellung los, dass irgendetwas nicht klappen könnte, denn wenn Sie die richtigen Ursachen setzen, dann erreichen Sie alles, was Sie möchten. Erinnern Sie sich immer daran: Das Leben hat keine Wahl, etwas anderes hervorzubringen. Ein Misserfolg ist dabei immer nur ein Zwischenergebnis auf dem Weg zum endgültigen Erfolg und eine Botschaft des Lebens, wie Sie es besser machen können.

- Wenn Sie etwas loslassen möchten, es bisher aber nicht getan haben, muss es dafür einen Grund geben. Warum halten Sie noch fest?
- Lassen Sie falsche Entscheidungen und Misserfolgsmechanismen los, auch unsichtbare Glaubenssätze und Mangelbewusstsein.
- Lassen Sie Urteilen los und den Glauben an Glück, Pech und Zufall. Lassen Sie jedes »Muss« los, aber auch »arbeiten, um Geld zu verdienen«, alles Unwesentliche, das Zweifeln.
- Sogar die Suche, das Streben nach Erleuchtung sollten Sie loslassen.
- Jede Identifikation, aber auch das Wollen und Wünschen, das Leid sollten Sie loslassen und den »Ernst des Lebens«. Hören Sie auf zu werden und fangen Sie an zu sein.
- Als »Ich selbst« aber habe ich nichts loszulassen, nur zu sein, der ICH BIN. Dann lebe ich so, wie ich von der Schöpfung »gemeint« bin, und mein Leben »stimmt« einfach. Wenn das der Fall ist, dann lehnen Sie sich zurück und genießen Sie das Spiel.
- Loslassen ist der erste und der letzte Schritt auf dem Weg zur Vollkommenheit, denn wenn Sie wirklich alles losgelassen haben, was nicht vollkommen ist, sind Sie vollkommen!

Und wenn Sie wollen, beginnt dieses faszinierende Abenteuer des Loslassens in diesem Augenblick und dauert ein ganzes Leben.

Die energetische Technik des Loslassens

Wenn Sie sich geistig verabschiedet haben, können Ihre Emotionen Ihnen noch einen Strich durch die Rechnung machen. Das ist der Grund, warum Loslassen oft nicht sofort klappt.

Gefühle und Emotionen halten meist stärker fest als der Verstand. Zum Löschen gehört auch das energetische Löschen. Dazu empfehle ich Ihnen eine ganz einfache Übung:

Ich schließe meine Augen, werde mir meiner Mitte bewusst und ruhe gelöst in mir als Bewusstsein *Ich bin.*

Ich richte meine Aufmerksamkeit nun auf das, was ich loslassen möchte, stelle es mir vor, lasse es lebendig werden, gehe bewusst mit meinem Gemüt in die Situation hinein und erlebe sie bedingungslos – im Schmerz, in der Enge, der Dunkelheit. Vielleicht erlebe ich dies in einem bestimmten Raum.

Nun gehe ich in einen anderen Raum, richte meine Aufmerksamkeit auf das Gegenteil, stelle es mir vor, lasse es ganz lebendig werden und gehe ganz hinein, um es bedingungslos zu erleben – in der Freude, in der Weite, im Licht. Dann verlasse ich den Raum wieder, erlebe mich als Beobachter und erkenne: Ich habe die Wahl, in welchem Raum ich leben möchte. Ich kann sowohl das eine als auch sein Gegenteil erleben.

Nun werde ich mir meines wahren Seins bewusst, identifiziere mich mit dem, der ich wirklich bin. Ich bin reine Existenz, bewusstes Sein. Ich bin von meinem Wesen her eigenschaftslos, aber ich kann jede gewünschte Eigenschaft annehmen. Und nun treffe ich meine Wahl.

Noch einmal gehe ich ganz bewusst in das, was ich loslassen will, tauche ganz ein, werde eins damit, erlebe es mit meinem ganzen Sein. Ich erlebe bewusst den Raum, den es bisher in meinem Leben eingenommen hat und den es erfüllt.

Ich atme einmal ganz tief ein und während ich ausatme, verlasse ich bewusst diesen Raum und kehre zurück in die Wirklichkeit meines wahren Seins. Ich erlebe bewusst den Unterschied zwischen dem, was ich losgelassen habe, und meinem wahren Sein. Vergewissere mich, dass ich diesen Raum ganz verlassen, mich vollständig davon gelöst habe.

Wenn ich bereit bin, gehe ich noch einmal ganz bewusst in das, was ich loslassen will, tauche ganz ein, werde eins damit, erlebe es mit meinem ganzen Sein. Erlebe noch einmal bewusst den Raum, den es bisher in meinem Leben eingenommen hat und den es erfüllt. Dabei spüre ich vielleicht schon eine andere Energie. Leid und Schmerz sind vielleicht nicht mehr zu spüren. Ich habe mich bereits befreit und bin frei.

Mit einem tiefen Atemzug dehne ich mich zu meinem wahren Sein aus, verlasse bewusst diesen Raum und kehre zurück in die Wirklichkeit meines wahren Seins. Ich vergewissere mich, dass ich diesen Raum ganz verlassen und mich vollständig davon gelöst habe. Ich fühle bewusst die Harmonie und Freude meines wahren Seins.

Und während ich voller Freude in mir ruhe, gestatte ich der Energie des Losgelassenen, sich vollständig aufzulösen, bis nichts mehr davon da ist, stelle es mir zum Beispiel als Ausradieren, Wegwischen, Luft rauslassen vor.

Als der, der ich wirklich bin, richte ich nun meine Aufmerksamkeit auf einen anderen Aspekt meines Lebens, den ich erfahren möchte, und treffe bewusst meine Wahl. Ich richte meine ganze Aufmerksamkeit auf das, was ich annehmen, was ich sein möchte, erlebe mich in dem erwünschten Endzustand in immer neuen Situationen und nehme ihn so durch Identifikation in Besitz. Ich bin, was ich sein möchte: Ich bin der bewusste Schöpfer meines »Soseins«, schaffe mir so die Eigenschaft und Persönlichkeit, die ich sein will. Ich bestimme mein Sein selbst.

Ich empfehle Ihnen, diese Übung ein paar Mal mit dem durchzuführen, was Sie wirklich im Leben belastet und was Sie loslassen möchten. Dann erkennen Sie immer mehr: Sobald Sie etwas genug erlebt haben – entweder weil die Möglichkeiten, Neues zu erfahren, erschöpft sind oder weil es langweilig zu werden beginnt –, gehen Sie aus der aktuellen Identifikation mit der Situation in die Beobachterrolle. Sie treten dadurch aus dem Erleben heraus, schauen es von außen an und beenden damit das Erleben.

Wenn Sie jetzt noch Ihre Aufmerksamkeit davon abziehen, es also nicht mehr beachten, hört es über kurz oder lang auf zu existieren. Sie erschaffen es nur ständig, solange Sie es erleben. Sie haben sich in einer eigenen Kreation verkörpert und beenden diese Verkörperung, indem Sie wieder in die Wirklichkeit der Identität des Schöpfers zurückkehren. Sie bestimmen, wann der Film aus ist. Auf diese Weise können Sie alles erleben, was Sie interessiert, und jedes Erleben wieder beenden, wenn es Sie nicht mehr interessiert.

Ihr ganzes Leben ist eine Verkörperung dessen, was Sie denken, glauben und fühlen. Solange Sie mit dieser Verkörperung identifiziert sind, kann sich nichts ändern. Wenn Sie sich aber mit Ihrem wahren Sein identifizieren, löst sich die Energie der Verkörperung auf und eine neue Manifestation entsteht. So können Sie jede Identität »löschen«, die den unerwünschten Film durch ihr »Sosein« geschaffen hat. Damit werden automatisch auch alle Kreationen dieser Identität beendet und gelöscht! Es ist – wenn Sie es meisterhaft beherrschen – so einfach, wie mit der Entfernen-Taste auf Ihrem Computer alles Markierte zu löschen.

Die hohe Schule des Loslassens: das Löschen einer Schöpfung durch Identitätswechsel

Dabei ist es nicht mehr erforderlich, einzelne Schöpfungen zu wandeln, sondern Sie gehen in die Identifikation, die die erwünschte Schöpfung ganz natürlich hervorbringt, zu der sie ganz selbstverständlich gehört. Dieses Loslassen Ihrer Ego-Schöpfungen und der Identitätswechsel ins Selbst-Bewusstsein sollten Sie mit dem Erwerb des Lebensführerscheins beherrschen.

Das hat zwei wichtige Vorteile:

1. **Es werden so automatisch auch Kreationen, an die ich im Einzelnen gar nicht gedacht hätte, diskreiert, einfach weil**

sie nicht mehr zu der neuen Identität gehören. Ich muss also nicht alle Details und Konsequenzen berücksichtigen, sie werden durch den Identitätswechsel automatisch korrigiert. Die erforderliche Identität ist leicht zu finden. Ich brauche mir nur die neue Identität vorzustellen, für den der erwünschte Endzustand ganz natürlich ist, mich mit ihm zu identifizieren und meine bisherige Identität loszulassen.

2. **Bleibt die Identität bestehen, zu der eine bestimmte Kreation gehört, und wird nur die einzelne Kreation geändert, kreiert die Identität den diskreierten Umstand stets wieder neu.** Die unerwünschten Kreationen tauchen immer wieder auf, weil der Nährboden der Identität nicht geändert wurde. Viele Raucher geben das Rauchen auf, beenden aber nicht ihre Identität als Raucher (Rauchen sei genussvoll) – und werden so wieder rückfällig. Dem »nichtrauchenden Raucher« *fehlt* etwas. Er hat keine neue Identität. Selbst »Nicht-Raucher« ist keine neue Identität.
   Deshalb sagen viele: Es hat geklappt, aber es kommt immer wieder. Die Quelle der Kreation ist erst beseitigt, wenn die verursachende Identität gewechselt ist. Dann kann der unerwünschte Umstand auch nicht wieder kreiert werden, da er zu der neuen Identität nicht gehört, also schon nach dem Gesetz der Resonanz gar nicht mehr angezogen werden kann. Unerwünschtes wird erst so wirklich und endgültig diskreiert!

Er-Innerung an den dritten Schritt zum Lebensführerschein

Nicht nur unser Körper hat einen Stoffwechsel und scheidet Verbrauchtes aus, auch in einem bewussten Leben wird Verbrauchtes losgelassen. Entrümpeln Sie Ihr Leben: alles raus, was nicht mehr dazugehört.

Loslassen können Sie nur das, womit Sie sich nicht mehr identifizieren. Zum Loslassen gehört es, in die Rolle des

Selbstbeobachters zu erwachen. Von dieser Warte aus können Sie die vergangene Schöpfung überblicken und für die neue Platz machen.

Ein gutes Kriterium dafür, was loszulassen ist, ist die Frage: Gehört es noch zu meinem Glücklichsein?

Zuerst lassen Sie geistig los. Dann müssen Sie das geistig Losgelassene aber auch emotional loslassen.

Die hohe Schule des Loslassens ist der Wechsel der Identität. Was Ihrer Identität nicht mehr entspricht, das wird Sie verlassen, was Ihrer neuen Identität entspricht, das werden Sie in Ihr Leben ziehen.

Je mehr Sie sich von Ihrer Identität mit Ihrem emotionalen Kindheits- oder auch Jugend-Ich lösen, desto leichter kommen Sie in die Identität des Erwachsenen-Ich.

Anregungen für Ihr Quantensprung-Tagebuch

Mit diesem Werkzeug können Sie wieder ein ganz neues Kapitel in Ihrem Tagebuch beginnen, vielleicht als »**Großreinemachen**«.

Machen Sie sich auch jetzt wieder bewusst, was die sieben Grundbedingungen für den Quantensprung für das dritte Werkzeug und den dritten Schritt bedeuten:

1. Vor welcher WAHL stehe ich jetzt?
   Will ich jetzt alles loslassen, was nicht mehr zu meinem Leben gehört oder nicht? Will ich mein Leben entrümpeln, entschlacken, von allen Blockaden lösen?
2. Welche Wahl TREFFE ich JETZT?
   Wie viel Zeit investiere ich in das Loslassen? Ein Wochenende? Welches?
3. Wie mache ich meine Entscheidung zu einem GEWINN für mich und andere?
   Was werde ich an Raum und Energie durch das Loslassen

gewinnen. Wen möchte ich wie an diesem Mehr an Lebensgewinn teilhaben lassen?

4. Wie erweitere ich dabei mein GEISTIGES VERMÖGEN?
   Welches geistige Vermögen werde ich mir jetzt aneignen und wie mache ich es mir zur Gewohnheit, geistig vermögend zu sein? Wie wird sich mein Leben ändern, indem ich so oft wie möglich in die Selbstbeobachter-Perspektive gehe und meine Identität bewusst wähle?
5. Wie optimiere ich dabei meine ENERGETISCHE SIGNATUR?
   Was ändert sich an meiner energetischen Signatur, wenn ich mich von blockierenden »Mülldepots« und ihren Energien löse? Wie wird mein Licht dadurch klarer strahlen?
6. Nehme ich dabei meine INNERE STIMME wahr? Was sagt sie mir?
   Bin ich bei dieser Aufgabe so in der Stille, dass ich meine innere Stimme wahrnehmen kann? Was kann ich vernehmen? Wird es innerlich leichter? Komme ich meiner Seele näher, weil meine neuen Identitäten immer mehr aus dem Herzen kommen. Spüre ich es? Wie spüre ich es? Als Wärme, Dankbarkeit?
7. Wie mache ich diesen Schritt zu einem SPIEL und genieße ihn?
   Ist diese Aufgabenstellung des Lebens mir noch Mühe oder kann ich daraus ein Spiel machen? Was fehlt mir noch, um es spielerisch genießen zu können?

4. Schritt und viertes Werkzeug: Selbstständigkeit durch die Geburt zu sich selbst

Selbstständigkeit ist zunächst nicht im Sinne beruflicher, sondern geistiger Selbstständigkeit gemeint. Dieser Unterschied ist sehr wichtig und kann einige Missverständnisse beseitigen und auch Klarheit über die Voraussetzung für die berufliche Selbstständigkeit schaffen.

Viele Menschen, die sich beruflich selbstständig machen, scheitern, weil sie geistig nicht selbstständig sind:

- Wer bereits privat mit dem Geld nicht haushalten und vermögensbildend umgehen kann, bei dem wird der geschäftliche Umgang damit zu einem echten Desaster.
- Wer im Privaten von einer Beziehungskatastrophe in die nächste schlittert, der wird auch geschäftlich keine harmonischen Beziehungen führen können, weder zu Auftraggebern noch zu Kunden.
- Wer privat nicht mit Stress und Ärger umgehen kann, für den wird die Selbstständigkeit zu einem Horrortrip an Stress und Ärger, der leicht in Alkohol oder Arbeitssucht ertränkt wird.
- Wer privat mit seinem Körper nicht achtsam umgeht, der wird im Stress seiner beruflichen Selbstständigkeit vollkommenen Raubbau an seiner Gesundheit treiben.
- Wer privat kein starkes Selbstwertgefühl aufgebaut hat, wird sich in seiner Selbstständigkeit immer unter Wert verkaufen und in die Abwärtsspirale trudeln.
- Wer privat nicht den Weg der Freude gefunden hat, der wird als Selbstständiger auch nicht seine Berufung leben und in finanzielle Knechtschaft geraten.
- Wer privat noch ganz in der Ego-Identifikation lebt, der ist als beruflich Selbstständiger zum Scheitern verurteilt, da

seine Egozentrik keinen Beitrag zum Ganzen leistet. Niemand kann als Selbstständiger mit Egozentrik langfristigen beruflichen und finanziellen Erfolg haben.

Fakt ist, dass die meisten Selbstständigen eine wesentlich schlechtere Lebensqualität und Zukunftssicherung haben als die meisten Angestellten. Das kann nicht der Sinn der beruflichen Selbstständigkeit sein! Dabei ist sie eine echte Lösung für die Arbeitswelt der Zukunft. Hier verbirgt sich ein ganz großes gesellschaftliches Problem wie auch Lösungspotenzial. Gescheiterte berufliche Existenzen kosten die Gesellschaft wesentlich mehr als eine Ausbildung in geistiger Selbstständigkeit vor dem Schritt in die berufliche. Dabei wäre die Lösung so einfach: Geistige Selbstständigkeit ist die Voraussetzung für eine erfolgreiche berufliche Selbstständigkeit. »Der private Sieg kommt vor dem öffentlichen«, wie es Stefan R. Covey ausdrückte.

Genau zu dieser geistigen Selbstständigkeit befähigt die Ausbildung der Lebenskompetenzen, die zum Lebensführerschein führen. Der bestandene »Lebensführerschein« ist der private Sieg und die beste Voraussetzung für den Schritt auch in die berufliche Selbstständigkeit.

Auch das »Spiel des Lebens« hat bestimmte Spielregeln

Es ist wie im Straßenverkehr: Wenn ich ohne Führerschein Auto fahre, werde ich früher oder später Schwierigkeiten bekommen. Ich verletze die Gesetze und werde dafür zur Rechenschaft gezogen und außerdem könnte ich sogar einen Unfall verursachen, also Disharmonie im Leben. Daher muss ich eine Fahrschule besuchen, in der ich lerne, mein Auto (Selbst) wirklich zu beherrschen.

Dabei steht am Anfang die Theorie, die Verkehrsregeln der Straßenverkehrsordnung. Genauso sollte ich, bevor ich mein

Selbst in Besitz nehme und in Aktion setze, die »geistigen Gesetze« kennenlernen.

Dann kommt der praktische Unterricht, die Fahrstunden. Hier lerne ich, mich selbst im Einklang mit den geistigen Gesetzen zu verhalten, die gesammelten Erkenntnisse praktisch zu leben und die Rechte der anderen zu achten. Das ist anfangs noch recht kompliziert, wird aber immer mehr zur Routine.

Wenn ich dann das Autofahren beherrsche, also wirklich mit meinem Selbst umgehen kann, wird das Leben zum Spiel: Unfälle (Disharmonien und Kollisionen mit dem Leben) werden immer seltener, bis ich endlich ganz unfallfrei fahre. Dann wird das Leben zum Spiel, das Fahren ein Vergnügen.

Doch Auto fahren kann ich erst, wenn ich eingestiegen, wenn ich den Weg nach innen gegangen, eins geworden bin mit mir selbst. Dann beginnt das eigentliche Leben, das Leben als Spiel, die »Leichtigkeit des Seins«. Ich lasse mich nicht mehr als Beifahrer durch die Welt kutschieren, sondern lenke mein Auto selbst.

SELBST-bewusst-SEIN

Du bist auserwählt, Du selbst zu sein!

Es gibt ein unentdecktes Land voller faszinierender Möglichkeiten, *dich selbst.* Die größte Entdeckung, die man in einem Leben machen kann, ist, sich selbst zu ent-decken, zu sich selbst zu erwachen. Doch alles, was wirklich wesentlich ist, ist für das Auge unsichtbar und damit für »Realisten« unerreichbar.

Die meisten Menschen sind durch die »Illusion des Ich« aus der Mitte gefallen, sie sind im wahrsten Sinne des Wortes »ver-rückt« und das ist zu ihrem Normalzustand geworden. Dabei sind alles Wissen und alle Weisheit und die Antworten auf alle Fragen in uns, wir brauchen nur wieder nach innen zu hören.

Wir aber leben nicht unsere wahre Identität, sondern haben gelernt, bestimmte Rollen zu spielen. Wir haben gelernt, uns so zu verhalten, dass wir »Erfolg« haben und Anerkennung finden. Wir sind so, wie wir sind, weil die anderen uns so haben wollen, und nennen das Ergebnis auch noch stolz »unsere Persönlichkeit«.

Dabei hat das Ganze kaum etwas mit uns zu tun und tief innen spüren wir auch, dass etwas nicht »stimmt«, dass wir an uns selbst vorbeileben. **Wir vergewaltigen uns ständig selbst und wundern uns, dass wir krank und unglücklich sind.** Jede Krankheit, jedes »Un-heil« ist immer nur ein Zeichen dafür, dass wir nicht wir selbst sind. Es wird Zeit, uns endlich die Achtung, die Aufmerksamkeit und Liebe zu schenken, die wir verdienen. Denn unsere Lebensumstände sind nur ein Spiegelbild unseres Bewusstseins.

Alles, von dem wir denken, dass es uns ausmacht, vor allem unsere Persönlichkeit, trennt uns nur von unserem Selbst.

Um wieder zur inneren Einheit zu kommen und im Ein-Klang mit sich selbst zu leben, sind drei Schritte zu tun:

1. **Die Meisterung des realen Lebens**, das Zurechtkommen in der äußeren Welt und das Auskommen mit sich und den anderen.
2. **Die Suche nach dem Ursprung unsers wahren Wesens** und die Befreiung von allem, was uns davon trennt.
3. **Sein, der ICH BIN.** Den Eigenwillen eines getrennten Egos loszulassen und nur noch den Schöpfungswillen achtsam durch mich wirken zu lassen (»Dein Wille geschehe«).

Von der Ego-Identität zur Selbst-Identität

Selbstständigkeit ist in unserem alltäglichen Sprachgebrauch das Gegenteil von Abhängigkeit. Dieses alltägliche Verständnis ist auch das Tor für ein tieferes Verstehen:

Jedes menschliche Wesen wird abhängig geboren. Doch bereits mit der Geburt – genauer: dem Abnabeln – verfügt das Neugeborene über einen völlig selbstständig funktionierenden Körper und ist nicht mehr Teil des mütterlichen Körperkreislaufs. **Jeder weitere Entwicklungssprung ist ein Weniger an Abhängigkeit und ein Mehr an Selbstständigkeit.**

In ihrer Entwicklung bleiben aber viele Menschen ein Leben lang abhängig: finanziell, von einem Partner, vom Arbeitsplatz, von Banken abhängig. Das Wichtigste aber: abhängig von ihrem Ego und seinen vielen Rollen.

Der größte Sprung aus der Abhängigkeit in die Selbstständigkeit ist der Identitätswechsel aus der Ego-Identität in die Selbst-Identität. Mit diesem Wechsel werden wir erst wirklich selbst-ständig: Unser wahres Selbst ist das Fundament, auf dem wir fortan stehen. Wir hängen nicht mehr wie eine Marionette an Fäden, fremd- und von außen gesteuert, sondern stehen auf eigenen Beinen und steuern uns selbst. Die geistige Selbst-Ständigkeit macht uns erwachsen. Das eigentliche und wirkliche Leben kann beginnen.

Vielleicht ist es hilfreich, Aspekte der beiden Identitäten (Ego-Identität und Selbst-Identität) in einer kleinen Tabelle zu vergleichen. Prüfen Sie, mit welchen Werten Sie sich dabei identifizieren:

EGO	SELBST
geliebt werden	lieben
haben	sein
Ziele erreichen	den Weg genießen
siegen	gewinnen
gesund werden	heilen
Erfolg	Erfüllung
für sich	miteinander
Wissen	Bewusstsein
Recht haben	stimmig sein
festhalten	teilen

Sex	Vereinigung
Probleme lösen	Aufgaben erfüllen
Besitz – Genuss	Lebensabsicht
Leben vermeiden	Erfahrung
Mangel beseitigen	Fülle erleben
Wünsche erfüllen	den Augenblick erfüllen
Anerkennung suchen	Liebe zu sich selbst
Glück suchen	glücklich sein
Hilfe brauchen	helfen
Macht über	im Einklang sein

Ego ist das vom Leben und SELBST getrennte Ich, das »kleine Ich«, das in der Illusion der Trennung lebt und sich ganz und gar mit seinem Körper identifiziert.

Das scheint ja auch der Fall zu sein: Mein Körper ist von allem anderen getrennt. Das sehe ich nicht nur bei mir, sondern auch bei anderen. Aber bereits auf geistiger Ebene ist diese Trennungslinie schon nicht mehr zu verstehen. Jedes Gespräch, das nicht als Monolog, sondern als Dialog geführt wird, hebt diese Trennung auf. Im Dialog führen wir *ein* Gespräch, verweben sich Gedanken zu einem neuen Bewusstsein, vielleicht sogar zu einer Wir-Identität. Auf seelischer Ebene ist jede Trennung aufgehoben. Wir können Seelenpartner wahrnehmen, ohne sie je leibhaftig gesehen oder mit ihnen gesprochen zu haben. Wir fühlen dieses »wir sind eins«.

Der Entwicklungssprung vom Ego zum Selbst, vom Kinder-Ich zum Erwachsenen-Ich ist eine Aufhebung der Illusion der Trennung: vor allem von mir selbst. Ich beende die Sünde der Trennung von mir selbst und werde mir meines Selbst, von dem ich nie getrennt war, wieder bewusst. Das Ego transformiert sich in der Überwindung der illusorischen Trennung und wird zum »Ich selbst«.

Die Geburt zu sich SELBST vollenden: Ohne EGO ist alles ganz einfach!

Zumindest den nächsten Schritt kann ich immer erkennen und tun, was ich bereits als richtig erkannt habe. Indem ich einen Schritt vollziehe, zeigt sich der nächste.

Einige Aspekte und Schritte der Vollendung dieser Geburt, die Ihnen helfen, sich an sich selbst zu erinnern:

- sich selbst eine Chance geben, der zu sein, der ICH BIN
- mit neuen Kleidern, in neuer Form wiederkommen, bis es geschafft ist
- sich von den Eltern abnabeln
- den »Rucksack der Vergangenheit« ausziehen
- Ängste, Verhaltensmuster, Schuldgefühle usw. auflösen
- die volle Selbst-Verantwortung für das eigene Leben übernehmen
- die Ausrichtung auf die Außenwelt korrigieren, nicht mehr auf außen reagieren, sondern von innen agieren
- äußere Abhängigkeiten lösen, innere Selbstständigkeit erfahren
- Urheber sein für das, was sein/werden will, und damit stimmige Ursachen setzen
- bewusster Autor meines Lebensbuches sein: »Das Buch des Lebens« schreibe ich mir selbst
- das Paradies nicht außen oder im Jenseits suchen, sondern in sich entdecken
- in die »Leichtigkeit des Seins« gehen
- echt, ehrlich, integer, authentisch sein
- erdverbunden *und* allumfassend sein
- die Energien (Kundalini, Chakren)* ausrichten
- in der und aus der Intuition heraus leben
- die Wirklichkeit meines wahren Wesens sichtbar machen: manifestieren

---

* Glossar im Leser-Service zum Buch (S. 273ff.)

- Erzeuger *und* Empfänger der Lebensumstände, Zufälle, Situationen sein
- sich selbst Geburtshelfer sein
- als mein eigener Schutzengel, Meister leben
- »stimmig« leben, denken, fühlen, reden, handeln, sein
- den bewussten Umgang mit dem Tod als wichtigen Teil der Geburt zu sich selbst erkennen
- alte Kleider ablegen – raus aus den Pampers
- meinen Platz in der Schöpfung finden und ausfüllen, ihn und mich erfüllen
- berufen sein, Berufung erfüllen
- bei mir selbst ankommen und »angekommen« leben
- im Ein-Klang mit mir und dem Leben sein
- ich bin wieder der Eine, der alles, das Ganze. Die Geburt zu mir selbst ist vollendet

So werden Sie Ihr eigener Geburtshelfer: Selbst-Beobachtung aus dem Herzen ist die Methode der Selbst-Geburt

Bleiben wir uns bewusst: Wir leben gleichzeitig in zwei Welten, der »inneren Welt« unserer Gedanken, Gefühle, der Ideale, Wünsche und Ziele und der »äußeren Welt« der Menschen, Dinge, Orte, Situationen und Ereignisse und Wirkungen. **Die Ursache liegt also innen und außen zeigt sich die Wirkung.** Statt nun, wie es natürlich wäre, die äußere Welt als Spiegel zur Kontrolle der verursachten Wirkungen zu nehmen, benutzen wir die innere Welt als Spiegel, indem wir dort auf die Wirkungen der äußeren Welt reagieren, indem wir uns ärgern oder freuen.

Wir beginnen genau in dem Augenblick unsere Wirklichkeit und alle Lebensumstände bewusst zu erschaffen, da wir aufhören, fortwährend auf sie zu reagieren.

Der Sprung in ein neues und erfolgreiches Leben ist lächerlich einfach: Sie brauchen nur anzufangen, zu beobachten. Bevor Sie eingreifen, machen Sie sich einmal durch Beobachten bewusst, was Sie gerade gedanklich verursachen. Denn Sie bekommen nicht das, was Sie sich dringend wünschen oder was Sie unbedingt brauchen, sondern das, was Sie sich »erdenken«. Sie brauchen nicht zu hoffen oder zu wünschen und auch hart zu arbeiten ist Zeitverschwendung und wird Sie nicht wirklich weiterbringen, es sei denn – *Sie ändern Ihr Bewusstsein.* Halten Sie also die Situation an. Atmen Sie in Ihr Herz, beobachten Sie aus Ihrem Herzen, wie Sie jetzt reagiert *hätten* – und warten Sie auf die Herz-Antwort, was die beste Wahl jetzt aus Ihrem Selbst ist.

Die Kunst, die richtigen Entscheidungen zu »treffen«

Werkle ich aus dem Ego oder wirke ich aus dem Selbst? Wie ist das zu unterscheiden?

Wir werden immer eine Wahl haben und Entscheidungen fällen und treffen. Wie kann ich mir aber sicher sein, dass ich die beste Wahl treffe? Die energetische Antwort auf die Frage ist wieder sehr einfach: Entscheidungen nicht mehr aus dem Ego-Verstand heraus »fällen«, sondern durch Wahrnehmung der »energetischen Signatur« sicher »treffen«. Dazu eine einfache energetische Übung:

1. Machen Sie sich einmal Ihre »energetische Signatur« in diesem Augenblick bewusst.
2. Nehmen Sie einmal etwas ins Bewusstsein, das absolut falsch ist, etwa »Ich bin 17« (wenn Sie nicht gerade 17 sind) oder »heute ist der 29. Februar« (wenn es nicht gerade zutrifft). Machen Sie sich auch hier die veränderte »energetische Signatur« bewusst.
3. Nehmen Sie nun einmal etwas ins Bewusstsein, das absolut richtig ist, und machen Sie sich wieder die Veränderung der »energetischen Signatur« bewusst.
4. Vergleichen Sie die »energetische Signatur« von RICHTIG mit der von FALSCH, und machen Sie sich den Unterschied

bewusst, sodass Sie »richtig« und »falsch« eindeutig energetisch unterscheiden können.

5. Nehmen Sie nun einmal etwas gerade Aktuelles ins Bewusstsein, eine Entscheidung, vor der Sie derzeit stehen, aber wählen Sie bei der Formulierung die Behauptungsform. Also etwa: »Es ist für mich richtig, mich so zu entscheiden«, oder »es stimmt für mich, das zu tun«.
   Machen Sie sich dabei die »energetische Signatur« bewusst. Ist es die Signatur von »richtig« oder von »falsch«?
6. Sollte die Antwort nicht sofort eindeutig sein, prüfen Sie durch weitere Behauptungen, was daran richtig und was falsch ist, denn manche Entscheidungen sind nicht nur richtig oder falsch, sondern es gibt ein Aber, und das können Sie durch entsprechende Fragen herausfinden und lösen.

Sie sollten so ab sofort in der Lage sein, die wirklich für Sie optimalen Entscheidungen aus Ihrem Selbst heraus zu »treffen« und wirklich »stimmig« zu leben. Entscheidungen, die Sie so tatsächlich »getroffen« haben, sind auch in Jahren noch richtig, wie die Zukunft zeigt.

Er-Innerung an den vierten Schritt zum Lebensführerschein

Geistig selbst-ständig zu sein heißt, nicht mehr aus dem kleinen Ego, sondern aus dem großen Selbst heraus zu leben, zu sich selbst zu erwachen. Hier wird die Grundlage für eine ganz neue Lebensqualität geschaffen, der Sprung aus dem Kinder-Ich ins Erwachsenen-Ich.

- Ich selbst sein heißt zunächst einmal, mein Sosein zu erkennen und mich anzunehmen, wie ich bin.
- Dann aber muss ich mich fragen, wer das ist, der sich annimmt.

- Ich erkenne dieses wahre Selbst als schöpferisch, allumfassend, allmächtig, allgegenwärtig und gehe in die Identifikation mit dem Selbst, das ich bin, lebe schöpferisch und eins mit allem.
- Im »Spiel des Lebens« spiele ich immer neue Rollen, bis ich mich selbst gefunden habe.
- Ich beende die »Sünde« der Trennung von mir selbst und damit vom Leben und werde so immer authentischer, echter, ehrlicher und damit immer »heiler«, vollende die Geburt zu mir selbst.
- Ich löse mich von jeder Abhängigkeit des Kinder-Ich und komme in die geistige Selbst-Ständigkeit des Erwachsenen-Ich.
- Durch Selbstbeobachtung aus dem Herzen kann ich mein eigener Geburtshelfer werden.
- So lerne ich durch energetische Stimmigkeit, immer die richtigen Entscheidungen zu treffen.

Sie können im Leben alles erreichen, können reich, mächtig, angesehen und beneidet werden. Wenn Sie aber sich selbst versäumen, haben Sie nichts erreicht, war Ihr Leben vergebens.

Anregungen für Ihr Quantensprung-Tagebuch

Mit diesem Werkzeug können Sie wieder ein ganz neues Kapitel in Ihrem Tagebuch beginnen, vielleicht: »**Die Geburt zu mir selbst vollenden**«.

Machen Sie sich auch jetzt wieder bewusst, was die sieben Grundbedingungen für den Quantensprung für das vierte Werkzeug und den vierten Schritt bedeuten:

1. Vor welcher WAHL stehe ich jetzt?
   Bin ich bereit, mich von meiner Ego-Identifizierung zu lösen und in die Selbst-Identität zu kommen? Will ich weiter

in Abhängigkeit leben oder ab jetzt mein Leben in Selbstständigkeit zu führen?

2. Welche Wahl TREFFE ich JETZT?
   Wie viel Zeit investiere ich in meine Selbst-Geburt? Ein Wochenende? Welches?
3. Wie mache ich meine Entscheidung zu einem GEWINN für mich und andere?
   Was werde ich durch meine vollendete Selbst-Geburt gewinnen? Umfassende Selbstverantwortung, kristallklares Selbstbewusstsein, bedingungslose Selbstliebe, unerschütterliches Selbstvertrauen, ein göttliches Selbstwertgefühl. Wen möchte ich wie an diesem Mehr an Lebensgewinn teilhaben lassen?
4. Wie erweitere ich dabei mein GEISTIGES VERMÖGEN?
   Welches geistige Vermögen werde ich mir jetzt aneignen und wie mache ich es mir zur Gewohnheit, geistig vermögend zu sein? Wie wird sich mein Leben ändern, wenn ich immer die richtigen Entscheidungen treffe?
5. Wie optimiere ich dabei meine ENERGETISCHE SIGNATUR?
   Was ändert sich an meiner energetischen Signatur, wenn ich in meinem wahren Wesen erstrahle? Wird meine energetische Signatur bereits charismatisch?
6. Nehme ich dabei meine INNERE STIMME wahr? Was sagt sie mir?
7. Bin ich bei dieser Aufgabe so in der Stille, dass ich meine innere Stimme wahrnehmen kann? Was kann ich vernehmen? Fühle ich mein wahres Wesen, die Essenz meines Seins? Kann ich mich ab jetzt immer von meiner inneren Stimme führen lassen?
8. Wie mache ich diesen Schritt zu einem SPIEL und genieße es? Bereitet diese Aufgabenstellung des Lebens mir noch Mühe oder kann ich daraus ein Spiel machen? Was fehlt mir noch, um es spielerisch genießen zu können?

5. Schritt und fünftes Werkzeug: Lebens-Qualität in allen Bereichen des Lebens

Solange wir unser Leben in der Ego-Identifizierung und in Ego-Rollen erleben, gerät es ständig aus den Fugen, erleben wir Disharmonie, Unstimmigkeiten, Konflikte bis hin zu Katastrophen. Das Ego ist die Ursache aller Disharmonien im Leben: »Ohne Ego ist alles ganz einfach!« Das heißt aber nicht, dass das Ego in einzelnen Bereichen nicht Herausragendes leisten könnte. Es steht unter ständigem Druck, sich profilieren zu müssen und kann dabei Beachtliches bewirken. Es schafft aber keine substanzielle Lebensqualität.

Ein Karrieremensch kann im Beruf außerordentlich erfolgreich sein, im familiären Leben aber ein hoffnungsloser Dilettant. Er opfert seine Karriere dem Familienleben: Die Frau verlässt ihn, die Kinder kennen ihn nicht mehr.

Eine Frau kann sich vollkommen für ihre Familie aufopfern. Durch diese Selbstvergessenheit befällt sie eine Krankheit, die zu ihrem frühen Tod führt. Die Familie, für die sie sich so aufgeopfert hat, ist nicht mehr, wie sie war.

Ein Ego bringt das Leben nicht in Balance, sondern opfert das eine für das andere.

Ein selbstständig geführtes Leben stellt uns jetzt vor eine ganz neue Herausforderung: auf diesem Fundament das ganze Leben neu zu konzipieren, der Architekt des eigenen Lebens zu werden, der alle Bereiche einbezieht und sie zu einer hohen Lebensqualität integriert.

Wenn unser Leben nicht in jedem Bereich und insgesamt Ausdruck einer hohen Lebensqualität ist, dann ist es nicht wirklich aus dem Selbst gelebt. Mit anderen Worten: Der Lebensführerschein qualifiziert dafür, eine hohe Lebensqualität zu erreichen. Wir können uns selbst aussuchen, mit was für einem komfortablen *Auto* wir ab jetzt durch das Leben reisen wollen.

Zu dieser Lebensqualität und ihren Lebenswerten gehören:

- Gesundheit durch die Harmonie des Denkens
- ein glückliches Familienleben, Partnerschaft, Kindererziehung
- ein guter Freund zu sein und gute Freunde zu haben, in Harmonie mit den anderen zu leben
- meinen Nächsten zu erkennen, Freunden und anderen zu helfen, allgemeine Hilfsbereitschaft
- jeden so anzunehmen, wie er ist
- die Einheit in allem zu erkennen
- einen Beruf auszuüben, der wirklich Berufung ist
- die Lebensaufgabe, den Weg, das Ziel und die Schritte zu erkennen
- für alles immer genügend Geld zur Verfügung zu haben – Mangel ist Disharmonie
- Haus und Besitz – besitzlos zu besitzen (ohne ver-haftet und gefangen zu sein)
- Erfolg zu haben und sich darüber auch noch freuen zu können, sich auch über den Erfolg der anderen freuen zu können
- Intelligenz, Klugheit – Weisheit
- noch richtig aus vollem Herzen lachen zu können. Wer lacht, lebt gesünder und hat mehr Spaß am Leben
- Freiheit – wahre innere geistige Freiheit; nicht frei zu sein »von« oder »für«, sondern wirklich »frei«
- genügend Zeit zu haben, jeden Augenblick zu erfüllen, schöne Erinnerungen jetzt zu schaffen
- reiches inneres Erleben – Meditation – Gebet; Kontakt zum »inneren Meister«
- loszulassen und geschehen lassen zu können, gelassen zu sein

- alles als »gleich-gültig« zu erkennen
- Offenheit – bereit zu sein, zu lernen – Bewusst-Sein
- Ehrlichkeit auch zu sich selbst. Steuern? Gib dem Kaiser, was des Kaisers ist
- Klarheit und Wahrheit; die Wirklichkeit hinter dem Schein zu erkennen
- das »Spiel des Lebens« zu erkennen
- zu erkennen: Ich bin ewiges Leben, vollkommenes Bewusstsein – *ich bin*; der Weg ist das Ziel, das Ziel ist nur das Ende des Weges
- in allem Sein die eine Kraft zu erkennen, die wir Gott nennen; bewusst in der Gegenwart Gottes zu leben
- freudig dem Ganzen zu dienen und als »Gott« durch »meine« Schöpfung zu gehen; »Der Größte unter euch soll aller Diener sein«.

Prüfen Sie einmal: Gehören solche Facetten einer hohen Lebensqualität zu Ihrem neuen Selbstbild?

Es ist jetzt Zeit, ein neues Selbstbild zu erschaffen, das meine Besonderheit und Einzigartigkeit farbenprächtig und harmonisch zum Ausdruck bringt: die Gestaltung meines neuen Autos.

Ihr Selbstbild bestimmt Ihr Leben

Wie wörtlich wir das nehmen können, erkennen wir daran, dass hinter jedem unserer Gedanken ein Bild steht. Ohne Bild können Sie nicht denken. Und wenn Sie über die abstraktesten mathematischen Figuren nachdenken würden, Sie sähen diese mathematischen Kalküle immer als Bild einer Formel.

Für alles, was ich denke, habe ich in meinem Inneren ein Bild und nach dem Gesetz »wie innen, so außen« gestalten meine inneren Bilder die äußere Wirklichkeit – *meine* Wirklichkeit. Die von mir geschaffene Wirklichkeit ist nur ein »Spiegel-Bild«. Im Außen spiegelt das Leben wider, was in mir ist, was gedacht worden ist.

Oft ist dieses Bild von einem anderen geprägt und entspricht mir gar nicht. Dann aber kann auch mein Leben nicht mir selbst entsprechen! Wenn ich als Kind gelernt habe, mein Selbstbild und mein Selbstwertgefühl aus dem Lob und der Anerkennung meiner Umgebung zu beziehen, dann erfahre ich dadurch etwas über die Erwartungen und Wünsche der anderen, aber nichts über mich selbst. Ich erfahre, wie die anderen mich gern hätten, aber nicht, wie ich bin.

Das Ergebnis ist eine tiefe Selbstunsicherheit und viele Menschen leiden darunter mehr, als unter allem anderen. Um dieses Leid nicht ständig zu spüren, schaffen sie sich einen Abwehrpanzer, der kaum noch etwas an sie heranlässt. So spüren sie den Schmerz kaum noch, aber sie leben auch nicht mehr wirklich. Sie ruhen nicht in ihrer Mitte, sondern in ihrer selbst geschaffenen Vorstellung von sich und dem Leben.

Aspekte eines negativen Selbstbildes

Wie sehr die verschiedenen Aspekte meines Selbstbildes mein Leben bestimmen, kann ich auch daran erkennen, dass ich **immer bei einem anderen besonders auf den Aspekt achte, der bei mir nicht in Harmonie ist.** Habe ich zum Beispiel ein negatives Bild von meinem Körper, weil ich vielleicht mit meiner Figur nicht zufrieden bin, dann werde ich immer zuerst auf die Figur des anderen achten, sie mit meiner Figur und meinem Idealbild vergleichen. Oder ein Mann, der sein Selbstbild aus seinem Erfolg bezieht, aber nicht erfolgreich ist, wird sich hauptsächlich für den Erfolg bei den anderen interessieren. Ebenso eine Frau, die ihr Selbstbild aus dem Status ihres Mannes bezieht. Sie wird sich immer wieder zuerst dafür interessieren, was der Mann der anderen ist. Beziehe ich mein Selbstbild aus meiner Krankheit, dann werde ich mit allen und jedem immer wieder über Krankheit sprechen.

Der negative Teil meines Selbstbildes drängt sich also bei jeder nur möglichen Gelegenheit in mein Bewusstsein und

dadurch werde ich auch im Außen immer wieder mit diesen Dingen vom Leben konfrontiert, weil dieser Mangel in mir eine Aufgabe ist, die es zu lösen gilt. Erst wenn das geschehen ist, ist mein Bewusstsein frei von diesen Bildern und Zwängen, kann mein eigentliches Leben geschehen. Erst dann bin ich frei für mich selbst. Solange das aber nicht der Fall ist, zwinge ich das Leben, mich ständig im Außen mit diesen Dingen zu konfrontieren, mit denen ich innerlich nicht einverstanden bin. Also frage ich mich doch einmal: Worauf richte ich denn hauptsächlich mein Bewusstsein?

Was interessiert mich am anderen oder im Leben besonders? Das zeigt mir deutlich die Aufgabe, die das Leben mir stellt. Oft überschattet ein starker Mangel mein ganzes positives Selbstbild, nur weil er sich ständig ins Bewusstsein drängt.

Beschreibung der vergangenen Lebensstationen

Ein Weg, zu erkennen, worauf ich ständig mein Bewusstsein richte, ist die Beschreibung meiner »Lebensabschnitte«, der Stationen in meinem Leben.

Ein Mann könnte die wichtigsten Abschnitte seines Lebens etwa so beschreiben: »An dem Ort ging ich zur Schule, dann kam ich in die Lehre. Danach trat ich dort eine neue Stellung an. Dann wurde ich befördert, und in dem Jahr machte ich mich dann endlich selbstständig.«

Bei einer Frau könnte das so aussehen: »In dem Jahr traf ich meine erste Liebe. In diesem Jahr habe ich mich von meinem Freund getrennt. Dann lernte ich meinen heutigen Mann kennen. In dem Jahr haben wir geheiratet. In dem Jahr kam unser erstes Kind. In dem Jahr sind wir in unser neues Haus gezogen. In dem Jahr war mein Kind so schwer krank, und da zogen wir ins eigene Haus.«

Selbst wenn die beiden miteinander verheiratet sind, leben sie jeder ein ganz anderes Leben. Sie haben verschiedene innere Bilder.

Selbst-Bild bedeutet, dass es ein Bild meines Selbstes sein sollte. Selbst wenn ich einen optimalen Körper habe und mein Selbstbild daraus und *nur* daraus beziehe, ist dies eine Aufgabe, weil der Körper verfällt (mit einem bestimmten Verfallsdatum) und damit auch mein Selbstbild verfallen könnte.

Die eigentliche Aufgabe ist daher, zu erkennen, wer ich wirklich bin, und der zu sein, der ich bin, also wirklich ich selbst zu sein. Nicht eine Vorstellung oder ein Ideal von mir, das ich zu verwirklichen suche. Ich bin also meine eigene Hauptaufgabe und sollte die Hauptrolle in meinem Leben spielen. Aber ich kann mein Leben nur wirklich ändern, wenn ich die »inneren Bilder« ändere, vor allem mein Selbst-Bild.

Beschreiben Sie einmal Ihr Leben in den verschiedenen Lebenssituationen. Damit beschreiben Sie Ihre »inneren Bilder«, die Ihr Leben prägen. Das ist Ihr aktuelles Selbstbild!

Schaffen Sie sich ein neues Selbst-Bild von dem Menschen der Zukunft, der Sie sind!

Auch hier einige mögliche Aspekte dieses neuen Selbst-Bildes und erfahren Sie das Geheimnis der Metamorphose: die Wandlung des Lebens durch die Wandlung der »inneren Bilder«.

Gehen Sie einmal alle diese Eigenschaftsbeschreibungen durch und klären Sie:

- Was ist bereits Teil meines Selbst-Bildes?
- Wie fühlt es sich an, wenn es Teil meines Selbst-Bildes würde?
- Was kann ich überhaupt nicht in mein Selbst-Bild integrieren – und warum? Was hindert mich daran?

Spüren Sie die Energie der folgenden Begriffe des »neuen Menschen« und integrieren Sie sie in Ihr so immer vielfältiger werdendes Selbst-Bild.

ICH BIN:

- verantwortlich für meine Gesundheit und mein Schicksal
- ein bewusster Schöpfer
- echt, ehrlich, authentisch, integer, intuitiv, gefühlvoll, sensibel
- liebevoll, auch mir selbst gegenüber
- lebensfroh, sympathisch, spontan
- kreativ, fantasievoll, innovationsfähig
- selbstbewusst, humorvoll, optimistisch
- einfach, natürlich, aufmerksam
- gesund, begeistert und begeisternd
- zielstrebig, mutig, ehrgeizig
- offen, lernfähig und lernbereit
- beharrlich, gerecht, ausdauernd
- verständnisvoll und charmant
- bescheiden, geistesgegenwärtig, dankbar
- intelligent, fleißig, unternehmungslustig
- zärtlich, gütig, schön
- sportlich, tolerant, motivierend
- friedliebend, stimmig, glücklich
- einsichtig und bereit, mich auf das Leben einzulassen
- bewusst, flexibel, human
- bereit, mich von der Freude führen zu lassen
- erfolgreich und umweltbewusst

Intuitive Wahrnehmung Ihres Lebensweges

Gehen Sie noch einen Schritt weiter: Nachdem Sie so Ihr strahlendes Selbst-Bild haben auferstehen lassen, bringen Sie es selbst in einen zusammenhängenden Lebensweg:

Sie stellen sich vor, Sie gehen auf einen hohen Berg, von dem Sie eine gute Aussicht haben. Unter sich sehen Sie einen Weg und wissen, das ist Ihr Lebensweg. Sie sehen den Gegenwartspunkt, an dem Sie sich derzeit befinden, Sie können die Vergangenheit erkennen und die Stationen, die Sie durchschritten haben, und Sie können sehen, wie Ihr Lebensweg weitergeht, welche Stationen vor Ihnen liegen, welche Schwierigkeiten auftauchen, vor welche Aufgaben Sie gestellt sein werden und welche Lösung erforderlich ist. Sie können so auch erkennen, welche Alternativen und Möglichkeiten sich in der Zukunft ergeben und wohin es führen würde, wenn Sie sich für eine bestimmte Alternative entscheiden. Sie können auch das Ziel erkennen, zu dem Ihr Lebensweg Sie führt, und prüfen, ob Sie auch dorthin wollen. Wenn nicht, können Sie erkennen, welche Abzweigung Sie nehmen müssen, um zu dem gewünschten Ziel zu kommen.

Sie können von Ihrem Standpunkt aus auch Ihr nächstes Leben erkennen. Womit es beginnt und was jetzt getan werden könnte, um es eventuell anders zu beginnen, falls Sie das wünschen. Welche Fähigkeiten und Kräfte Sie dort brauchen und wie Sie sie jetzt entwickeln können. Welche Möglichkeiten Sie jetzt schaffen sollten, um dann darüber zu verfügen.

Er-Innerung an den fünften Schritt zum Lebensführerschein

Das Leben will GANZ und HEIL gelebt werden. Ein wesentlicher Schritt ist es, alle seine Bereiche neu zu integrieren. Nehmen Sie alle Lebensbereiche geistig in Besitz und entfalten Sie sich zum GANZEN Menschen.

Diese Ent-Faltung ist Ihre Metamorphose: Die Raupe wird zum Falter, zum Schmetterling.

Das wichtigste geistige Werkzeug für die Erschaffung des ganzen Menschen ist die Arbeit mit den »inneren Bildern«: Sie können sich jetzt ein neues Selbst-Bild erschaffen, das von einer hohen Lebensqualität geprägt ist.

- Bleiben Sie sich stets bewusst, dass das Ego-Selbstbild immer negativ ist, disharmonisch, unausgeglichen. Das Ego opfert das eine für das andere.

- Durch das Aufschreiben von Lebensstationen erkennen Sie, wie unausgeglichen Ihr Leben bisher ist.
- Das SELBST ist die eigentliche Instanz der Integration. Es ist nie zersplittert, sondern steht für die Einheit des ganzen Menschen. Es erschafft ein integriertes Leben in hoher Lebensqualität.
- Öffnen Sie sich der Quelle Ihrer Lebensqualität und spüren Sie, was geschieht. Erleben Sie, wie diese Quelle in inneren Bildern eine Form annimmt und ein neues Selbst-Bild kreiert. Lassen Sie sich davon erfüllen.
- Überblicken Sie aus diesem neuen Selbst-Bild heraus Ihr Leben und nehmen Sie Ihren ganzen Lebensweg intuitiv wahr.

Anregungen für Ihr Quantensprung-Tagebuch

Mit diesem Werkzeug können Sie wieder ein ganz neues Kapitel in Ihrem Tagebuch beginnen, vielleicht: »**Ich kreiere ein neues Selbst-Bild mit hoher Lebensqualität**«.

Machen Sie sich auch jetzt wieder bewusst, was die sieben Grundbedingungen für den Quantensprung für das fünfte Werkzeug und den fünften Schritt bedeuten:

1. Vor welcher WAHL stehe ich jetzt?
   Bin ich jetzt bereit, mein Selbst-Bild zu ändern und zu optimieren? Bin ich jetzt bereit, in meiner Lebensqualität einen Quantensprung zu vollziehen? Bin ich bereit, intuitiv meinen Lebensweg zu erkennen?
2. Welche Wahl TREFFE ich JETZT?
   Wie viel Zeit investiere ich in mein neues Selbst-Bild, in meine Lebensqualität? Ein Wochenende? Welches?
3. Wie mache ich meine Entscheidung zu einem GEWINN für mich und andere?
   Was werde ich durch ein optimales Selbst-Bild gewinnen? Was werde ich durch eine hohe Lebensqualität gewinnen?

Wen möchte ich wie an diesem Mehr an Lebensgewinn teilhaben lassen?

4. Wie erweitere ich dabei mein GEISTIGES VERMÖGEN?
   Welches geistige Vermögen werde ich mir jetzt aneignen und wie mache ich es mir zur Gewohnheit, geistig vermögend zu sein? Wie wird sich mein Leben ändern, wenn ich mein Selbst-Bild ständig optimiere, wenn alle Bereiche meines Lebens integriert sind?
5. Wie optimiere ich dabei meine ENERGETISCHE SIGNATUR?
   Was ändert sich an meiner energetischen Signatur, wenn ich Integrität, Harmonie, Lebensqualität ausstrahle?
6. Nehme ich dabei meine INNERE STIMME wahr? Was sagt sie mir?
   Bin ich bei dieser Aufgabe so in der Stille, dass ich meine innere Stimme wahrnehmen kann? Was kann ich vernehmen? Ist mein neues Selbst-Bild im Ein-Klang mit meiner inneren Stimme?
7. Wie mache ich diesen Schritt zu einem SPIEL und genieße es?
   Bereitet diese Aufgabenstellung des Lebens mir noch Mühe oder kann ich daraus ein Spiel machen? Was fehlt mir noch, um es spielerisch genießen zu können?

6. Schritt und sechstes Werkzeug: Wie Sie Ihr Leben steuern und ihm die richtigen Anweisungen erteilen

Wenn Sie den Beifahrerplatz verlassen und sich hinter das Steuer Ihres Lebens setzen, dann lernen Sie das Fahren durch »Versuch – Irrtum – neuen Versuch«. Die erste Fahrstunde geht sicher nicht direkt auf die Autobahn. Vielleicht probieren Sie das Starten, Bremsen, Lenken auf einem großen, leeren Parkplatz am Wochenende. Dann suchen Sie sich Nebenstraßen aus. Sie werden immer sicherer, weil durch wiederholtes Üben die Steuerungsmechanismen immer mehr in Fleisch und Blut übergehen. Sie fahren dann richtig ins Zentrum von Innenstädten, können auf der Autobahn Fahrt aufnehmen und machen Ihre ersten Erfahrungen auf der »Überholspur des Lebens«.

Gebrauchsanweisung für den Lebensführerschein ist die Kompetenz, dem Leben die richtigen Anweisungen zu erteilen.

Das Leben wartet auf Ihre Anweisungen

Ein Auto ist nicht dazu da, um irgendwo zu stehen, sondern um bewegt zu werden. Es wartet darauf, gestartet und gefahren zu werden, damit Sie von A nach B kommen. Das ist sein Gebrauchsnutzen. So wartet auch das Leben darauf, dass Sie es durch Anweisungen nutzen.

Machen wir uns noch einmal bewusst: Alle Ereignisse sind im Universum bereits als Möglichkeit da und können von Ihnen »in Erscheinung« gerufen werden, indem Sie wählen und dem Leben die entsprechenden Anweisungen geben. Es wartet darauf, dass Sie von Ihrer natürlichen Fähigkeit des Verursachens Gebrauch machen. Gedanken, Gefühle, Überzeugungen und Taten sind Anweisungen. Auch schöpferische

Imagination und geistiges In-Besitz-Nehmen sind Anweisungen.

Alles, was Ihnen auf Ihrem Weg durch dieses Leben begegnet, ist eine Folge der von Ihnen bewusst oder unbewusst gegebenen Anweisungen. Sie müssen die Wahl treffen, wie Ihr Leben verlaufen soll, und Ihr Leben ist diese Wahl.

Sie haben immer die Wahl und alles ist jederzeit möglich. Ursache und Wirkung, Ernte und Saat bedingen einander. Sie können haben, so viel Sie wollen und was Sie wollen. Das Leben wartet nicht darauf, dass Sie Mangel verwalten, sondern dass Sie die Fülle verursachen. Das Leben wartet auf Ihre Anweisungen.

Wiederholen wir noch einmal aus den »theoretischen Fahrstunden« die wesentlichen Lebensregeln für das erfolgreiche Anweisen:

1. Regel: Loslassen

Lassen Sie zunächst alles los, was nicht mehr in Ihr Leben gehört, was Sie nicht wirklich glücklich macht, und schaffen Sie so Raum für Ihr neues, faszinierendes und erfüllendes Leben.

2. Regel: Zielklarheit schaffen

Die meisten wissen nur, was sie *nicht* wollen. Formulieren Sie Ihre Ziele schriftlich und positiv, notieren Sie, was sein *soll*. Machen Sie sich Ihren Wunschtraum bewusst und verwirklichen Sie ihn. Prüfen Sie, ob Ihr derzeitiger Weg zu diesem Ziel führt.

3. Regel: Die Aufmerksamkeit abziehen von … und richten auf …!

Die meisten richten ihre Aufmerksamkeit fast ständig auf Probleme und Schwierigkeiten und verursachen damit unbewusst immer mehr Probleme und Schwierigkeiten. Manche machen das so gründlich, dass ihr Leben unerträglich wird. Indem Sie Ihre Aufmerksamkeit auf das richten, was sein soll, fließt Ihre Schöpfungskraft genau dahin und verwirklicht genau das.

4. Regel: Vorauserleben

Schaffen Sie sich durch Vorauserleben verschiedener Möglichkeiten »alternative Zukünfte« und treffen Sie Ihre Wahl danach, welche die gewünschte Erfüllung bringt.

Schöpferische Imagination ist die Transformation einer Vorstellung in die Wirklichkeit der Erscheinung. Dazu gehört auch das Herbeiträumen und in der individuellen Zeitlinie festmachen, wann es in Erscheinung treten soll.

5. Regel: Die Kunst zu wandeln

Alles, was ist, kann in das gewandelt werden, was sein soll. Jeden Tag »revidieren« und so energetisch umwandeln. Jeder Tag wird auf diese Weise energetisch neugeboren, mit den entsprechenden Folgen für Ihre Zukunft. Aus dem, was ist, machen, was sein *soll*!

6. Regel: Die Macht des Glaubens

Schaffen Sie sich positive und erwünschte Überzeugungen und ein umfassendes Wohlstandsbewusstsein. Optimieren Sie Ihr Selbst-Bild, denn Ihr Leben ist ein Abbild Ihres Soseins. Praktizieren Sie ständiges »Mind-Changing« und leben Sie als Gewinner.

Alles ist möglich dem, der glaubt. Wir glauben zu viel an die Macht des Wissens und wissen zu wenig von der Macht des Glaubens.

7. Regel: Die richtigen Ursachen setzen durch Tun

Ihr Handeln ist eine starke Ursache. Indem Sie die richtigen Ursachen durch Tun setzen, muss das erwünschte Ergebnis erfolgen.

8. Regel: Ein bewusster Sender sein

Sie senden ständig bewusst oder unbewusst Ihre »energetische Signatur«, ziehen damit nach dem »Gesetz der Resonanz« das in Ihr Leben, was dieser Energiequalität entspricht, und halten damit gleichzeitig alles fern, was ihr nicht entspricht, auch wenn Sie es gern hätten oder gar dringend brauchen.

Indem Sie Ihr Sosein ständig optimieren und »stimmig« leben, stimmt automatisch auch das, was folgt.

9. Regel: Das Erwünschte geistig in Besitz nehmen

Indem Sie sich einen erwünschten Endzustand vorstellen, sich dann damit identifizieren und aus der Erfüllung heraus handeln, sich mit Freude und Dankbarkeit erfüllen, *muss* das so in Besitz Genommene als Realität in Erscheinung treten. Aus einer Möglichkeit der Zukunft wird so erlebte Realität der Gegenwart. Dazu gehört auch die »Technik des Umkreisens« (siehe Seite 168ff.). Mich erst auf den Weg machen, wenn ich am Ziel bin.

10. Regel: Segnen und segensreich leben

Eine starke Anweisung an das Leben und ein wichtiger Schlüssel zur Bestimmung der Zukunft ist die vergessene »Kunst des Segnens«. Alles, was Sie ehrlichen Herzens segnen, beginnt sich im gleichen Augenblick segensreich zu verändern. Das wird beschleunigt und intensiviert durch die Macht der Wiederholung.

Leben Sie selbst so ein immer wieder gesegnetes Leben und werden Sie ganz bewusst jedem zum Segen, der das Glück hat, Ihnen zu begegnen. Und wenn Sie wollen, beginnt dieses segensreiche Leben in diesem Augenblick!

Steuern Sie nun Ihr Leben als Schöpfer selbst. Kreieren Sie sich ein neues Leben, kommen Sie in die Lebendigkeit, Freude und Leichtigkeit Ihres selbst erschaffenen Lebens.

Wir werden in den nächsten Schritten in die Praxis des selbst gesteuerten Lebens kommen. Der leere Parkplatz zum Üben sind Ihr Körper, Ihre Gesundheit und Vitalität. Die Nebenstraßen zum Üben sind die Erschaffung Ihres Traumberufs. Wenn Sie sich dann in die Verkehrsdichte der Stadtzentren wagen, erschaffen Sie sich eine liebevolle Partnerschaft. Das Leben auf der Autobahn und der Überholspur zu genießen, sind die finanzielle Fülle und der ganzheitliche Wohlstand.

Sie lernen durch »Versuch – Irrtum – neuen Versuch« und machen jedes Feedback des Lebens zur Herausforderung, Ihre Anweisungen schöpfungsgerechter zu erteilen.

In der theoretischen Fahrstunde bleibt uns noch zu klären, wie ich gegensteuere, wenn etwas nicht so funktioniert, wie ich es beabsichtigt hatte.

Gründe, warum eine Anweisung vom Leben NICHT ausgeführt wird

1. Ich habe das Leben gar nicht wirklich angewiesen.

Ich habe mir etwas gewünscht, habe es gewollt. Wünschen und Wollen aber sind Ausdruck des Mangels und verhindern damit die Erfüllung. Ich kann nur bekommen, was ich »habe«!

Wenn ich mir etwas wünsche, wenn ich etwas will, sende ich damit aus: »Ich habe es nicht«, und diese Bestellung wird dann ausgeführt. Nicht umsonst heißt es: »Wer da *hat*, dem wird gegeben werden, auf dass er die Fülle habe!«

Bevor ich etwas bekommen kann, muss ich es zuvor »haben«. Das heißt, ich muss es geistig »in Besitz nehmen«, es mir »zu eigen« machen. Das geschieht am besten durch Danken, denn von ganzem Herzen danken kann ich nur für etwas, das ich habe. Wie Jesus, als er den Lazarus erweckte. Das Erste, was er sagte, war: »Vater, ich danke Dir, dass Du mich erhört hast, wie Du mich allezeit erhörst!« Erst dann sagte er, worum es geht. Ich kann nur bekommen, was ich habe. Wenn ich aber »habe«, dann bekomme ich auch, dann muss es sich als meine Realität manifestieren.

2. Ich bestelle das Falsche.

Ich wünsche mir Gesundheit, weil ich nicht mehr krank sein will. Ich hätte gern mehr Geld, weil ich zu wenig habe. Ich will also gar nicht etwas haben, sondern ich will etwas anderes *nicht* haben. Was ich aber ablehne, das ziehe ich an.

Das Gleiche gilt, wenn ich mich nach etwas sehne, beispielsweise nach einer harmonischen Beziehung. Ich sende damit aus, dass ich sie *nicht* habe, und verhindere damit zuverlässig, sie zu bekommen. Die Bestellung lautet, es nicht zu haben, und das wird vom Leben getreulich ausgeführt.

3. Ich habe entgegengesetzte Glaubenssätze.

Ich wünsche mir Gesundheit, glaube aber gleichzeitig: »Mit zunehmendem Alter sind Krankheiten nun mal nicht zu vermeiden.« Ich wünsche mir mehr Geld, glaube aber gleichzeitig: »Geld ist die Wurzel allen Übels« oder »Geld verdirbt den Charakter«! Dazu kommt meine Sehnsucht, es anders haben zu wollen. Beides verhindert zuverlässig, es zu bekommen, denn das Leben kann nicht zwei entgegengesetzte Bestellungen ausführen. Das Gleiche gilt, wenn ich es nicht für möglich halte.

4. Ich kann es mir nicht vorstellen.

Die »Sprache des Unterbewusstseins« ist das Bild. Wenn Sie sich den erwünschten Endzustand nicht bildhaft vorstellen können, sondern nur in Worten formulieren, geben Sie die Bestellung für das Unterbewusstsein in einer »Fremdsprache« auf, und sie wird gar nicht verstanden.

5. Ich verlege die Erfüllung in die Zukunft.

Da Erfüllung immer nur jetzt erfolgen kann, muss die Bestellung in der Präsenzform erfolgen: Ich *habe*, es *ist*, ich *bin*. Wenn Sie Ihrem Butler sagen: »Ich werde Sie irgendwann zur Post schicken«, geschieht nichts, sondern er wartet auf Ihren Auftrag.

6. Ich muss es auch glauben können.

Alles, was wir bestellen, *müssen* wir mit dem »Gold unseres Glaubens« bezahlen, weil nach dem »Gesetz des Ausgleichs« alles ausgeglichen werden muss.

7. Ich richte meine Aufmerksamkeit auf den Mangel.

Sie bestellen etwas, machen alles richtig, aber richten dann immer wieder Ihre Aufmerksamkeit auf den Mangel: »Es ist noch nicht da.« Unsere Schöpferkraft fließt aber dahin, worauf wir unsere Aufmerksamkeit richten, in dem Fall also auf den Mangel, und beide Bestellungen heben sich gegenseitig auf.

8. Ich bestelle wieder ab.

Sie haben bestellt, haben alles richtig gemacht und es würde auch zuverlässig geliefert, aber irgendwann denken Sie: »Hoffentlich hat das geklappt«, oder: »Es wäre schön, wenn das geschehen würde«! Damit sind Sie wieder in den Mangel gegangen und haben zuverlässig abbestellt.

Wenn Sie etwas bestellt haben, brauchen Sie nie mehr daran denken, aber wenn Sie es tun, dann immer in der Dankbarkeit und Gewissheit der Erfüllung: »Danke, dass das auch bald in Erscheinung tritt«! Damit bleiben Sie in der Erfüllung, die dann auch zuverlässig erfolgt.

9. Ich habe die Anweisung negativ formuliert.

»Ich will nicht mehr krank sein«, oder: »Ich will endlich keine Sorgen mehr haben«! Es ist nicht möglich, etwas zu bestellen, das Sie gar nicht haben wollen. Wenn Sie bei einem Versandhaus bestellen: »Ich will *kein* blaues Kleid haben«, werden Sie *nichts* bekommen, und genauso macht es auch das Leben.

10. Meine »energetische Signatur« ist nicht im Einklang mit meiner Anweisung.

Sie bestellen etwas, machen alles richtig, aber in Ihrer »energetischen Signatur« sind negative Erfahrungen gespeichert, wie: »Man kann nun mal nicht alles haben«, oder: »Es kommt nicht immer so, wie man das gern hätte«! Damit wird Erfüllung zuverlässig verhindert. Es ist daher wichtig, vor einer Bestellung die Vergangenheit zu bereinigen, durch Auflösung negativer Erfahrungen.

Ihr Sosein ist ein »Dauerauftrag an das Leben« und löscht alles, was damit nicht im Einklang ist. Das ist so, als ob Sie etwas bestellen, alles richtig machen, aber Ihre Formulierung ist so schlecht, dass kein Versandhaus etwas liefert, obwohl Sie richtig bestellt haben.

Wenn Sie einen Lichtschalter betätigen, dann geht das Licht an. Andernfalls liegt eine Störung vor. Es kann die Birne kaputt sein, die Sicherung oder der Schalter. Es kann gerade kein Strom da sein, oder die Leitung ist verrostet. Wenn es keine Störung gibt, geht das Licht an, immer und in jedem Fall!

Wenn also einmal eine Anweisung an das Leben nicht ausgeführt wird, prüfen Sie, *welche* Störung vorliegt, beseitigen Sie sie, und die Lieferung erfolgt zuverlässig, denn das Leben macht keine Fehler – wir schon!

Er-Innerung an den sechsten Schritt zum Lebensführerschein

Wie ein Auto darauf wartet, gefahren und gesteuert zu werden, so wartet auch das Leben auf Ihre Anweisungen als Schöpfer. Opfer re-agieren nur. Mit dem Lebensführerschein lernen Sie vor allem, das Leben selbst zu steuern und in jedem einzelnen Fall die richtigen Anweisungen zu erteilen.

Theoretisch beherrschen Sie jetzt

- die **zehn Lebensregeln**, wie man dem Leben die richtigen Anweisungen übermittelt und
- die **zehn Gründe**, warum eine Anweisung vom Leben nicht so ausgeführt wird, wie Sie es beabsichtigt haben.

So lernen Sie in der Lebenspraxis, beim falschen Steuern wieder gegenzusteuern und nach dem Erwerb des Lebensführerscheins Ihr Leben mühelos und leicht selbst zu steuern.

Anregungen für Ihr Quantensprung-Tagebuch

Mit diesem Werkzeug können Sie wieder ein ganz neues Kapitel in Ihrem Tagebuch beginnen, vielleicht: »**Ich steuere mein Leben selbst und erteile ihm Anweisungen**«.

Machen Sie sich auch jetzt wieder bewusst, was die sieben Grundbedingungen für den Quantensprung für das sechste Werkzeug und den sechsten Schritt bedeuten:

1. Vor welcher WAHL stehe ich jetzt?
   Bin ich bereit, das Steuer meines Lebens selbst in die Hand zu nehmen? Trainiere ich jetzt ganz bewusst, dem Leben Anweisungen zu erteilen?
2. Welche Wahl TREFFE ich JETZT?
   Welche Anweisung will ich dem Leben jetzt entsprechend allen seinen Regeln erteilen?
3. Wie mache ich meine Entscheidung zu einem GEWINN für mich und andere?
   Was gewinne ich in meinem Leben durch Selbst-Steuerung? Wen möchte ich wie an diesem Mehr an Lebensgewinn teilhaben lassen?

4. Wie erweitere ich dabei mein GEISTIGES VERMÖGEN? Welches geistige Vermögen werde ich mir jetzt aneignen und wie mache ich es mir zur Gewohnheit, geistig vermögend zu sein?
5. Wie optimiere ich dabei meine ENERGETISCHE SIGNATUR? Was ändert sich an meiner energetischen Signatur, wenn ich meine Kreativität als Schöpfer ausstrahle?
6. Nehme ich dabei meine INNERE STIMME wahr? Was sagt sie mir? Erhalte ich von meiner inneren Stimme eine Antwort auf die Frage: Welche Anweisung sollte ich dem Leben jetzt erteilen?
7. Wie mache ich diesen Schritt zu einem SPIEL und genieße es? Bereitet diese Aufgabenstellung des Lebens mir noch Mühe oder kann ich daraus ein Spiel machen? Was fehlt mir noch, um es spielerisch genießen zu können?

7. Schritt und siebtes Werkzeug: Erschaffen Sie sich einen gesunden und vitalen Körper

Der erste »Übungsplatz« für Ihr erwachtes Leben, für die Praxis des Lebensführerscheins ist der achtsame Umgang mit Ihrem Körper. Sie entwickeln dadurch eine Selbst-Achtung als Schöpfer. Sie arbeiten mit sich selbst und trainieren die Lebensregeln für schöpfungsgerechte Anweisungen. Sie brauchen sich hier von niemand anderem irritieren zu lassen und lernen den achtsamen Umgang mit sich selbst. Der Lohn ist eine ganz neu erlebte Lebendigkeit. Ihr Körper selbst wird zum Werkzeug Ihres Erwachens.

Selbstachtung vitalisiert und heilt Ihren Körper

Machen Sie sich bewusst, dass Sie jetzt beginnen können, sich ein gesünderes und vitaleres Leben zu schaffen. Der Schlüssel zu Lebensfreude und Lebendigkeit ist nicht Jugend, denn sie bedeutet ja auch einen Mangel an Erfahrung, auf die wohl kaum jemand wirklich verzichten möchte. **Der wahre Schlüssel ist Vitalität und die ist an kein bestimmtes Alter gebunden. Sie kann aufgebaut, gepflegt und gesteigert werden.**

Der Körper ist ein selbstheilender und sich selbst reinigender Organismus, der sich selbst gesund erhalten kann, wenn wir ihm dabei helfen.

Wir sind gegen Tierversuche, spielen aber selbst Versuchskaninchen, indem wir an uns die Wirkung testen von: Nikotin, Alkohol, Schadstoffen in der Ernährung, flachem Atem und unzureichender Bewegung. Nur drei Prozent der Menschen sterben an Altersschwäche, die anderen 97 Prozent sterben an falscher Lebensweise und sehr oft an Selbstmord durch Messer und Gabel.

Die Ursache für Krankheit ist die Identifikation mit dem Körper, dem Denken und Fühlen, wodurch die Verbindung zu meinem wahren Selbst, dem universellen Bewusstsein in mir verloren geht. Das Ergebnis ist dann das »Ego-Bewusstsein« und damit der Egoismus. Diese Trennung vom höchsten Bewusstsein hält aber kein Ich aus, ohne krank zu werden. **Aus Egoismus »kränken« wir uns gegenseitig, bis wir wirklich krank geworden sind, ja, dieser Egoismus ist die eigentliche Krankheit.**

Dem Menschen helfen, sich auf seine wahre Natur zu besinnen und aus dieser Natur heraus zu leben, führt zu Selbst-Achtung und Selbst-Identifikation und damit zur Auflösung von Problemen, Krankheit, Mangel und Leid. Nur dadurch kann er als neuer Mensch in ein neues Leben treten.

Die wahre Natur des Bewusstseins ist HEIL-Sein. Jede Heilung ist eine geistige Heilung. Es gibt kein Medikament gegen Ärger, Zorn, Neid usw. Hier hilft nur eine Wandlung im Bewusstsein. Heilung bedeutet also, das verkehrte Bewusstsein wieder auf die Eine Kraft und die Einheit allen Seins auszurichten.

Dieses »verkehrte« Bewusstsein entsteht vor allem aus Unwissenheit, einem Mangel an Information oder durch Fehlinformation. Das aber zeigt nur, dass ich nicht gesucht habe, denn das Gesetz lautet: »Wer suchet, der findet.«

Der erste Schritt zum Beenden der Unwissenheit ist es, zu suchen. Es genügt nicht, zu wissen, dass das Leben ein Spiel ist, man muss auch die Spielregeln kennen und beachten. Erst dann wird das Spiel des Lebens wirklich ein Spiel.

Für immer gesund zu sein ist scheinbar ein utopischer Traum und doch in jedem Augenblick erreichbar und damit Realität. Auch in dieser Zeit gibt es Völker, die keine Ärzte kennen, weil es keine Krankheiten gibt. Die nicht in Rente gehen, weil der Hundertjährige so vital ist wie der Zwanzigjährige.

Jeder hat die Möglichkeit, innerhalb weniger Tage, ja Sekunden spürbare Veränderungen seines Wohlbefindens und seiner Vitalität zu erleben. Und das ohne Medikamente, ohne stundenlanges Joggen und ohne Verzicht auf Genuss. Dazu gehört, wieder in das Bewusstsein des Heilseins zu kommen und darin zu bleiben. Zu lernen, mich wieder mit dem zu identifizieren, der ich wirklich bin, mit mir selbst. **Diese Selbst-Achtung und Selbst-Identifikation lassen meinen Körper »von Selbst« gesunden.** Er ist nur die Projektionsfläche meines Bewusstseins. Wenn mit meinem Körper etwas nicht stimmt, zeigt das nur die Unstimmigkeit in meinem Bewusstsein, lässt sie im Außen sichtbar werden. Wann immer ich mit etwas nicht einverstanden bin, kann ich nicht in Harmonie sein und mein Körper muss diese Disharmonie widerspiegeln. Ebenso zuverlässig spiegelt er als Gesundheit und Vitalität wider, wenn ich im Einklang mit mir selbst bin.

Solange wir unseren Vertrag mit der Natur einhalten, so lange tut auch die Natur ihr Teil. Weder der beste Arzt noch das teuerste Medikament können heilen – das kann nur die Heilkraft in Ihnen selbst. Die aber wartet darauf, dass Sie sie aktivieren, sie ist bereit, Ihren Körper gesund und vital zu halten, solange Sie ihn brauchen. Sobald Sie die »Innenweltverschmutzung« beseitigen, kann Heilung geschehen, können Sie als neuer Mensch in ein neues Leben treten.

Sieben »Todsünden« und sieben Säulen der Gesundheit

Wir brauchen gar nichts zu tun, um das Leben zu verlängern und gesund zu bleiben, wir müssen nur aufhören, es durch unnatürliches Leben zu verkürzen. Das heißt, wirklich »BIOlogisch« leben. Dazu gehört auch, die »Botschaft des Körpers« zu erkennen und zu befolgen, besser schon vorher das NOTwendige zu tun. Gesundheit ist unser natürlicher Zustand, wenn wir das Falsche lassen und das Richtige tun.

Es gilt vor allem die sieben »Todsünden« zu lassen und sich gesunde und natürliche Gewohnheiten in den sieben Säulen der Gesundheit zuzulegen.

Die sieben »Todsünden« sind:

1. Rauchen und andere Süchte
2. falsche Ernährung
3. Übersäuerung und Entmineralisierung
4. Bewegungsmangel
5. Übergewicht
6. Bluthochdruck
7. negatives Denken

Die sieben Säulen der Gesundheit sind:

1. Selbst-Achtung und Selbst-Bewusstsein
2. positive Gedanken und Gefühle
3. Ruhe, Entspannung, Schlaf
4. ideale Bewegung
5. natürliche Vollatmung
6. natürliche Ernährung
7. notwendige Nahrungsergänzung

Erstellen Sie sich Ihr ganz persönliches Gesundheits- und Verjüngungsprogramm, indem Sie in jedem Bereich einen Schritt in die Richtung gehen, das Falsche zu lassen und das Richtige zu tun. Je nach Schweregrad der Ausgangssituation ist es ein Leichtes, sich innerhalb kürzester Zeit um zehn Jahre jünger und sich so in seinem Körper richtig wohlzufühlen. Machen Sie es sich leicht und gehen Sie immer den leichtesten nächsten Schritt.

Auf diesem Übungsplatz lernen Sie am leichtesten und mit sofortigen und spürbaren Resultaten Ihre Selbst-Achtung und Selbst-Identifikation.

Die Blitztechnik des Umkreisens

Ich möchte Ihnen jetzt noch eine Möglichkeit, wie man etwas auf eine ganz einfache Art und Weise verursachen kann, vorstellen, die mich ob ihrer Einfachheit immer wieder verblüfft. Es fällt mir gar nicht leicht, sie Weg oder Technik zu nennen, trotz ihrer Effektivität. Diese »Technik« hilft, sowohl Unerwünschtes energetisch zu verabschieden als auch Erwünschtes energetisch einzuladen.

Machen Sie sich immer bewusst: Jedes »lästige Verhalten« stopft ein Energieloch. Die Handlung des Rauchens stopft ein Loch. Das steht für Mangel, Unerfülltheit, Leere, Trennung von der Lebensquelle. Ich muss rauchen, weil das Loch dieses Verhalten anzieht, fast erzwingt. Dieses Loch kann ich energetisch schließen, so dass es keine Macht mehr über mich hat.

Genauso kann ich energetisch etwas in mein Leben ziehen, indem ich ihm energetisch einen Platz in meinem Leben zuweise: »Hier gehörst du hin, hier ist dein neues Zuhause.«

Am besten ist, Sie machen sich immer Gedanken darüber, welches Loch Sie stopfen und was an seine Stelle treten soll: Unerwünschtes energetisch abweisen, Erwünschtes energetisch einweisen. Gehen Sie so jedes Suchtverhalten durch. Was ist die LÄSTIGE SUCHT und was SUCHE ich WIRKLICH? Rauchen beispielsweise ist die lästige Sucht, Selbstvertrauen vielleicht das, was ich dabei wirklich suche. (Ein Säugling besitzt das Urvertrauen, gesäugt zu werden – das ist ein Eckstein des Selbstvertrauens. Fehlt dies, kann das Rauchen eine nie Erfüllung bringende Ersatzhandlung sein.)

Schreiben Sie den gewünschten Endzustand in möglichst wenigen treffenden Worten in die Mitte eines Blattes (z.B. Selbstvertrauen). Prüfen Sie sorgfältig, ob die Worte genau das aussagen, was Sie erreichen wollen, und optimieren Sie Ihre Formulierung, bis Sie wirklich zufrieden sind, bis sie »energetisch stimmt«, bis Wort und Bild, Formulierung und Erwartung eins sind (z.B. Ich bin vollkommenes Selbstvertrauen).

Jetzt schauen Sie auf das, was Sie geschrieben haben. Sie lesen es immer wieder, schauen auf Ihr Ziel und umkreisen es mit einem Stift ständig *linksherum* und ziehen es somit *in* Ihr Leben. Bei der lästigen Eigenschaft, die Sie loswerden wollen (z.B. Zigaretten rauchen), kreisen Sie mit einem Stift *rechtsherum* (Uhrzeigersinn) und entlassen sie *aus* Ihrem Leben.

Jetzt kommt es noch darauf an, dass Sie sich nicht von dem ablenken lassen, was Sie in die Mitte geschrieben haben. Sie schauen es an und kreisen minutenlang. Lassen Sie das Kreisen ganz automatisch werden, während Sie Ihr Bewusstsein mit dem erfüllen, was Sie aufgeschrieben haben. Werden Sie eins damit. Tauchen Sie ganz darin ein, während Sie es umkreisen. Finden Sie Ihre Geschwindigkeit, Ihren Rhythmus, bleiben Sie drin und spüren Sie dabei einmal, was geschieht, wie das, was Sie geschrieben haben, ein Teil Ihrer Wirklichkeit wird. Es beginnt sich nämlich schon im gleichen Augenblick zu verwirklichen.

Lassen Sie sich nicht ablenken, schauen Sie nur auf diesen Kreis, schauen und spüren Sie, wann es sich verwirklicht hat, wann es erledigt ist.

Diese Selbstversunkenheit bewirkt, dass sich das verwirklicht, worauf Sie Ihr Bewusstsein und Ihre Aufmerksamkeit gerichtet halten. Sie spüren dabei sehr schnell, dass eine Kraft durch Sie wirkt. Setzen Sie das Umkreisen fort, bis die Kraft aufgehört hat zu wirken und Sie wissen, »Es ist vollbracht!« Bleiben Sie noch eine Weile in der Gewissheit der Erfüllung.

Er-Innerung an den siebten Schritt zum Lebensführerschein

Sie zeigen Ihre Selbstachtung vor allem im Umgang mit Ihrem Körper. Was muten Sie ihm alles zu? Je mehr Achtung Sie ihm schenken, desto mehr Achtung schenken andere Menschen Ihnen.

Sie *sind* nicht Ihr Körper, Sie *haben* einen Körper, den wichtigsten Partner Ihres Lebens. Behandeln Sie ihn wie Ihren Traumpartner. Schenken Sie ihm alle Ihre Achtung, Wertschätzung und Liebe.

Die Frage ist nicht, wie *alt* man wird, sondern *wie* man alt wird. Dieser Weg ist weitgehend bekannt und besteht aus vielen kleinen Schritten. Dabei sind kleine Schritte wichtiger als große Worte. Jeder Schritt bringt uns dem Ziel ein Stück näher, aber jeder Schritt, den wir nicht tun, trennt uns vom Ziel. Wollen wir die Vollkommenheit, müssen wir jeden Schritt tun.

- **Der Weg beginnt damit, Falsches loszulassen**: Rauchen, Alkohol, Drogen, Cola, Limo usw. Übergewicht, mangelnde Bewegung und Beweglichkeit, falsche Bekannte, unwesentliche Gespräche, falsche Gewohnheiten, flaches Atmen, Amalgam, alles Unwesentliche, die geistige Abmagerungsdiät, falsche Tätigkeit, falschen Partner, falsche Wohnung, falsches Selbstbild, negatives Denken, unnatürliche Kleidung, kopflastiges Leben, Unbewusstheit, Schlafmangel, Heilungshindernisse wie falschen Glauben, die »Selbst-Vergessenheit«.
- **Der Weg wird vollendet, indem man das Richtige tut:** innehalten, die Botschaft des Körpers beachten und befolgen, sich intuitiv geistig und körperlich rein ernähren, Nahrung möglichst frisch belassen und viel Rohkost essen, morgens nur noch Obst, kaum Fleisch, genügend trinken, Zucker und Salz sparsam verwenden, nicht zu viel Eiweiß essen, sich möglichst basisch ernähren und den Körper regelmäßig entsäuern, wirklich gründlich kauen, genügend Vitamin C und Rostschutz für die Zellenaufnehmen (OPC, Vitamin E, Betacarotin, Magnesium usw.), Vitamin Q10, Ginseng, Gelee Royal, Lecithin, Propolis. Abends wenig essen, nur noch »Gesegnetes« essen und trinken. Die Ölziehkur nach Dr. Karach durchführen, einen Negativ-Ionen-Generator verwenden, Salviathymol regelmäßig.

- **Mit seinem Körper, den Organen sprechen, Körperbewusstsein entwickeln:** Der Körper ist ein Freund, Sauerstoff, der Schlüssel zu Vitalität, das »Tepperwein-außer-Atem-Training« regelmäßig durchführen, Power-Walking nutzen, einmal am Tag schwitzen, das »Minuten-Training« im Bett, im Auto, am Arbeitsplatz, am Fernseher, die »Laotse-Atmung«, »Fit in Sekunden« praktizieren.*
- **Den richtigen Umgang mit »Lebens-Lehrern« lernen** wie Ärger, Angst, Stress, Schuldgefühle, Aggressionen usw., seinen eigenen Rhythmus finden und leben, Mangelbewusstsein auflösen und Wohlstandsbewusstsein schaffen, seinen Wunschtraum verwirklichen.
- **Gesundheit und Vitalität ein Leben lang,** also alt werden und jung bleiben, sich innerlich »jung« fühlen und gefühlsmäßig immer jünger werden, leichtfüßig leben – Treppen raufschweben, in der Imagination sofort 20 Pfund abnehmen und erleichtert leben, nach dem eigenen Rhythmus leben und »ruhen im Tun«, sich bewusst machen: »Nur ein Kranker kann krank werden.« Das Geheimnis vollkommener Gesundheit: »Glauben Sie sich gesund.« Wohnen als Therapie praktizieren (Feng Shui).
- **Wesentlich werden, »stimmig« leben,** sich natürlich verhalten und kleiden, echt, ehrlich und natürlich leben, aus der Selbst-Identifikation heraus denken, fühlen, reden und handeln, den idealen Partner finden und mit ihm glücklich werden, nur noch »Wortgeschenke« machen, die Kunst des Genießens lernen, liebevolles Miteinander mit allen praktizieren, auch spirituelle Gesundheit verwirklichen, nur noch Segensreiches denken, sagen und tun, in jeder Situation achtsam sein, seine Vision erkennen und verwirklichen, Leben als Meditation, sich von der Freude führen lassen und sein Leben wirklich führen, in der Leichtigkeit des Seins leben, leben als erwachter Mensch!

---

* Genaueres im Leser-Service zum Buch (S. 273ff.)

Anregungen für Ihr Quantensprung-Tagebuch

Mit diesem Werkzeug können Sie wieder ein ganz neues Kapitel in Ihrem Tagebuch beginnen, vielleicht: »**Ich erschaffe mir einen gesunden und vitalen Körper.**«

Machen Sie sich auch jetzt wieder bewusst, was die sieben Grundbedingungen für den Quantensprung für das siebente Werkzeug und den siebenten Schritt bedeuten:

1. Vor welcher WAHL stehe ich jetzt?
   Bin ich bereit, mich selbst zu achten und meine Selbst-Achtung meinem Körper zu schenken? Bin ich bereit, meine Erkenntnisse so umzusetzen, dass ich mir einen Körper erschaffe, der mir selbst entspricht? Erstelle ich mir jetzt mein ganz persönliches Gesundheitsprogramm oder missachte ich meinen Körper weiterhin?
2. Welche Wahl TREFFE ich JETZT?
   Welches für meinen Körper schädliche Verhalten will ich jetzt beenden? Welches meinen Körper stärkende Verhalten will ich mir jetzt zur Gewohnheit machen?
3. Wie mache ich meine Entscheidung zu einem GEWINN für mich und andere?
   Was werde ich durch diese wachsende Vitalität und Verjüngung gewinnen?
4. Wie erweitere ich dabei mein GEISTIGES VERMÖGEN?
   Wie erweitert Selbst-Achtung mein geistiges Vermögen? Was bedeutet es, wenn ich meinen Körper jetzt neu erschaffe?
5. Wie optimiere ich dabei meine ENERGETISCHE SIGNATUR?
   Was ändert sich an meiner energetischen Signatur, wenn ich Gesundheit und Vitalität ausstrahle?
6. Nehme ich dabei meine INNERE STIMME wahr? Was sagt sie mir?
   Erhalte ich von meiner inneren Stimme eine Antwort auf die Frage: Was ist der nächste Schritt für die Selbst-Achtung meines Körpers?

7. Wie mache ich diesen Schritt zu einem SPIEL und genieße es?
   Bereitet diese Aufgabenstellung des Lebens mir noch Mühe oder kann ich daraus ein Spiel machen? Was fehlt mir noch, um es spielerisch genießen zu können?

8. Schritt und achtes Werkzeug: Erschaffen Sie sich Ihren Traumberuf

Der zweite Übungsplatz für Ihr erwachtes Leben, für die Praxis des Lebensführerscheins, ist Ihr Beruf, die Art und Weise, wie Sie Ihr Geld verdienen. Hierbei lernen Sie vor allem den Umgang mit Ihrem Selbstwertgefühl. Wie Sie Ihr Geld verdienen, ist ein Spiegel Ihres Selbstwertgefühls. Was sind Sie sich wert? Machen Sie sich bewusst: Sie verdienen, was Sie verdienen! Wenn das nicht erstklassig ist, dann ist die Art und Weise, wie Sie Ihr Geld verdienen, ein wunderbares Übungsfeld, um Ihren Selbst-Wert innerlich und äußerlich dramatisch zu erhöhen.

Auch jetzt trainieren Sie, dem Leben die richtigen Anweisungen zu geben. Erschaffen Sie sich jetzt Ihren Traumberuf, so dass Ihre gelebte Berufung selbst zu einem Werkzeug für Ihr Erwachen wird.

Beenden Sie jedes Arbeiten, das Ihrem Selbst-Wert nicht angemessen ist

Machen Sie sich wieder bewusst: Ich bin mit einer bestimmten Absicht gekommen! **Erfüllung kann ich nur finden, wenn ich meine Berufung erkenne, annehme und erfülle!** Der Beruf sollte etwas sein, *wofür* Sie leben, nicht *wovon* Sie leben!

Keiner kann in seinem Beruf erfolgreich sein, wenn er seine Arbeit nicht liebt, wenn Beruf und Berufung nicht identisch sind und der Selbstverwirklichung dienen, den Selbst-Wert erhöhen und der Allgemeinheit nützen. Der Arbeitsplatz ist als Ort der Freude und Selbstverwirklichung gedacht. Sie werden dann auch noch gut bezahlt, um das zu tun, was Ihnen ohnehin am meisten Freude macht. So wird der Arbeitsplatz von der Einkommensquelle zum Ort der beruflichen Entwicklung und persönlichen Entfaltung und damit zum »Abenteuerspielplatz«. Und der Beruf wird zur Berufung und zum Weg zu einem erfüllten Leben. Eine solche Tätigkeit kann ich dann auch nicht mehr »Arbeit« nennen. Ich höre ab sofort auf zu »arbeiten« und habe »bezahlten Urlaub« für immer!

Was hindert mich eigentlich noch daran, genau das zu tun? Wann bin ich bereit, das »Not-wendige« zu tun?

Stellen Sie Ihre Sinne JETZT auf Genuss ein

Für manche Menschen ist das Wort Genuss oder Lust negativ besetzt. Ganz besonders, wenn es um »Arbeit« geht, die ja nur »im Schweiße des Angesichts« erledigt werden soll. Es fällt unserer christlich orientierten Kultur so schwer, Arbeit mit Vergnügen und Genuss zu verbinden. Dabei ist das Leben als Genuss gedacht, also fangen Sie an, jeden Augenblick zu genießen. Und fangen Sie gleich jetzt an. Genuss ist nicht abhängig von den Umständen, sondern von unserem Umgang damit.

Hören Sie so oft wie möglich wirklich gute Musik und üben Sie, Muße zu haben, Zeit, in der Sie nichts anderes tun, als zu sein – Lebenskünstler zu sein. Stellen Sie sich einmal einen Tagesablauf eines genießenden Lebenskünstlers vor. Wie sieht der aus?

Lernen Sie »die Kunst des Zelebrierens«. Das bedeutet, allem Tun durch die eigene Aufmerksamkeit einen ganz besonderen Wert zu geben. Zelebrieren heißt zu leben wie in einer ständigen Teezeremonie. Zelebrieren Sie einfach nur den Augenblick und fühlen Sie, dass Sie wirklich leben. Zwingen Sie sich zu nichts mehr, außer dazu, sich zu nichts zu zwingen. Schenken Sie sich regelmäßig Zeiten, für die Sie nichts planen. Seien Sie »absichtslos« und finden Sie heraus, womit diese Zeit erfüllt sein möchte, welche innere Qualität sie hat und wie Sie sie am besten zum Ausdruck bringen können. Nehmen Sie sich Zeit für das Ungewohnte, Überraschende und machen Sie aus allem etwas ganz Besonderes. Seien Sie offen für die besondere Begegnung und sie wird geschehen.

Alles das sind Vorübungen auf dem Weg zu Ihrer Berufung. Denn wenn Sie sich keinen Raum für diese Lust und Freude gönnen, dann findet sie auch nicht zu Ihnen. Wenn Sie sich das nicht wert sind, wie wollen Sie dann Ihren Selbst-Wert erhöhen, um wirklich etwas ganz Besonderes, etwas Einzigartiges zu sein?

Bevor Sie aber Ihren jetzigen Arbeitsplatz kündigen, sollten Sie das, was Sie *jetzt* tun, genussvoll, achtsam tun, es zelebrieren. Selbst das Reinigen von Toiletten können Sie genussvoll zelebrieren. Das Sprungbrett von Ihrem jetzigen Arbeitsplatz zu Ihrem Traumberuf ist der Genuss.

Gestalten Sie auch den Platz, an dem Sie täglich viele Stunden arbeiten, persönlich. Verwischen Sie die Grenze zwischen Arbeit und Privatem. Schaffen Sie um sich eine lebensfrohe Atmosphäre und bringen Sie auch in Ihren Berufsalltag Originalität und Stil. Machen Sie Freundlichkeit und Aufgeschlossenheit zu Ihrer inneren Haltung. Erwarten Sie nicht, dass die anderen auch so sind, sondern seien Sie freundlich, weil Sie sich dann in sich wohler fühlen. Zelebrieren Sie Ihren kultivierten Lebensstil.

Sie haben gerade herausgefunden, was es heißt, ein Lebenskünstler zu sein – nämlich jemand, der fortgeschritten ist, in der »Kunst zu leben«, denn Leben ist wirklich eine Kunst. Die meisten existieren und funktionieren bloß – fangen *Sie* an zu leben.

So wird der Platz, an dem Sie jetzt sind, zum Sprungbrett in Ihren Traumberuf.

Wie Sie Ihren Selbst-Wert dramatisch erhöhen: Positionieren Sie sich als Experte

An der Spitze fehlen immer Leute.

Werden Sie einfach in Ihrem Fach der Beste und auf zwei, drei Gebieten, die Sie auch wirklich interessieren sollten, besonders gut. Halten Sie sich durch ständige Weiterbildung immer auf den letzten Stand. **Machen Sie die konstante Steigerung der eigenen Qualifikation zu Ihrem Hobby.** Tun Sie also das, was Sie ohnehin am liebsten tun, so gut, dass Sie dem Leben gestatten, Sie dafür auch noch fürstlich zu bezahlen.

Fangen Sie einfach da an, wo Sie wirklich gut sind, und vor allem, wo es Ihnen Freude macht, denn Freude ist ein nicht zu unterschätzender Erfolgsfaktor. Und verlieren Sie keine Zeit mehr, beginnen Sie genau jetzt!

Was wollen Sie tun, um als Experte zu gelten? Richten Sie Ihre Entscheidungen danach aus, in diesem Jahr genügend zu verdienen und dadurch »automatisch« in ein paar Jahren in einer guten Position zu sein? **Oder arbeiten Sie gezielt auf Ihren Expertenstatus hin? Welche Nische können Sie in drei Jahren als *der* Experte besetzen?** Und dann arbeiten Sie konsequent darauf hin. Lesen Sie alle oder die wichtigsten Bücher Ihres neuen Fachgebiets. Beim Lesen anstreichen, was für Sie wichtig ist. Dabei ergeben sich oft ganz neue Zusammenhänge und Konsequenzen. Mit der Zeit haben Sie alle Erkenntnisse der einzelnen Kapazitäten im Bewusstsein und sind auf dem letzten Stand.

Fangen Sie dann an, selbst Vorträge zu diesem Thema zu halten.

Schreiben Sie so bald als möglich ein Buch zu einem Spezialbereich Ihres Spezialthemas.

Konzentrieren Sie alle Energie auf das für Sie Wesentliche und erwarten Sie, dass der Erfolg dann erfolgen muss, und das tut er dann auch.

So werden Sie in ganz kurzer Zeit der Beste. Treten Sie so oft wie möglich »in Erscheinung«: als Redner bei Kongressen, Vorträgen, Seminaren.

Positionieren Sie sich so als Experte im Bewusstsein möglichst vieler Menschen. Schaffen Sie eine besondere Leistung in Ihrem Spezialgebiet.

Als Experte brauchen Sie keine Aufträge mehr zu suchen. Sie werden gesucht, Ihre Fachkompetenz wird gesucht. Und Sie sind in der privilegierten Situation, den Preis Ihrer Leistung zu bestimmen.

Hier können Sie durch Bildung und Ausbildung sehr schnell ein außerordentliches geistiges Kapital aufbauen, von dem Sie den Rest Ihres Lebens genussvoll leben können.

Also: Was würde Sie zu einem Experten machen? Was würde Ihnen Freude machen, sich ein reichhaltiges Expertenwissen anzueignen und dies kreativ neu zu strukturieren? Wie kann sich Ihre Einzigartigkeit (und Ihr Potenzial) so in Expertentum ummünzen, dass Sie ganz im Einklang mit sich selbst und gleichzeitig gesucht sind und einen hohen Marktwert haben?

Machen Sie sich auch beruflich selbstständig

Den wirklichen Durchbruch haben Sie sicher dann erreicht, wenn Sie sich mit Ihrer Idee, Ihrem Konzept, Ihrem Expertenwissen auch beruflich selbstständig machen. Aber um nicht missverstanden zu werden: Traumberuf heißt nicht notwendigerweise Selbstständigkeit. Nur: Immer mehr Menschen gehen diesen Schritt.

Der Erwerb des Lebensführerscheins ist dafür die Basisqualifikation, das Fundament. Ihr fachliches Expertentum ist eine tragende Säule, eine effiziente Büroorganisation eine zweite Säule, Mitarbeiter- und Geschäftsführung eine dritte, Ihre Einzigartigkeit auf dem Markt darzustellen (»Marketing«) die vierte Säule, die »Zukunftspartnerschaft« mit Ihren Kunden die fünfte.

Folgende Fragen sind sicher hilfreich, um ein tragfähiges Geschäftskonzept für die berufliche Selbstständigkeit zu entwickeln:

- Was macht meine Einzigartigkeit aus?
- Wie kann ich meine Einzigartigkeit zu Expertenwissen fokussieren?

- Kann ich dies in einer Methode kristallisieren?
- Ist es so einzigartig, dass ich es patentrechtlich schützen lassen kann?
- Wer könnte aus meiner Einzigartigkeit Nutzen ziehen? Wer braucht mein Produkt, meine Dienstleistung?
- Wie finde ich eine optimale Übereinstimmung zwischen dem, was ich kann, und dem, was andere brauchen?
- Was kann ich und was will ich letztlich dem Markt anbieten?
- Welche Schritte muss ich unternehmen, um mein Produkt zur Marktreife zu führen?
- Was fehlt an Wissen, Ressourcen, Partnern? Wie gewinne ich sie?
- Wie kann ich mich selbst und das, was ich anbiete, am besten präsentieren?
- Wie kann ich andere dazu bringen, mir zu helfen? Was ist deren Gewinn dabei?
- Wie kann ich Störungen durch andere vermeiden?
- Welche Hindernisse können auftreten und wie kann ich sie vorbeugend vermeiden oder überwinden?
- Wie kann ich die Zukunft meines Geschäfts und meiner Kunden so gestalten, dass es zu einem Beitrag für die Weiterentwicklung wird?
- Bin ich mir neuer Trends bewusst? Bin ich mit meinem Geschäft selbst ein Trendsetter, ein Pionier?
- Habe ich ein so großes Selbst-Wertgefühl, dass ich auch Pioniergewinne dankbar in Empfang nehmen kann?
- Wie befriedigt mein Geschäft meine spirituellen Bedürfnisse, die meiner Mitarbeiter und Kunden?
- Wie verursache ich Fülle und Gewinn für alle und kanalisiere einen vermögensaufbauenden Geldstrom?

Er-Innerung an den achten Schritt zum Lebensführerschein

Wer sich selbst nicht treu ist, wird einem anderen Menschen auch nicht treu sein können. Vor der richtigen Partnerschaft kommt die Verwirklichung des Traumberufs. Opfern Sie nie Ihren Traumberuf Ihrer Partnerschaft. Das kann nur beide unglücklich machen.

Verwirklichen Sie sich in Ihrem Traumberuf, so können Sie einem Menschen, der Sie darin achtet, auch ein Leben lang treu sein. Dann haben Sie Ihren Seelenpartner gefunden.

- Folgen Sie dem Ruf Ihres Herzens und lassen Sie sich von Ihrer Lebensabsicht und Ihrer Berufung ergreifen.
- Lernen Sie immer weitere Bereiche Ihres Lebens zu genießen und zu zelebrieren.
- Wandeln Sie auch den Ort Ihrer Arbeit zu einem Ort des Genusses.
- Finden Sie in Ihrer Einzigartigkeit zu Ihrem unvergleichlichen, göttlichen Selbst-Wert.
- Erschaffen Sie aus Ihrer Einzigartigkeit Expertentum und Ihren Traumberuf.
- Haben Sie auch den Mut, sich beruflich selbstständig zu machen, wenn das Ihr Weg ist.

Anregungen für Ihr Quantensprung-Tagebuch

Mit diesem Werkzeug können Sie wieder ein ganz neues Kapitel in Ihrem Tagebuch beginnen, vielleicht: »**Ich erhöhe meinen Selbst-Wert dramatisch und erschaffe mir meinen Traumberuf.**«

Machen Sie sich auch jetzt wieder bewusst, was die sieben Grundbedingungen für den Quantensprung für das achte Werkzeug und den achten Schritt bedeuten:

1. Vor welcher WAHL stehe ich jetzt?
   Lebe ich bereits meinen Traumberuf oder will ich mich jetzt dafür entscheiden? Erkenne ich meine Einzigartigkeit und diene damit anderen Menschen? Bin ich jetzt bereit, alles zu tun, um meinen Selbstwert dramatisch zu erhöhen?
2. Welche Wahl TREFFE ich JETZT?
   Wie viel Zeit investiere ich, um meinen Traumberuf zu erschaffen? Ein Wochenende, um alles in die Wege leiten zu können? Welches?
3. Wie mache ich meine Entscheidung zu einem GEWINN für mich und andere?
   Was werde ich dadurch gewinnen, dass ich nur noch meinen Traumberuf verwirkliche und dafür gut bezahlt werde? Mit wem und wie werde ich diesen Gewinn teilen?
4. Wie erweitere ich dabei mein GEISTIGES VERMÖGEN?
   Was an geistigem Expertenkapital will ich jetzt aufbauen? Was ist dieses Expertenwissen für andere Menschen, Firmen, Organisationen wert?
5. Wie optimiere ich dabei meine ENERGETISCHE SIGNATUR?
   Was ändert sich an meiner energetischen Signatur, wenn ich meinem Traumberuf nachgehe?
6. Nehme ich dabei meine INNERE STIMME wahr? Was sagt sie mir?
   Erhalte ich von meiner inneren Stimme eine Antwort auf die Frage: Wie kann ich meine Einzigartigkeit in einen Traumberuf ummünzen? Was ist meine Lebensabsicht? Wozu ruft mich mein Herz? Was würde ich am liebsten tun? Was würde mir die meiste Freude bereiten?
7. Wie mache ich diesen Schritt zu einem SPIEL und genieße es?
   Bereitet diese Aufgabenstellung des Lebens mir noch Mühe oder kann ich daraus ein Spiel machen? Was fehlt mir noch, um es spielerisch genießen zu können?

9. Schritt und neuntes Werkzeug: Erschaffen Sie sich eine liebevolle Partnerschaft

Der dritte Übungsplatz für Ihr erwachtes Leben, für die Praxis des Lebensführerscheins ist Ihre Partnerschaft: mit sich oder mit einem Lebenspartner. Das ist schon eine Herausforderung ersten Ranges. Und nirgendwo ist Ihre Selbst-Liebe so gefordert wie in einer Partnerschaft. Sie ist die hohe Schule der Selbstliebe.

Im Verliebtsein erleben wir eine Verschmelzung wie seinerzeit im Mutterleib und nach der Geburt mit der Mutter, einen Zustand bewusstloser Glückseligkeit. Das Urtrauma der Trennung scheint sich zu lösen. Die Ursehnsucht der Verschmelzung scheint sich zu erfüllen. **Doch wenn wir uns SELBST noch nicht gefunden haben, noch nicht zu unserer Selbstliebe erwacht sind, dann wird die Partnerschaft zur Hölle, auch wenn sie den Himmel versprochen hatte.** Deswegen sind die anderen beiden Übungsplätze für die Selbst-Liebe so wichtig: die Liebe zum eigenen Körper, die Liebe zur eigenen Arbeit, zum Traumberuf. Dann sind wir auch reif für eine liebevolle Partnerschaft. Die meisten Menschen scheitern, weil sie die Reihenfolge nicht einhalten.

Aus der Selbstliebe heraus suchen wir im anderen auch nicht mehr die »bessere Hälfte«, sondern lieben als Vollständige aus der eigenen Lebensquelle, suchen nicht das Glück und die Liebe im anderen, sondern geben und beschenken ihn allein durch unser Sosein.

Viele haben die Vorstellung, der andere würde einen »spiegeln«. Im gewissen Sinne ist das richtig: Auch mein Partner sagt viel über mich aus, über meine energetische Signatur. **Seien Sie sich aber bewusst: Wenn Sie in Ihrem Partner einen SPIEGEL sehen, dann sehen Sie nicht den anderen, sondern nur sich selbst!** Sie sehen in dem anderen die eigene Grandiosität und lieben ihn als Spiegel Ihrer Grandiosität. Oder Sie sehen im anderen Ihren verdrängten Schatten. Dann hassen Sie in ihm den Spiegel Ihres Schattens. Den anderen nehmen Sie gar nicht wahr. Und am Ende heißt es: Du hast mich nie geliebt. Und das Ganze war nur ein Spiegelkabinett narzisstischer Egos.

Aber letztlich liegt es an Ihnen selbst, wie sich Ihre Partnerschaft entwickelt. Am besten starten Sie als idealer Partner (oft nach einer gewissen Zeit des Alleinseins). Aber auch in der Partnerschaft können Sie noch zu einem idealen Partner werden. **Erschaffen Sie sich so oder so eine ideale Partnerschaft, so dass sie selbst zu einem Werkzeug des Erwachens wird.**

Lassen Sie alle Illusionen von Verschmelzung mit Ihrem Partner los

Treue gilt in unserer Gesellschaft als unumstößliche Tugend. Ein wirklich guter Mensch hat auch treu zu sein. Da die Partnerschaft als Ersatz für die ursprüngliche Trennung von der Mutter und für ihren Verlust gilt, will man diesen Trennungsschmerz nie mehr wiederholen. Treue soll die unlösbare Verschmelzung mit dem Partner absolut garantieren. Das ist kindisch.

Ein wirklich Liebender ist nur sich und der Liebe treu, denn es ist für ihn wichtiger zu lieben, als seine Liebe ausschließlich auf einen Menschen zu konzentrieren.

Wenn es so ist (sich eine lebenslange Partnerschaft entwickelt), umso besser, aber wenn es nicht so ist, dann ist das eben die Wirklichkeit und alles andere wäre Lüge und Heuchelei. Was wir als Treue bezeichnen, ist bei genauer Betrachtung nur ein Vorurteil, eine Scheintugend, die von ängstlichen und unsicheren Menschen gewünscht wird, aber in der Wirklichkeit des Lebens keinen Platz hat. Treue ist auch kein Tauschgeschäft: Bist du mir treu, bin ich dir treu – gehst du fremd, folgt die Rache bei nächster Gelegenheit.

Ein liebesfähiger Mensch kann nicht verstehen, warum er, wenn er einen Menschen liebt, nicht gleichzeitig auch einen anderen lieben dürfen sollte. Wir fänden es ja auch krankhaft, wenn jemand in seinem Garten nur eine einzige Blume lieben könnte und ihr die Treue hielte und die anderen keines Blickes würdigte. Bei der Liebe zum anderen Geschlecht aber gilt das nicht als krankhaft, sondern als erstrebenswerte Tugend. So wird es dargestellt und von Millionen geglaubt und erhofft.

Gott sei Dank ist das Leben vernünftiger, und es kommt dann doch meistens ganz anders. **Die Menschen sind aber eher bereit, miteinander krank zu werden, als sich der Wirklichkeit des Lebens zu stellen.** Und wenn das jemand ausspricht, dann muss er mit Ablehnung und Aggressionen rechnen. Aber wer die Fackel der Wahrheit durch die Menge trägt, kann es nicht vermeiden, dass er dabei dem einen oder anderen den Bart versengt.

Der Sinn einer Partnerschaft ist daher nicht die Treue, die Planung, Fixierung aufeinander und die Zuverlässigkeit, sondern allein das gemeinsame Erleben der Liebe, das gemeinsame Erwachen in der Liebe, das gemeinsame Wachsen durch die Liebe. Die kann man nicht planen und festhalten. Sie ist ein Geschenk, das geschehen kann, wenn wir offen, wach und aufmerksam und der Selbst-Liebe fähig sind. Wer das Geschenk der wahren Liebe annehmen will, muss sich vom traditionellen Denken bezüglich Treue und Besitz lösen.

Partnerschaft ist eine Unterstützung auf dem Weg, die Einheit in uns selbst zu finden: in mir, in dir, in uns, aber nicht die Verschmelzung. Das ist nicht nur der Weg, sondern gleichzeitig der ganze Sinn einer Partnerschaft. Kann sie ihn nicht oder nicht mehr erfüllen, nicht weiter erfüllen, hat sie ihren Sinn verloren und muss sich in dieser Form auflösen.

Der Sinn einer Partnerschaft ist daher nicht, sich mithilfe des anderen ein schönes, harmonisches oder gar bequemes Leben zu gestalten. Selbst wenn er der ideale Partner für mich ist, vielleicht sogar meine »Dual-Seele«, dann werde ich gerade durch die Seele, mit der ich am engsten verbunden bin, am stärksten gefordert und damit gefördert.

Also sollten wir zunächst einmal lernen, uns selbst glücklich zu machen. Dann braucht das Ihr Seelenpartner nicht mehr zu tun – welches Glück für ihn!

Machen Sie es sich daher zur Aufgabe, wenn Sie wollen zur Lebensaufgabe, wirklich glücklich zu werden. Lernen Sie immer genauer zu spüren, was dazu erforderlich ist, was zu tun, aber vor allem, was zu lassen ist, was Sie als unnötigen Ballast auf dem Weg zu sich selbst loslassen sollten.

Die drei Gesichter der Liebe

Unser ganzes Leben dreht sich um Beziehungen, und wir wachsen im Wesentlichen durch sie, durch das Du und Wir.

Durch die Liebe lasse ich den anderen mir so nahe kommen, dass er mich berührt, bewegt oder auch verletzt. Gleichzeitig hilft er mir, die Liebe zu mir zu finden und zu vertiefen, indem er mich mit mir selbst konfrontiert, mir meine Stärken bewusst macht, aber auch Mängel und Schatten aufzeigt und mich so an mich selbst erinnert, an den, der ich wirklich bin.

Erst über die Beziehung erlebe ich die »Ver-ein-ich-ung«. Indem ich die Andersartigkeit des anderen in mein Sein integriere, erweitere ich mein Bewusstsein, meine Lebendigkeit, die Polarisierung des Lebens und der Lebensenergie.

Wir unterscheiden **drei Gesichter der EINEN Liebe**:

1. unsere Beziehung zum Leben und zur Welt, zur Evolution und zur Schöpfung, zum ES IST
2. unsere Beziehung zum anderen, dem DU BIST
3. unsere Beziehung zu uns selbst, dem ICH BIN

Wenn man jemanden fragt, ob er weiß, was Liebe ist, wird er vermutlich antworten: Natürlich, Liebe ist, wenn ich meinen

Partner und meine Kinder gern habe, wenn ich bereit bin, für den anderen alles zu tun. Aber ist Liebe in Wirklichkeit nicht viel mehr als das? Und ist sie in der Praxis des Lebens nicht meist viel weniger? Sind wir nicht sogar Analphabeten der Liebe?

Machen wir uns bewusst: Es gibt nicht die große oder die kleine Liebe, die wirkliche, echte oder unechte Liebe. Es gibt nur die eine, unendliche Liebe, die das wahre Wesen eines jeden Menschen ist, gleich, ob er es nun weiß oder nicht.

Zuerst lieben wir nur, wenn wir geliebt werden. Dann lieben wir spontan, wollen jedoch wiedergeliebt werden. Später lieben wir auch, wenn wir nicht geliebt werden, wollen jedoch, dass die Liebe angenommen wird. Schließlich lieben wir rein und einfach, ohne jede Bedingung und ohne eine andere Freude, als die zu lieben.

Schritte auf dem Weg zur wahren Liebe

Will ich in der Liebe glücklich werden, muss ich zwei Dinge auflösen: die Angst, nicht genug geliebt zu werden, und das Verlangen, den anderen zu besitzen, denn wer Angst hat und besitzen will, wird letztlich alles verlieren.

Soll meine Liebe Bestand haben, braucht sie drei Voraussetzungen:

1. **gegenseitige Bewunderung**: das Wunder des Lebens im anderen erkennen
2. **eine gemeinsame Aufgabe**, die uns »begeistert« und zu einem Wir-Bewusstsein führt
3. **gegenseitiges Verständnis**, auch ohne den anderen verstehen zu müssen

Die wahre Liebe ist also nicht meine Beziehung zu einem anderen. Sie existiert auch ohne Du.

Liebe ist einfach, durchdringt und erfüllt mich als mein Sein, als Selbst-Liebe. Erst aus dieser tiefen inneren Durchdringung und dem Erkennen des Göttlichen in allem entsteht die »All-Liebe«, die nichts mehr ausschließt und nichts mehr bevorzugt. Diese wahre Liebe ist das Einschwingen in das göttliche Einssein mit dem Einen in allem. Ein Mensch, der so liebt, liebt nicht irgendjemanden oder irgendetwas, er ist ein Liebender geworden.

Früher oder später stoßen wir auf die vielleicht erschütternde Wahrheit, dass es letztlich nur *eine* Liebesbeziehung geben kann, die Verbindung zwischen dem äußeren Menschen und dem inneren Sein, dem Ebenbild Gottes, nach dem wir alle geschaffen sind. **Und so wird der Weg der wahren Liebe zu einem Weg der wachsenden Vertrautheit und Identifikation mit dem Göttlichen in uns, ein Erwachen der Selbst-Liebe.**

Die Kunst des All-ein-Seins

Oft ist das Alleinsein der beste Partner, aber die meisten Menschen fürchten sich vor der Einsamkeit, sind unfähig, allein glücklich zu werden, ja oft sogar unfähig, allein mit dem Leben zurechtzukommen.

In einer solchen Situation habe ich keine Wahl, ich brauche den anderen und bin auch bereit, dafür einen hohen Preis zu zahlen, denn ich kann ja nicht anders. Wahre Freiheit in einer Beziehung aber heißt, den anderen durchaus als Bereicherung des eigenen Lebens zu erkennen und sich an dem Miteinander zu erfreuen, ohne es unbedingt haben zu müssen. Erst in dieser Freiheit wird wahre Liebe möglich, die nicht mehr auf Abhängigkeit beruht, keine »Not-wendigkeit« mehr ist, sondern reine Freude, ein Geschenk für beide.

Alleinsein ist eine Prüfung für emotionale und geistige Selbst-Ständigkeit und eine sinnvolle Zeit, um zu uns selbst zu kommen und die Voraussetzungen zu schaffen, um ein idealer Partner zu sein.

In der Partnerschaft ein idealer Partner SEIN

Eine Partnerschaft kann noch so zauberhaft beginnen, wie es weitergeht, bestimmen Sie.

Achtsamkeit im Miteinander als Schlüssel zum Glück:

- Geben Sie dem anderen, was er gerade braucht: Ihre Aufmerksamkeit, Ihre Hilfe, Ihr Ohr, Ihre Liebe
- Wenden Sie sich dem anderen ganz zu und lassen Sie sich ganz auf Ihren Partner ein
- Lieben Sie ihn so, wie er ist, ohne zu versuchen, ihn zu erziehen oder zu ändern. Vermeiden Sie jede Kritik: nicht richten, sondern aufrichten und ausrichten
- Lieben Sie ihn besonders dann, wenn er es am wenigsten verdient, weil er es dann am dringendsten braucht
- Lassen Sie den anderen spüren, dass Sie ihn lieben
- Was Ihre Beziehung lebendig erhält, ist ständige Kommunikation. Eine »sprachlose« Beziehung hat keine Chance
- Lassen Sie alle Erwartungen, Vorstellungen und Ideale los, erwarten Sie vor allem keine Perfektion, sondern lieben Sie den anderen so, wie er ist
- Entscheiden Sie sich ganz für ihn, lassen Sie sich ganz auf ihn ein, ohne ihn zu ändern oder erziehen zu wollen
- Eine Beziehung lebt von ständiger Zuwendung. Füllen Sie täglich Ihr »Zärtlichkeitskonto« auf
- Geben Sie dem anderen immer das Gefühl, etwas ganz Besonderes zu sein, denn in Wirklichkeit ist er einmalig
- Bringen Sie Leben in Ihr Zusammenleben

Die Kunst erlernen, aus einem ganz normalen Alltag etwas ganz Besonderes zu machen:

- Liebe braucht wie eine Blume ständige Pflege und Aufmerksamkeit

- Lernen Sie, Ihren Partner ohne besonderen Grund zu bewundern
- Schaffen Sie immer wieder »anregende Aufregungen« in Ihrem Miteinander: einen Kino- oder Theaterbesuch, gemeinsames Radfahren, ein Wochenende in Paris, Rom, auf Teneriffa oder in einem kleinen verträumten Hotel, wo Sie sich so richtig verwöhnen lassen
- Gehen Sie Skilaufen oder Tanzen. Unterbrechen Sie immer wieder den üblichen Ablauf des Alltags
- Schaffen Sie sich gemeinsame Interessen. Vor allem, geben Sie Ihrer Partnerschaft einen Sinn und ein gemeinsames Ziel. Erkennen Sie Partnerschaft als einen Weg
- Bewahren Sie Ihren Humor und wenn Sie noch keinen haben, dann wird es aber höchste Zeit!

Sie sind am Ziel, wenn Sie ein Liebender geworden sind. Und wer weiß, möglicherweise eines Tages – oder wenn Sie wollen in diesem Augenblick – beginnt die ideale Partnerschaft, weil Sie ein idealer Partner geworden sind.

Dem idealen Partner kann ich erst begegnen, wann ich mir selbst ein idealer Partner geworden bin.

Er-Innerung an den neunten Schritt zum Lebensführerschein

Die hohe Schule der Selbst-Liebe ist es, sich eine liebevolle Partnerschaft zu erschaffen. **Der Weg dazu ist, selbst ein idealer Partner zu sein.** Als solcher ziehen Sie zuverlässig auch ein ideales Du in Ihr Leben – oder wandeln Ihre Partnerschaft in eine ideale Liebesbeziehung. Wenn Sie auf diesem Weg der Selbst-Liebe sind, wird auch der andere sich ändern: Ihnen näherkommen oder Sie verlassen.

Dieser Schritt beinhaltet nur eine einzige Übung: selbst ein idealer Partner und Kanal der einen Liebe zu sein, die

Dreieinigkeit von »ich bin – du bist – es ist«. So wird Ihre Partnerschaft zum Werkzeug des Erwachens.

Prüfen Sie einmal, warum Sie den anderen lieben, mit ihm zusammen sind, eine Partnerschaft führen.

Sie lieben den anderen,

... weil er körperlich attraktiv ist?
... weil er gut zu Ihnen ist, so fürsorglich?
... weil Sie nicht nein und tschüss sagen können?
... weil der andere Sie liebt?
... weil Sie den anderen nicht verletzen wollen?
... weil der andere Ihnen Sicherheit und Geborgenheit gibt?
... weil Sie sich im Bett gut verstehen?
... weil Sie Kinder haben, eine Familie sind?

Solange Sie eines Grundes bedürfen, um den anderen zu lieben, lieben Sie nicht wirklich. Dann können Sie auch nicht bedingungslos lieben. Dann ist die Enttäuschung vorprogrammiert.

Prüfen Sie dann Ihre Selbst-Liebe. Wie bedingungslos ist sie? Prüfen Sie, ob Sie die bedingungslose Liebe des Lebens fühlen können.

Anregungen für Ihr Quantensprung-Tagebuch

Mit diesem Werkzeug können Sie wieder ein ganz neues Kapitel in Ihrem Tagebuch beginnen, vielleicht: »**Ich bin ein Liebender und erschaffe mir eine liebevolle Partnerschaft.**«

Machen Sie sich auch jetzt wieder bewusst, was die sieben Grundbedingungen für den Quantensprung für das neunte Werkzeug und den neunten Schritt bedeuten:

1. Vor welcher WAHL stehe ich jetzt?
   Will ich ein bedingungslos Liebender sein? Will ich ein idealer Partner sein? Will ich Kanal der einen Liebe sein?

2. Welche Wahl TREFFE ich JETZT?
   Wie viel Zeit investiere ich, um mich ganz mit meiner Selbst-Liebe zu erfüllen? Welche Entscheidung treffe ich gegenüber meiner Partnerschaft, mit meinem Partner?
3. Wie mache ich meine Entscheidung zu einem GEWINN für mich und andere?
   Was werde ich dadurch gewinnen, dass ich Kanal der einen Liebe bin? Kann ich diesen Gewinn mit allen teilen?
4. Wie erweitere ich dabei mein GEISTIGES VERMÖGEN?
   Welches geistige Vermögen erwerbe ich jetzt? Wie kann mein Denken liebevoll und herzlich werden?
5. Wie optimiere ich dabei meine ENERGETISCHE SIGNATUR?
   Was ändert sich an meiner energetischen Signatur, wenn ich ein Liebender bin?
6. Nehme ich dabei meine INNERE STIMME wahr? Was sagt sie mir?
   Welchen Weg weist sie mir, um mich ganz der Liebe hinzugeben?
7. Wie mache ich diesen Schritt zu einem SPIEL und genieße es?
   Bereitet diese Aufgabenstellung des Lebens mir noch Mühe oder kann ich daraus ein Spiel machen? Was fehlt mir noch, um es spielerisch genießen zu können?

10. Schritt und zehntes Werkzeug: Erschaffen Sie sich finanzielle Fülle und einen ganzheitlichen Wohlstand

Der vierte und letzte Übungsplatz für Ihr erwachtes Leben, für die Praxis des Lebensführerscheins ist das Leben in Fülle und ganzheitlichem Wohlstand. Damit trainieren Sie die Lebensregeln der Anweisungen nicht nur auf der Autobahn, sondern auf der Überholspur. Es ist die eigentliche Fahrprüfung: Erschaffen Sie sich so die Fülle, dass Sie in einem ganzheitlichen Wohlstand leben?

So wird Ihr Wohlstand selbst, Ihre Lebensqualität zum Werkzeug des Erwachens zum wahren Leben.

Was ist Geld? Was ist Wohlstand?

***Geld* ist Ausdruck eines bestimmten Bewusstseins und Geld*mangel* ebenso.** Geld selbst ist völlig neutral, es ist weder gut noch schlecht, weder positiv noch negativ und es geht zu dem, der es anzieht. Diese Voraussetzung aber kann jeder schaffen. Hart zu arbeiten führt nicht wirklich zu viel Geld, nur zu so viel, dass Sie (über-)leben können.

Dieser Magnetismus, der Sie reich und wohlhabend macht, ist ganz natürlich. Deshalb sind auch Überfluss und Fülle ganz natürlich und wenn Sie nicht in der Fülle leben, muss es da ein Hindernis geben, das die natürliche Fülle fern hält. Finden und beseitigen Sie es, und sie manifestiert sich auch in Ihrem Leben.

Sie sind die Quelle Ihres Reichtums oder Ihres Mangels, und da liegt auch die Lösung. **Wohlstand fragt nicht nach einem Universitätsabschluss, nicht einmal nach Intelligenz. Wohlstand wird von einem natürlichen Bewusstsein der Fülle magnetisch angezogen.** Wenn Sie sympathisch sind, wenn Sie wohlwollend leben, wenn Sie Menschen wirklich mögen, fällt Ihnen in den Schoß, wonach andere vergeblich suchen. **Die**

Investition in sich selbst ist die beste Investition mit den höchsten Zinsen.

Die Reichen werden immer reicher, weil sie ein Wohlstandsbewusstsein haben, und die Armen werden immer ärmer, weil es ihnen fehlt. Sie können ein Leben lang hart arbeiten und sterben doch arm, oder Sie können reich werden, während Sie das Leben genießen. Das Leben ist ein Spiel, aber nur, wenn man die Spielregeln kennt und beachtet. Fühlen Sie sich reich und Sie werden Ihren Reichtum kaum vermeiden können, aber wenn Sie sich arm fühlen, können Sie alles andere vergessen, es wird nicht zum Erfolg führen.

Prüfen Sie einmal gründlich, wie Sie über Geld denken, ich meine, wie Sie *wirklich* über Geld denken. Wenn Sie glauben, dass es die Wurzel allen Übels ist, dürfen Sie sich nicht wundern, dass Sie keines haben – und Sie werden auch keines bekommen. Wenn Sie Geld wären, würden Sie zu jemandem gehen, der Sie nicht mag? Wenn zu Geld zu kommen Ihnen keine Freude macht, können Sie es vergessen. Selbst wenn Sie das große Los gewinnen sollten, mit dieser Einstellung könnten Sie es nicht halten.

Dabei will das Leben Sie nur darauf aufmerksam machen, dass man für Geld nicht »arbeiten« sollte, sondern dass es besser ist, sich ein anderes Bewusstsein zu schaffen. Fülle ist kein bestimmter Betrag, sondern eine Art, sich zu fühlen. Der Reichtum ist auch in dieser Welt nicht ungerecht verteilt, sondern jeder bekommt genau so viel, wie er sich wert ist. Und das gilt nicht nur für Geld, sondern auch für Gesundheit, für Erfolg, für Glück. ***Jeder* bekommt genau so viel, wie *er* sich zuteilt.**

Kann es ein gerechteres System geben? Warum also nehmen Sie sich nicht einen größeren Anteil? Dem Leben ist es völlig gleich, wie viel Sie nehmen. Sie können auch alles haben. Für Sie aber macht es einen großen Unterschied. Es ist nur ein Schritt, ein einziger, alles entscheidender Schritt, und Sie leben im Wohlstand – auf allen Ebenen.

Wenn Sie gern mehr Geld hätten, dann richten Sie scheinbar Ihre Aufmerksamkeit auf mehr Geld. Was aber bringt Sie auf diese Idee? Wahrscheinlich die Erfahrung und die erwünschte Vermeidung des Mangels. Das heißt, Sie konzentrieren sich auf etwas, das Sie nicht wollen, und verstärken damit den Mangel. **Unsere Aufmerksamkeit wird nämlich von unserer Motivation gesteuert und die will etwas haben, um etwas anderes zu vermeiden.** Unsere Motivation läuft unterhalb des Denkens ab und ist uns daher meist gar nicht bewusst. Sie funktioniert über Gefühle und die sind ein sicherer Indikator dafür, ob eine positive oder eine negative Motivation hinter der Absicht steckt. Wenn es sich angenehm anfühlt, geht es Ihnen wirklich darum, das zu wollen, was Ihr Wunsch beinhaltet. Sie haben Freude daran. Fühlt es sich aber eher unangenehm an, dann geht es um etwas, das Sie vermeiden oder loswerden wollen, wogegen Sie etwas tun müssen. Vielleicht ist das Gefühl sogar noch mit der Angst vor Versagen und vor den Folgen verbunden, die eintreten, wenn der Wunsch sich nicht erfüllt.

Prüfen Sie also bei jedem Vorhaben die dahinter stehende Motivation.

Beispiel: »Ich möchte mehr Geld«! Warum? Weil ich dann keine Sorgen mehr habe. – Dabei geht es also in Wirklichkeit darum, etwas zu vermeiden, und das bewirkt höchstens das Gegenteil. Besser ist es zu fragen: »Was will ich denn anstatt der Sorgen?« Antwort: »Ich will mich wohlfühlen und in der ›Leichtigkeit des Seins‹ leben!« Das ist es also, was Sie wirklich wollen, und das können Sie so auch erreichen. **Also kehren Sie einen erkannten Vermeidungsgedanken einfach in sein erwünschtes Gegenteil um.**

Wenn Sie dann noch eine letzte Frage stellen, erkennen Sie, worum es *wirklich* geht. »Weshalb will ich in der Leichtigkeit des Seins leben? Weil ich mich dann wohlfühle!« Am Ende der Motivationskette steht immer ein erwünschtes *Gefühl*!

Jetzt erkennen Sie auch, dass der »Kampf gegen Krankheit« oder gegen die »Armut in der dritten Welt« oder gar »gegen den Krieg« nur das Gegenteil bewirken kann.

Wohlstand ist mehr als nur genug Geld, aber eben auch das. Wohlstand ist, wie die Weisheit der Sprache sagt, wenn alles in meinem Leben wohl steht. Das betrifft Gesundheit ebenso wie Erfolg, eine harmonische Beziehung, geistige Entwicklung, Glück und Erfüllung.

Werden Sie wirklich »vermögend«!

Vermögend ist jemand, der etwas vermag, und wer viel vermag, der und nur der ist wirklich »vermögend«. Er vermag sich alles zu erschaffen, was er zum vollen Ausdruck seines Lebens braucht.

Wenn man nun seine Realität selbst erschafft, kann man nicht nur keinem anderen mehr die Schuld daran geben, es müssten doch auch eine ganze Menge Wunder passieren. Wieso erleben Sie dann keine? Die Antwort ist einfach. Wunder können nur dort passieren, wo sie im Möglichkeitsraum enthalten sind, das heißt, in der Sicht des Einzelnen. Dann aber sind sie keine Wunder, sondern eben nur eine Möglichkeit.

Wie Sie Ihr natürliches »Wohlstandsbewusstsein« wecken

Voraussetzung für Ihren natürlichen Wohlstand ist, dass Sie *sich selbst* lieben. Ohne das können Sie alles andere vergessen. Nur wenn Sie es sich wert sind, wenn es Ihnen ganz natürlich erscheint, findet der Wohlstand den Weg zu Ihnen.

Eine andere wichtige Erkenntnis ist: »Reich kann man nicht werden, reich muss man sein«! Was Sie sich nicht »zu eigen« gemacht haben, kann sich im Außen nicht manifestieren, nach dem Gesetz: »Wie innen, so außen«! Ihren »inneren Reichtum« aber können Sie jederzeit beliebig vermehren und dann muss er im Außen, als Ihre Realität, »in Erscheinung« treten.

Außerdem muss ich es mir vorstellen können, denn die Vorstellung ist bereits der schöpferische Akt, mit ihr habe ich es geschaffen. Es war vorher noch nicht da, und nun kann ich es vor mir sehen. Damit habe ich dem »erwünschten Endzustand« seine gewünschte Form gegeben, die das Leben dann nur noch »erfüllen« kann.

Sehr hilfreich ist es, wenn ich meine Vorstellung von Reichtum mit persönlichem Magnetismus verbinde, also der Vorstellung, dass mir Reichtum von allen Seiten zufließt, dass alles, was ich anfasse, sich als Wohlstand manifestiert. Entscheidend ist, dass ich das nicht nur »sehen« kann, sondern dass ich fühle, wie es »geschieht«.

Wichtig ist, dass die »Quelle meines Wohlstands« in mir liegt, dass der Wohlstand damit nur »nach Hause« kommt.

Der wirksamste Weg, natürliche Fülle und Wohlstand »in Erscheinung« zu rufen, ist das Segnen. Indem Sie Ihren »inneren Wohlstand« segnen, muss er nicht nur als Ihre Realität »in Erscheinung« treten, er muss sich auch segensreich auf Ihr Leben auswirken.

Beim Segnen ist die Form zwar ohne jede Bedeutung, aber der Segen sollte schon geschehen. Es ist so, als ob Sie jemandem sagen: »Ich gebe dir 1000,- Euro« und geben sie ihm dann nicht. Sie sollten schon fühlen, wie der Segen auf das Gesegnete übergeht. Sobald der Segen aber »geschehen« ist, beginnt er im gleichen Augenblick zu wirken und sich als Realität zu manifestieren.

Löschen Sie auch jede Vorstellung davon, dass man sich seinen Wohlstand »erarbeiten«, dass man Geld »verdienen« müsse. Machen Sie sich bewusst, dass man nur in der deutschen Sprache sein Geld »verdient«. Ein Amerikaner *macht* Geld, die Engländer *ernten* es, die Schweden *bekommen* es, die Franzosen *gewinnen* es, und die Ungarn *suchen* es, deswegen können sie es auch nicht finden, denn Sucher suchen ewig, Finder finden ständig.

Entscheiden Sie sich, wie Sie zu Ihrem Wohlstand kommen. Ich mache es wie die Lebenskünstler aus Frankreich, ich gewinne es. Nicht in der Lotterie, sondern als Gewinner. Ganz gleich, was ich anfasse, es wird ein Gewinn, und das Leben ist dann wirklich ein Spiel, bei dem man nur noch gewinnen kann und zwar in jedem einzelnen Fall.

Prüfen Sie, ob Sie das *glauben* können, denn das ist natürlich die Voraussetzung für die Erfüllung. Dann aber steht Ihrem Wohlstand oder Reichtum, das ist Ihre Wahl, nichts mehr im Weg, und die natürliche Fülle fließt Ihnen zu – unaufhörlich.

Wie man seinen Wohlstand »unvermeidbar« macht

Auch der Weg zum Wohlstand beginnt damit, jeden Mangel im Bewusstsein loszulassen und sich ein umfassendes Wohlstands-Bewusstsein zu schaffen: die natürliche Fülle in sein Leben einzuladen. Meine Schulden schnellstens loszulassen und mein Geld für mich arbeiten lassen. Das heißt auch, sinnvoll investieren lernen und Geld nie mehr zu weniger als zehn Prozent anlegen. Indem ich weniger ausgebe, als ich einnehme, bin ich auf dem sicheren Weg zum Wohlstand.

Um zu Wohlstand zu kommen, gibt es nur zwei Wege:

1. Ich senke meine Ausgaben.
2. Ich erhöhe meine Einnahmen.

Ich senke meine Ausgaben mit der wirkungsvollsten Methode, die ich kenne, mit einem Zettel in meinem Portemonnaie und meinem Scheckbuch: »Muss das wirklich sein«? Das reduziert schon einmal deutlich die Ausgaben und vermeidet Unnötiges. Dann prüfe ich, ob ich bereit bin, etwa das Rauchen zu lassen und allein dadurch nicht nur ziemlich wohlhabend zu werden, sondern auch noch meine Krankheiten zu reduzieren und mein Leben deutlich zu verlängern. Oder ich spare täglich alle Münzen oder ich kaue mich reich, indem ich nur halb so viel esse, das aber gründlich kaue. Damit tritt das Sättigungsgefühl ebenso ein, nur habe ich weniger Nahrung gebraucht. Das beste Sparprogramm ist ein Kosten-Sparprogramm.

Schauen wir uns den zweiten Punkt einmal genauer an.

Ich erhöhe meine Einnahmen, indem ich mir zunächst einmal die Hindernisse in mir bewusst mache und auflöse, also mich wert fühlen, mehr Geld zu bekommen. Ich sehe es als ganz natürlich an, dass ich immer wohlhabender werde. Wohlstandsverhindernde Überzeugungen mache ich mir bewusst und verändere sie in wohlstandsförderliche Überzeugungen. Ich nehme meinen Wohlstand »geistig in Besitz«. Ich ziehe meine Aufmerksamkeit bewusst von Mangel und Schwierigkeiten ab und richte sie bewusst auf Lösungen, Möglichkeiten und Wohlstand.

Nachdem ich so die Voraussetzungen für meinen Wohlstand geschaffen habe, beginne ich meine Einnahmen zu erhöhen. Ich prüfe einmal die Möglichkeiten, die mir das Leben derzeit bietet, und TUE DAS NOT-WENDIGE. Zum Beispiel schaffe ich mir mit einem lukrativen Hobby nebenberuflich ein interessantes Zweiteinkommen, in das ich sinnvoll investiere. Wenn es mir gelingt, kann ich ein Buch schreiben.

Ich nutze einfach meine Fähigkeiten und schaffe mir damit ganz ohne Risiko ein interessantes Zweiteinkommen oder einen ganz neuen, erfüllenden Hauptberuf, ohne das geringste Risiko einzugehen – und ohne Kapitalinvestition, indem ich erst wechsle, wenn ich nebenberuflich mehr verdiene als mit meinem Hauptberuf.

Dabei nutze ich die Möglichkeit, mich zu multiplizieren, indem ich auch andere für mich arbeiten lasse. Dazu muss ich ihnen einen zwingenden Grund geben. Der einfachste und sicherste Weg ist, anderen zu helfen, selbst erfolgreicher und wohlhabender zu werden und dadurch selbst noch erfolgreicher und wohlhabender zu werden. Wenn mir das liegt, kann das auch durch Vorträge und Seminare geschehen, ein sehr interessanter Weg, um immer wohlhabender zu werden.

Das »Geheimnis der Wohlstandsteilung«

Wie Sie Liebe durch Teilen vervielfachen können, können Sie auch Wohlstand durch Teilung vervielfachen.

Eine kleine Geste des Wohlwollens, der Freundlichkeit und Liebe für einen Unbekannten kann Ihr ganzes Leben verändern, ja verzaubern. Wenn Sie beispielsweise in einem Blumengeschäft eine Rose kaufen und die Verkäuferin bitten, sie der nächsten Dame mit einem lieben Gruß von einem Unbekannten zu überreichen, entsteht ein »**positives energetisches Ungleichgewicht«, das nach dem »Gesetz des Ausgleichs« vom Leben umgehend wieder ausgeglichen wird, indem auch Ihnen etwas Gutes widerfährt.** Das kann eine freundliche Geste sein, eine Chance, die das Leben Ihnen bietet, oder ein günstiger »Zufall«. **Wichtig ist dabei nur, dass Sie unerkannt bleiben, dass der andere keine Möglichkeit hat, sich bei Ihnen zu bedanken, sonst ist der Kreis energetisch bereits geschlossen.** Nur dann muss das Leben einen anderen Weg des Ausgleichs schaffen und das tut es dann auch, meist umgehend. Wenn Sie Ihr Bewusstsein darauf richten, werden Sie den Ausgleich erkennen und er ist immer größer als die Ursache.

Wenn ich es allerdings *mit der Absicht* tue, mehr vom Leben zu bekommen, sende ich damit die Energie des Mangels aus und der Ausgleich erfolgt, indem sich dieser Mangel verwirklicht. Entscheidend ist immer meine Motivation.

Ganz schön ist es, wenn Sie eine kleine Karte mit Ihren Wünschen beilegen und wenn Sie wollen, mit Ihrem Segen und der Anregung, diese Freundlichkeit mit derselben Bitte der Weitergabe an einen Unbekannten weiterzugeben. So entsteht aus einer einzigen kleinen Geste eine Welle des Wohlwollens, die um die Erde gehen kann.

Für diese kleine Geste des Wohlwollens und der Liebe gibt es ständig Gelegenheit:

- Im Café zahlen Sie einen Kaffee »für den Nächsten« und hinterlassen ihm das Kärtchen mit der Anregung für die Weitergabe
- Im Kino bezahlen Sie den Eintritt für den Nächsten, immer mit der Bitte, ihm das kleine Kärtchen mit der Anregung für die Weitergabe zu übergeben
- Im Museum können Sie den Eintritt für den Nächsten bezahlen
- Beim Sessellift zahlen Sie eine freie Fahrt für den Nächsten
- Bei der Straßenmaut können Sie so eine zusätzliche Karte lösen
- Am Kiosk zahlen Sie eine bestimmte Zeitung für den, der sie verlangt
- Bei der Post zahlen Sie das Briefporto für den Nächsten
- Im Zoo zahlen Sie den Eintritt für den Nächsten
- Wo immer sich Gelegenheit bietet, einem anderen das Leben ein bisschen einfacher und schöner zu machen, tun Sie es. Und immer bleiben Sie unerkannt, sodass das Leben den Ausgleich schaffen muss

Diese kleine, liebevolle Geste hat die Macht, die Welt zu verändern, sodass wir sie eines Tages in einem ein bisschen besseren Zustand verlassen, als wir sie vorgefunden haben.

Er-Innerung an den zehnten Schritt zum Lebensführerschein

Ganzheitlicher Wohlstand ist das große Finale und der Lohn für Ihre Selbstverwirklichung: Alles im Leben steht zum Wohl. Zum Wohlstand gehört nicht nur finanzielle Fülle, aber auch. Da Geld neutrale Energie ist, ist es ein zuverlässiger Maßstab dafür, wie der Energiefluss in Ihrem Leben aussieht.

Beherrschen Sie die Lebensregeln zur Wohlstandsbildung:

- **Dem Leben die richtigen »Anweisungen« geben.** Damit es wirklich Ihr Leben ist, sollten Sie dem Leben die richtigen Anweisungen geben, denn es wartet nur auf Ihre Anweisungen, um Sie an seiner Fülle teilnehmen zu lassen.
- **Werden Sie wirklich »vermögend«.** Wenn jemand viel hat, dann ist er keineswegs auch vermögend, nur besitzend. Wirklich »vermögend« ist nur, wer etwas vermag und wer viel vermag, der ist sehr vermögend.
- **Machen Sie niemals Schulden.** Das Schlimme an Schulden ist, dass sie Sie zuverlässig davon abhalten, wohlhabend zu werden. Das Leben auf Kredit fesselt Sie an die Vergangenheit, und Sie verbrauchen Ihre Zukunft.
- **Lassen Sie Ihr Geld für sich arbeiten.** Sinnvoll investieren zu lernen ist eine Kunst, die sich bezahlt macht. In den letzten 70 Jahren war es immer möglich, zehn Prozent zu bekommen. Eine besonders gute Investition ist die Investition in sich selbst. Es bringt die höchsten Zinsen, wenn Sie Ihren Marktwert erhöhen.

Anregungen für Ihr Quantensprung-Tagebuch

Mit diesem Werkzeug können Sie wieder ein ganz neues Kapitel in Ihrem Tagebuch beginnen, vielleicht: »**Mein Weg zur ganzheitlichen Wohlstandsbildung**«.

Machen Sie sich auch jetzt wieder bewusst, was die sieben Grundbedingungen für den Quantensprung für das zehnte Werkzeug und den zehnten Schritt bedeuten:

1. Vor welcher WAHL stehe ich jetzt?
   Bin ich bereit, mein Armuts- und Mangelbewusstsein loszulassen und der Fülle des Lebens den Weg zu mir zu bahnen? Bin ich bereit, jetzt auch diesen Schritt der Selbstverwirklichung zu machen?

2. Welche Wahl TREFFE ich JETZT?
   Wie viel Zeit investiere ich, um jetzt finanzielle Fülle zu verursachen? Ein Wochenende? Welches?
3. Wie mache ich meine Entscheidung zu einem GEWINN für mich und andere?
   Was werde ich dadurch gewinnen, dass ich ein Kanal der Lebensfülle werde und im Wohlstand lebe? Wie werde ich diesen Wohlstand mit anderen teilen, eine Kette der Wohlstandsbildung verursachen? Das Schenken an Fremde signalisiert meinem Unterbewusstsein: Ich habe mehr, als ich brauche.
4. Wie erweitere ich dabei mein GEISTIGES VERMÖGEN?
   Welches geistige Vermögen erwerbe ich jetzt? Wie kann ich meine Wohlstandsbildung planen? Wie entwickle ich finanzielle Intelligenz?
5. Wie optimiere ich dabei meine ENERGETISCHE SIGNATUR?
   Was ändert sich an meiner energetischen Signatur, wenn ich in der Fülle lebe, Kanal der Lebensfülle bin?
6. Nehme ich dabei meine INNERE STIMME wahr? Was sagt sie mir?
   Welchen Weg weist sie mir, um die natürliche Fülle in mein Leben zu leiten und zu führen?
7. Wie mache ich diesen Schritt zu einem SPIEL und genieße es?
   Bereitet diese Aufgabenstellung des Lebens mir noch Mühe oder kann ich daraus ein Spiel machen? Was fehlt mir noch, um es spielerisch genießen zu können?

TEIL 3:

PRÜFUNG BESTANDEN: IHR LEBENSFÜHRERSCHEIN

Irgendwann stellt sich wohl jeder einmal die Frage: War es das schon? War das wirklich alles? Und tief im Innersten ahnt man, dass es ein Leben voller faszinierender Möglichkeiten geben könnte. Eine »konstruktive Unzufriedenheit« entsteht und vielleicht macht man sich auf die Suche nach dem eigentlichen Leben, dem Leben so, wie wir von der Schöpfung »gemeint« sind.

Sie haben sich auf die Suche gemacht, und diese Suche hat Sie bis hierher geführt. Hier erkennen Sie, dass Sie alles, was Sie suchen, bereits in sich tragen, und nur dort können Sie es finden. Der erste Schritt auf diesem Weg ist die Wiederbegegnung mit sich selbst. Der Sinn des Menschseins ist, sein Selbst zu erkennen und als wahrer Mensch zu erwachen.

Wir alle suchen letztlich Erfüllung und glauben anfangs, sie im Außen zu finden. Es beginnt damit, dass wir uns ein schönes Spielzeug wünschen, eine gute Note, dass wir danach streben, eine Prüfung zu bestehen, zu studieren, ein Diplom zu erwerben, einen Titel, eine bestimmte Position.

Jeder sucht Erfüllung woanders. Der eine in einem gesunden Körper und in gutem Aussehen, der andere in Geld und Besitz. Ein Dritter vielleicht im Erfolg oder in der Macht und wieder ein anderer in der Partnerschaft oder in der Anerkennung durch andere.

Das alles aber sind nur Scheinziele, denn selbst wenn ein Wunsch in Erfüllung geht, steht am Ende doch die »Ent-Täuschung«, denn wahre Erfüllung kann man im Außen niemals finden. Erfüllung finde ich nur, wenn ich mich selbst, mein wahres Selbst gefunden habe, denn jede Suche ist immer nur die Suche nach mir selbst.

Du bist auserwählt, du selbst zu sein.

»Ihr sollt vollkommen sein, wie der Vater im Himmel vollkommen ist.« In diesen Worten ist unser ganzer Seinsauftrag enthalten.

Irgendwann kommt im Leben eines jeden Menschen ein einmaliger Augenblick – er wird sich seiner selbst bewusst. Von einem Augenblick zum anderen weiß er plötzlich, wer er ist – wer er wirklich ist. Dieser Augenblick ändert das ganze Leben. Es ist der Schritt – der Quantensprung – von der Kindheit zur geistigen Reife des wirklich erwachten Erwachsenen.

Das ganze Leben ist eine »Forschungsreise ins eigene Bewusstsein«. Es ist die gleiche Erfahrung, die schon der Königssohn Siddharta machte, bevor er Buddha (»der Erwachte«) wurde.

Selbst-Bewusstsein ist das, was ich wirklich bin. Bevor ich »zu Bewusstsein« gekommen bin, lebe ich in der »Illusion des Ich«, der Identifikation mit meinem Körper, meinem Verstand oder meiner Persönlichkeit. Erst wenn ich »zu Bewusstsein« gekommen bin, lebe ich in der Wirklichkeit, erkenne, wer ich wirklich bin.

Alle Dinge geschehen zuerst im Bewusstsein, bevor sie außen, als Realität, »in Erscheinung« treten können. Und wenn das eigene Leben in Unordnung und Chaos erscheint, dann treten auf diese Weise die dunklen Schatten des Unterbewussten in Erscheinung.

Sobald ich »zu Bewusstsein« gekommen bin, lebe ich im Ein-Klang mit meinem wahren Wesen. Erst dann ist wahrer Erfolg möglich, vollkommene Gesundheit, ein erfülltes Leben. Erst dadurch bin ich wirklich auf »meinem Weg« und folge den richtigen Zielen. Ich erkenne mich selbst als Ziel, bin so immer am Ziel und kann »angekommen« leben.

ALLE Probleme kommen aus der »Illusion des Ich«. Ebenso alles Leid. Bewusstsein hat keine Probleme und kennt kein Leid, denn Leid ist immer nur »nicht einverstanden sein mit …«. Bewusstsein aber ist. Im Bewusstsein ist jeder Unterschied zwischen Schein und Wirklichkeit aufgehoben. Zu Bewusstsein kommen beendet alle Probleme, ist das Ende des Leidens.

Mit dem Selbst-Bewusstsein erwacht die Wahrnehmung, das Erkennen der Wirklichkeit HINTER dem Schein. Dadurch wird Denken mehr und mehr überflüssig. Sie hören auf, sich zu »bedenken«, und fangen an, sich zu erleben. Bewusstsein ist das Ende aller Fragen, die ohnehin nur aus dem Verstand kommen. Bewusstsein WEISS!

Je meisterhafter ich das Fahren beherrsche, desto weniger muss ich nachdenken. Das Fahren geschieht wie automatisch, als ob ich auf den Autopiloten umgeschaltet hätte. Aus den anfänglichen Anstrengungen, die das Fahrenlernen mit sich bringt, wird der reine Genuss am Fahren in ganzer Meisterschaft. Ich fahre eigentlich kein Auto mehr, sondern fließe mit meinem Gefährt achtsam und gleichzeitig gedankenlos im Verkehrsfluss.

Selbst-Bewusstsein ist auch das Ende von Krankheit, denn Bewusstsein KANN nicht krank werden.

Auch Ihr Alter ist keine Frage der Zeit, nicht abhängig davon, welches »Baujahr« Ihr Körper hat, sondern eine Frage Ihres Selbst-Bewusstseins. Es ist der Beginn, »alter-los« zu leben, denn Bewusstsein hat kein Alter. Es ist das Ende von Karma, denn Bewusstsein hat kein Karma. Bewusstsein heißt, nach Hause kommen. Das Ende der Illusion und Identifikation und das Eintreten in die Wirklichkeit des SEINS, die Rückkehr in die vergessene Allmacht. Und da Bewusstsein nie geboren wurde, KANN es auch nicht sterben. Es ist die Einladung, die Schöpfung mitzugestalten.

Zu Selbst-Bewusstsein kommen ist nichts, das man einmal erreicht und dann für immer hat, sondern ein lebenslanger Prozess. Am Anfang stehen regelmäßige Meditationen – am Ende ist das ganze Leben eine Meditation. Am Anfang ist Erleuchtung eine einmalige Gipfelerfahrung – am Ende ist das ganze Leben erleuchtet. Erst wenn ich angekommen bin, erkenne ich, dass ich nie weg war, es nie einen Anfang und nie ein Ende gegeben hat.

Auf diesem Weg (der am Ende weg und keiner ist), auf diesem Weg zum erwachten Selbst-Bewusstsein kann es sehr hilfreich sein, sich »infrage zu stellen« und sich den wesentlichen Fragen des Lebens zu stellen.

Der Lebens-Lehrer Sokrates

Wir verehren einige Lebens-Lehrer der Menschheit, die uns zum Selbst-Bewusstsein als Menschen verholfen haben. Dazu gehören Jesus, Buddha, Laotse, Konfuzius, Mohammed, Nagarjuna. Einer der großen Lebens-Lehrer war der griechische Philosoph Sokrates mit den Meisterschülern Plato und Aristoteles.

Sokrates war der Auffassung, dass die »ewigen und wesentlichen Wahrheiten« in jedem verborgen sind und nicht gelehrt werden können. Liebe kann man nicht lehren, nur erwecken. So verstand Sokrates die wahre Lehre als Hebammenkunst (seine Mutter war Hebamme): dem Menschen zu helfen, die in ihm steckende Wahrheit ans Licht zu bringen. Seine Hebammenkunst war das Fragen: Er stellte den jungen Menschen auf dem Marktplatz von Athen Fragen über Fragen. Er hatte nichts zu lehren. Im Gegenteil: Durch seine Fragen wurde den Gesprächspartnern immer bewusster, dass das, was sie scheinbar wussten, nur Scheinwissen war. Vor dem wahren Wissen, dem Selbst-Bewusstsein kommt das »Alles-in-Frage-Stellen«, die Verwirrung, die Irritation, das Eingestehen der Unwissenheit. Bekannt ist der Spruch von Sokrates: »Alles, was ich weiß, ist, dass ich nichts weiß.« Das ist der demütige Anfang allen Wissens, des ALLWISSENS.

Doch im Laufe dieser Gespräche gab es bei den Menschen wunderbare Fortschritte. Die Fragen von Sokrates waren Weckrufe, seine Gesprächspartner erwachten zu ihrem wahren Wissen, das in ihnen war, er erweckte ihr Selbst-Bewusstsein.

Sokrates hat die Menschen zu sich selbst geführt – durch Fragen. Er hat sie zum Denken angeregt: Tiefe Erkenntnis muss jeder für sich selbst finden, findet es in seinem Inneren durch Er-Innerung.

Diese Methode von Sokrates, den Menschen durch Fragen zu ihrem Selbst-Bewusstsein zu verhelfen, war für die Athener Aristokratie so aufrührerisch, dass er zum Tode verurteilt wurde.

Was Sokrates anzettelte, war wirklich eine geistige Revolution: Lass dich durch Fragen aufwecken und gehe in dich, um die Antworten in dir zu finden. Als Lehrer kann ich dir nur helfen, die richtigen, sinnvollen Fragen zu stellen. Gebären musst du die Antworten schon selbst. Die Verantwortung für deine Antworten selbst zu übernehmen ist eine wirkliche GEBURT, eine geistige Geburt. Es hat etwas mit deinem Menschsein zu tun.

Hunderte Jahre später hat der Philosoph der Aufklärung, KANT, in diesem Sinne er-innert: Sei dir deines eigenen Verstandes bewusst und nutze ihn!

Die Wahl, mich für eine neue Ebene des Seins zu entscheiden und neugeboren zu werden

Es ist wie die Verwandlung einer Raupe zum Schmetterling. Sobald sie spürt, dass etwas Neues werden will, verpuppt sie sich, zieht sie sich in einen Kokon zurück. Jetzt, in der Stille, geschieht die Transformation – der Schmetterling wird geboren.

Aber sobald der Schmetterling geboren ist, kann die Raupe nicht mehr Raupe sein. Es gibt sie nicht mehr – sie ist jetzt ein Schmetterling. Aber sie hat keine Ahnung vom Fliegen. Davon hat sie als Raupe nicht einmal geträumt. Sie hat Angst, herunterzufallen, versucht vielleicht, durch die Luft zu kriechen, wie bisher auf der Erde. Aber die bisherige Erfahrung hilft jetzt nicht mehr – sie MUSS fliegen lernen. Doch eine Raupe kann nicht fliegen; erst wenn sie sich bewusst als Schmetterling erkennt, sich mit sich selbst identifiziert, ist es plötzlich ganz einfach. Der Schmetterling ist noch nie geflogen, aber JETZT kann er es, kann sich über sein bisheriges Dasein erheben und das Fliegen genießen.

Eine Raupe aber, die kein Schmetterling wird, stirbt, bevor sie wirklich gelebt hat.

Es kommen neue Herausforderungen auf den Schmetterling zu, neue Risiken und neue Chancen – ein neues Leben. Neugeboren in ein Leben auf einer anderen Ebene des Seins.

Das Leben wirklich »er-leben«

Der Sinn des Lebens ist, es wirklich zu erleben. Nicht nur zu existieren, zu funktionieren, zu überleben. Wenn man Leben einfach lebt und wahrnimmt, was gerade geschieht, ist alles ganz einfach. Zum wirklichen Leben gehört auch die Entscheidung, ALS WER ich das Leben erlebe. Ob ich mein Ich glücklich machen will oder MICH SELBST. Es ist auch die Entscheidung, wirklich im HIER und JETZT zu leben, denn Leben findet nur JETZT statt. Ich kann nicht vorhin leben und auch nicht nachher.

Dabei brauche ich mein Ego weder zu bekämpfen noch zu unterdrücken oder zu ignorieren, sondern erkenne es als meinen Freund und Lehrer und als einen wichtigen Teil von mir selbst: den Teil meines Selbstes, der sich als Individuum erleben möchte. So sind ALLE meine Eigenschaften gleich gut und richtig, auch die, die ich vielleicht noch ablehne.

Wie Sokrates es lehrte: Worauf es ankommt, ist, mich zu »erinnern«. Nicht als ein Ich ins Selbst zu gehen, sondern als Selbst im Ich meinen individuellen Ausdruck zu finden. Und dabei stets im Selbst-Bewusstsein zu bleiben.

Erinnern heißt also, sich ständig der eigenen Wirklichkeit bewusst zu bleiben, während ich als Ich in Erscheinung trete. Aus dieser inneren Wirklichkeit heraus denken, fühlen, reden, handeln und SEIN. Erinnern heißt, die eigene Vollkommenheit immer mehr zu »ent-decken« und bewusst zu erleben. Letztlich heißt erinnern, ankommen bei sich SELBST.

Erinnern ist »vollziehend erleben«, sich in JEDEM AUGENBLICK entsprechend dem Grad der Erinnerung und des Erwachens zu verändern, zu wandeln zu dem, der ich BIN. Vollziehend erleben heißt, seine Erinnerung lebendig werden zu lassen. Vollziehend erleben heißt letztlich, leben und wahrnehmen als LEBEN SELBST: ICH BIN DAS LEBEN. Leben im unendlichen kosmischen Bewusstsein, im universellen Denken und wahren Selbst-Bewusstsein. Leben als der, der ich wirklich bin. Und dabei ständig mein Leben zum Vollkommenen hin wandeln.

Leben wirklich zu erleben heißt vor allem, in einer ständigen inneren Freude zu leben, und diese Freude nicht nur zu denken, sondern auch wirklich zu fühlen. Und dabei wieder die »Ästhetik des Handelns« zu entdecken. Mich also nicht nur aus einem Anlass heraus zu freuen, sondern mich an meinem ewigen Sein zu erfreuen. Dabei auch scheinbar Unangenehmes genießen zu lernen. Zu erkennen, dass es ganz gleichgültig ist, ob Dinge angenehm oder unangenehm sind, sondern worauf es ankommt, ist, sie bedingungslos und intensiv zu erleben. So wird die Freude letztlich zum Weg zu mir selbst.

Was ist »er-innern«?

Ich kann mich zunächst einmal an Dinge und Situationen erinnern, die ich erlebt habe, also an eigene Erlebnisse und Erfahrungen. Die können aus diesem oder aus einem früheren Leben stammen, an das ich mich auch erinnern kann, oder ich kann mich an die Zukunft erinnern, indem ich in die Zeitlosigkeit gehe und damit ins ewige Jetzt. Ich kann also etwas erleben, das schon geschehen ist, wenn auch in der Zukunft. Das ist ein Im-Hier-und-Jetzt-lebendig-werden-Lassen.

Ich kann mich aber auch an Wirklichkeit er-innern, indem ich mein wahres inneres Sein wieder erlebe, erfahre – weiß: Das ist das, was immer war und immer sein wird, das ewig Unveränderliche in mir. Ich kann mich also an den erinnern, der ich wirklich bin. Das ist das, was hinter allem ist, die Wirklichkeit hinter dem Schein. Aus dieser Wirklichkeit entsteht alle Illusion, entsteht das, was Realität erst werden lässt, aus ihr kommt alles hervor und »tritt in Erscheinung«. Erinnern heißt, sich der eigenen Wirklichkeit bewusst werden und erkennen, dass der erwünschte Zustand nicht geschaffen werden muss, sondern mein wahres Wesen ist. Sobald ich mir dessen wieder bewusst bin, kann ich meine bisherige Identifikation mit der Illusion lösen und mich wieder mit der Wirklichkeit meines Seins identifizieren.

Erinnern heißt zu wissen: SO IST ES – und damit eins zu sein.

Erinnern heißt eintreten in die Eine Kraft, die wirkt und die wir sind, denn in der Wirklichkeit ist das Wir enthalten. Wir sind Ausdruck dieser Einen Kraft.

Erinnern ist auch, »im Innersten« diese eine Wirklichkeit spüren, als diese Wirklichkeit leben und sein und aus dieser Wirklichkeit denken, reden und handeln. Sein als Ursprung und Quelle.

Erinnern heißt zu erkennen, dass alles, was ist, ein Ausdruck dafür ist, wie Wirklichkeit »in Erscheinung tritt«. Es ist das Erkennen der Weisheit in dir, wo sie seit Ewigkeiten darauf wartet, ALS ICH in Erscheinung zu treten. Das Außen ist Aus-Druck der innewohnenden Kraft und Weisheit. »ER« ist »INNEN«. In ALLEM, was ist, steckt diese »innewohnende Wirklichkeit«. In der Wirklichkeit ist nicht nur das WIR enthalten, sondern auch das »Ich«.

Diese Weisheit der Sprache wird auch deutlich in dem Wort LICHT. Zwischen dem L wie Leben und dem T wie Tod steht das »Ich«.

Er-innern ist die Aufmerksamkeit richten auf die innewohnende Kraft, auf die Wirklichkeit im Innersten ALL-EIN-SEIN, denn diese Wirklichkeit ist in allem, was ist.

Vollkommenheit und Erleuchtung sind mein wahres Wesen. Evolution ist, sich dessen immer mehr und letztlich wieder vollkommen bewusst zu werden. Erinnern heißt, seine eigene Vollkommenheit mehr und mehr zu »ent-decken« und zu erleben. Die eigene Größe zu erkennen und zu erkennen: Ich bin die ganze Zeit am Ziel. Das Höchste, was ich mir vorstellen kann, und weit mehr BIN ich bereits.

Ich bin nur in die Begrenzung der menschlichen Erfahrung gegangen, um mir die eigene Vollkommenheit bewusst zu machen und sie zu erleben. Er-innern heißt also, im Bewusstsein der Vollkommenheit aus dieser inneren Wirklichkeit heraus zu leben – sie wirken zu lassen. Als ungetrennter Teil des EINEN BEWUSSTSEINS zu leben und meine Absicht, hier zu sein, zu erkennen und zu verwirklichen.

Ich muss nicht mehr vollkommen und erleuchtet werden, ich muss endlich anfangen, es zu sein. Da ist kein Hindernis, nichts, das ich erst noch abwarten müsste, das Abenteuer des eigentlichen Lebens kann und sollte IN DIESEM AUGENBLICK beginnen.

Voraussetzung zum Er-innern ist der Glaube, dass da etwas zu erinnern ist, und die Gewissheit, dass ich es erreichen kann, ja, dass ich es BIN. Dass ich in Wirklichkeit den Kontakt ja nie verloren habe, nie verlieren kann, denn das ist das Einzige, was ich wirklich bin. Dass ich nur in die »Illusion der Trennung« gegangen bin, die in Wirklichkeit nie bestand.

Er-innern ist, durch die verschiedenen Identifikationen hindurchsehen und hindurchgehen auf die Wirklichkeit an sich und IN sich. Ich kann mich aber auch über das Außen erinnern, denn diese Wirklichkeit ist das Wesentliche an JEDER Illusion. Und so kann ich die eine Wirklichkeit überall finden. So kann ich mich »in alles hinein-er-innern« und seinen Ursprung erkennen, und dann finde ich MICH. Er-innern heißt zu erleben, ICH BIN der Ursprung von ALLEM, was ist.

Er-innern heißt auch, die Trennung vom DU zu lösen. Auch DU bist ein Teil des LEBENS – und so auch meines Lebens. Ich er-innere mich, dass ich nie getrennt war von DIR. Ich bin nur Mensch in der Gemeinschaft mit DIR. DU hast mich gezeugt, DU hast mich geboren, DU hast mit mir gesprochen, DU hast die Liebe in mir geweckt, DU gehörst zum Sinn meines Lebens. DU hast mich beschützt. DU hast mir geholfen. DU hast mich geführt. DU hast mir gedient. Ohne D-ICH wäre ICH N-ICH-T.

Mein Selbst-Bewusstein ICH BIN erkennt auch dein Selbst-Bewusstsein: DU BIST. Im Bewusstsein sind wir IMMER EINS.

Er-innern heißt, als der zu LEBEN, der ich in Wirklichkeit bin. Heißt, in die Vollmacht und damit in die Allmacht zurückzukehren. Mein Leben und meine Zukunft und alle Umstände nach Belieben zu gestalten, aber mich auch als Mitschöpfer des Ganzen zu erkennen und die Schöpfung mitzugestalten. Er-innern heißt, wieder IN und AUS dieser Wirklichkeit zu leben, zu handeln – zu SEIN.

Letztlich heißt er-innern: erwachen zu sich selbst, erwachen ins Leben, erwachsen werden und ankommen in der Gemeinschaft des Mensch-Seins. Er-innern ist die ständige Kontaktaufnahme zum UR-SPRUNG, eine ständige Wieder- und Neugeburt.

Lebe DEIN Leben!

Viele verstehen zu träumen, aber nur wenige verstehen aufzuwachen und zu leben. Diese drei kleinen Worte »Lebe dein Leben!« sind eine ganze Lebensphilosophie und der Schlüssel zu Ihrem Glück. Schauen wir uns einmal ein Wort nach dem anderen genau an:

LEBE dein Leben! Wir leben, um wirklich zu leben. Haben Sie heute schon gelebt? Haben Sie überhaupt schon einmal gelebt? Die meisten existieren und funktionieren bloß.

Leben kann man nur jetzt! Nicht vorhin und nicht nachher, nur jetzt! Also schauen Sie einmal auf diesen Augenblick jetzt und leben Sie bewusst.

War das, was ich bisher gemacht habe, wirklich Leben? Nicht aus Programmen, Mustern, Rollen, sondern aus Ihrem Sosein. Echt, ehrlich, authentisch.

Genießen Sie diesen Augenblick, lernen Sie auch Schwierigkeiten zu genießen. Was passiert denn schon – Sie LEBEN!

Lebe DEIN Leben! Wessen Leben wollen Sie denn leben? Wollen Sie Ihr Ich glücklich machen oder sich selbst? Das sind zwei ganz verschiedene Wege. Kennen Sie sich wirklich? Wie wollen Sie IHR Leben leben, wenn Sie sich gar nicht richtig kennen?

Leben ist ein Wunder. Der zuverlässigste Weg, sein Leben zu verpassen, ist, eine bestimmte Vorstellung davon zu haben.

Erleben Sie es doch einfach, sonst erleben Sie nur Ihre Vorstellung vom Leben. Leben ist keine Philosophie und keine Rechenaufgabe, sondern ein Geschenk, das Sie genießen sollten. Hören Sie auf zu »müssen«! Sie müssen nicht: sich entwickeln, erleuchtet werden, das Richtige tun, an sich arbeiten, eine Aufgabe erfüllen! Sie sollten nur leben und SIE bestimmen, was das heißt. Lassen Sie alles los, was Sie noch vom Leben trennt, die Erwartungen der anderen, sogar die eigenen Wünsche, geliebt werden zu wollen usw. Erleuchtung ist nichts anderes, als die Wahrheit über sich selbst zu erkennen.

Sagen Sie bedingungslos ja zu sich und Ihrem Leben und genießen Sie den Weg. Das Leben ist ein Wunder, und Sie sind ein Wunder, lassen Sie dieses Wunder Wirklichkeit werden.

Lebe Dein LEBEN! Verzaubern Sie Ihren Alltag, machen Sie aus einem ganz normalen Alltag etwas ganz Besonderes. »Zelebrieren« Sie Ihr Leben. Entdecken Sie Ihre Individualität. Haben Sie den Mut, Sie selbst zu sein, und versuchen Sie nicht mehr, normal zu sein. Wer das tut, was alle tun, der erreicht auch nur das, was alle erreichen. Was möchten Sie am liebsten ab jetzt tun? Wie sollte Ihr Leben im Idealfall aussehen? Was hindert Sie eigentlich noch daran, so zu leben? Welche Ausrede haben Sie noch dafür, nicht wirklich Ihr Leben zu leben? Sie sind etwas ganz Besonderes. Sie sind einmalig, stehen Sie dazu! Leben ist mehr als nur älter zu werden.

Hören Sie auf zu werden und fangen Sie an zu sein!

Beginnen Sie jetzt, in diesem Augenblick, so zu sein, dass Sie jederzeit und am Ende sagen können: ICH HABE WIRKLICH ALS MENSCH GELEBT!

Nicht dass am Ende nur die eine Frage steht: »Warum hast du nicht gelebt und warst nicht du selbst?«

»Lebe dein Leben!« mit anderen Worten: Steig ein in dein Auto (statt es nur von außen zu bewundern), steuere es selbst (statt dich fahren zu lassen, wohin andere wollen) und führe es, wohin immer du willst (statt dich treiben zu lassen).

Das CHARISMA der Selbst-Prüfung: Woran Sie erkennen, dass Sie die Prüfung für den Lebensführerschein bestanden haben

Wir erhalten den Führerschein, nachdem wir die Fahrprüfung theoretisch und praktisch bestanden haben. Dabei müssen wir nicht beweisen, dass wir das Autofahren bereits voll und ganz beherrschen. Mit dem Erwerb des Führerscheins sind wir noch lange kein Formel-1-Pilot. Wir können keinen Lastwagen lenken, haben keinen Personenbeförderungsschein für einen Bus, können erst recht kein Flugzeug oder gar eine Raumfähre steuern. Wir haben lediglich bewiesen, dass wir die Verkehrsregeln kennen, unfallfrei fahren können und keine Gefahr für andere Verkehrsteilnehmer darstellen. Der Führerschein ist erst der Anfang, um das Autofahren zu meistern, wir haben die »Fahrerlaubnis«. Jetzt bin ich als Autofahrer selbstständig, habe auf dem Fahrersitz Platz genommen und kann ein Auto selbst steuern. Dabei macht – wie alles im Leben – die Übung den Meister.

Der Lebensführerschein ist auch ein Anfang: die Geburt des Erwachsenen-Ich. Wir sind zum MENSCH-SEIN erwacht. Das eigentliche, selbst-bewusste Leben als Mensch kann beginnen. Was aber macht den »Quantensprung« vom Kinder-Ich zum Erwachsenen-Ich aus? Worin besteht der Unterschied?

Bildlich gesprochen identifizieren wir uns nicht mehr mit dem »falschen Selbst« (der falschen, künstlichen Perle), sondern sind wieder in Kontakt mit unserem wahren Wesen, unserer wahren Natur, der »kostbaren Perle« in uns. Diese Antwort ist nun noch nicht sehr praktisch, denn in der Praxis sind falsche und echte Perlen leicht zu verwechseln.

Um sie genauer unterscheiden zu können, kann uns ein wenig Psychologie guttun, kann uns speziell der Psychologe Abraham Maslow helfen, der eine neue, humanistische Psychologie der Selbstverwirklichung entwickelt hat. Ihn hat nicht der kranke Mensch interessiert, sondern der gesunde. »Was sind die Eigenschaften eines gesunden, wahren Menschen?« ist die FRAGE, die sein ganzes Lebenswerk bestimmte.

Wer Maslow kennt, hat wahrscheinlich sofort die Assoziation mit der Bedürfnispyramide, durch die er allgemein bekannt geworden ist. Diese Interpretation Maslows kommt aber nicht an das Wesen seiner neuen Psychologie heran, ist eher »Maslow für den Kindergarten«. Denn mit der Bedürfnispyramide ist Maslow gründlich missverstanden worden. So begreift ein bedürftig gebliebenes Ich seine Psychologie! Doch mit Maslow ist die Psychologie erwachsen geworden. Und nur das Erwachsenen-Ich hat einen Zugang zum Neuen der Maslow'schen Psychologie. Die charismatische Persönlichkeit hat keine Löcher mehr in ihrer Ausstrahlung, sondern erstrahlt aus ihrem inneren Licht der Fülle. Dieser Unterschied zwischen Bedürftigkeit und Fülle, den die Maslow'sche Psychologie macht, ist sehr spannend – und deshalb lade ich Sie herzlich zu einer kleinen Exkursion in die Psychologie ein:

Maslow ging es nicht um Bedürfnisse, sondern um Motivation! Er hat nicht von einer Pyramide gesprochen, sondern von einer Hierarchie. Ihm ging es – mit anderen Worten – nicht um eine »Bedürfnispyramide«, sondern um die Hierarchie menschlicher Motivation.*

Was ist der Unterschied? Das ist genau der zwischen dem abhängigen und bedürftigen Kind und dem Erwachsenen, der kein Bedürftiger mehr sein sollte! Es ist der Quantensprung. Wir sind ganz nahe dran und es lohnt sich, hier Maslow etwas genauer zurate zu ziehen.

Der Witz und Kern an der Sache ist, dass Maslow »Mangel-Motivationen« und »Wachstums-Motivationen« unterscheidet. Er machte als humanistischer Psychologe erstmals klar: BEDÜRFNISSE sind Mangel-Motivationen. Wer sich von Bedürfnissen oder Begierden motivieren lässt, der lässt sich vom Mangel motivieren: Ihm fehlt etwas: Ich arbeite, weil mir Geld

---

* Genaueres im Leser-Service zum Buch (S. 273ff.)

fehlt. Ich gehe eine Beziehung ein, weil mir Sicherheit und Geborgenheit fehlt. Ich rauche, weil mir die Brust fehlt. Ich trinke Alkohol, weil mir der Lebensfluss fehlt. Ich sehe fern, weil mir die Tiefe und Erfahrungsvielfalt in meinem eigenen Leben verloren gegangen ist.

Maslow hat gezeigt, dass es ein JENSEITS der Bedürfnisse gibt. Es ist der Quantensprung aus dem MANGEL in die FÜLLE. Dieses »Jenseits der Bedürfnisse« nennt er »Selbst-Verwirklichung«. Damit hat er eine ganz neue Psychologie entwickelt, eine Psychologie der Fülle, eine erwachsen gewordene Psychologie. Er hat die Aufmerksamkeit der Psychologie weg vom Kind und seinen Tränen hin auf den Erwachsenen und sein Glück gerichtet.

Er hat diese »Selbstverwirklichung« nicht als Bedürfnis beschrieben. Die sogenannte »Spitze der Bedürfnispyramide«, die Selbst-Verwirklichung, ist gar kein Bedürfnis und erst recht nicht das Ende, sondern der Anfang. Es ist der Anfang einer Lebensmotivation, die keine kindlich-emotionalen Löcher mehr heraus verwirklicht. Die sogenannte Bedürfnispyramide ist eine oberflächliche Vereinfachung der Maslow'schen Psychologie der Selbstverwirklichung: Bauklötzchentürmen im Kindergarten.

Halten wir fest: Es gibt ein Leben jenseits der Bedürfnisse. Mehr noch, damit fängt das eigentliche, das erwachsene Leben erst an! Hiermit beginnt das Wachstum aus der Fülle. Wer in der FÜLLE lebt, hat keine Bedürfnisse mehr, ist »wunschlos glücklich«. Machen wir es an einem ganz einfachen Beispiel noch einmal deutlich:

Was brauchen wir (physisch gesehen) am meisten zum Leben? Sauerstoff! Ohne ihn können wir nur Minuten überleben. Bei Wasser sind es Tage, bei Nahrung Monate. Und? Haben Sie ein Bedürfnis nach Sauerstoff? Während unsere Sprache »Durst« und »Hunger« kennt, haben wir nicht einmal ein Wort für das »Bedürfnis nach Sauerstoff«. Wir haben kein Bedürfnis nach Sauerstoff, weil Sauerstoff in der Regel »in

Hülle und Fülle« vorhanden ist. Bedürfnisse entstehen nur dann, wenn etwas fehlt. In der Fülle gibt es keine Bedürfnisse.

Und was brauchen wir psychisch gesehen am meisten im Leben? Liebe! Was heißt es denn dann, wenn wir ein »Bedürfnis nach Liebe« haben? Wir leben nicht in der Fülle, sondern in einem »Erstickungszustand«.

Stellen Sie sich vor, ein Kind wüchse in einer bedingungslos liebevollen Atmosphäre auf, würde Liebe in »Hülle und Fülle« erleben. Würde es jemals ein Bedürfnis nach Liebe empfinden? Wohl kaum. Es wäre selbst ein Kanal der Liebe und hätte absolut vollkommenes Vertrauen ins Leben und in sich selbst.

Wenn uns diese Liebe fehlt, wir von klein an in einer liebesarmen Atmosphäre leben, dann leben wir psychisch nahe am Erstickungstod, und wir leben nur noch nach einem überlebensnotwendigen »Notprogramm«.

Unsere ganze akademische Bedürfnispsychologie ist eine reine »Mangel-Psychologie«. Maslow war es, der die ersten Schritte in eine »Psychologie der Fülle« gewagt hat: die Verwirklichung des SELBST.

Der Schlüssel zur Fülle

Fülle ist ein Grund- und Lebensprinzip des Universums. Das gilt natürlich ebenso für den persönlichen Bereich. Persönliche Fülle heißt, dass Sie ALLES, was Sie zum vollkommenen Ausdruck Ihres Lebens brauchen: Dinge, Begegnungen, Ereignisse, Zufälle im gleichen Augenblick zur Verfügung haben. Dazu gehört auch die Fülle an Freude und Lebensintensität.

Viele Menschen haben diese Fülle bereits im negativen Bereich verwirklicht und haben eine Fülle an Schwierigkeiten, an Problemen und Ärger, eine Fülle an Disharmonie und Krankheitssymptomen, eine Fülle an Lektionen. Das kommt daher, dass sie ihr Bewusstsein auf die Schwierigkeiten gerichtet halten, und so fließt die Fülle der schöpferischen Kraft dorthin und verwirklicht dort die Fülle.

Zur Fülle gehört auch, dass bei der Lösung einer Aufgabe alle Beteiligten gewinnen, sonst ist es keine Lösung.

Wenn Sie also wahre Fülle in Ihrem Leben verwirklichen wollen, müssen Sie zunächst einmal Ihr Bewusstsein von den Schwierigkeiten abziehen und es auf die unbegrenzten Möglichkeiten des Lebens gerichtet halten. Sich bewusst machen, dass alles jederzeit möglich ist. Nur Ihr Glaube, Ihre bewussten und unbewussten Überzeugungen setzen Ihren Möglichkeiten Grenzen, die aber jederzeit aufgehoben werden können.

Wenn Sie etwas zum Leben benötigen und es bisher nicht bekommen haben, dann müssen Sie das erfolgreich verhindert haben. Also könnten Sie sich fragen: »Womit verhindere ich derzeit die Fülle in meinem Leben?«

Die nächste Frage ist: »Mit welcher Überzeugung könnte ich genau das Erwünschte in meinem Leben manifestieren?« »Welche Überzeugung müsste ich haben, damit es ganz natürlich zu mir gehört?« Dann wählen Sie einmal ganz bewusst diese Überzeugung und halten Sie sie in Ihrem Bewusstsein. Indem Sie sich mit der Erfüllung identifizieren, machen Sie aus einer Möglichkeit der Zukunft eine Realität der Gegenwart.

Der Weg, um dorthin zu gelangen, setzt den Zustand des Dortseins voraus. Wichtig ist nicht, was Sie schon erreicht haben, sondern dass Sie den Manifestierungsprozess beherrschen. Dann können die allgemeinen Umstände noch so ungünstig sein, die wirtschaftliche Lage noch so schwierig, Sie schaffen sich Ihre eigenen Umstände und Voraussetzungen. Halten Sie Ihr Bewusstsein auf Ihre Absicht gerichtet und schauen Sie zu, wie Ihre schöpferische Kraft diese Absicht Realität werden lässt, oft auf einem ganz ungewöhnlichen Weg und zu einem ganz unerwarteten Zeitpunkt. Wenn Sie das wirklich tun, werden die Ergebnisse Ihre Erwartungen meist noch übersteigen.

Voraussetzung dafür ist jedoch die feste Absicht als Vision, nur »möchten« genügt nicht. Nutzen Sie die »Macht der unwiderruflichen Entscheidung«. Wenn Sie sich dabei anstrengen, machen Sie gerade etwas falsch. Manifestieren ist vollkommen mühelos.

Wahre Fülle meint aber vor allem Erfüllung. Richten Sie daher Ihr Bewusstsein vor allem darauf, was Sie wirklich erfüllt. Indem Sie das tun, befinden Sie sich auf einem Weg stark beschleunigter persönlicher Entwicklung und das ist das Beste, was Sie für die Welt tun können.

Während ich das tue, was mich erfüllt, fließt mir alles zu, was ich brauche.

Erst damit sind Sie wirklich im Ein-Klang mit der Schöpfung. Wenn noch etwas in Ihrem Leben fehlt, dann deshalb, weil Sie damit noch nicht im Ein-Klang sind. Das Gesetz der Resonanz verhindert dann zuverlässig, dass es sich in Ihrem Leben manifestieren kann. Im Ein-Klang-Sein macht Sie für die Verwirklichung geradezu magnetisch.

Manche Menschen wollen mehr Geld, weil sie glauben, dann hätten sie keine Probleme mehr, oder weil sie sich sicherer fühlen möchten. Aber ein Leben ohne Herausforderungen wäre inhaltslos und Sicherheit entsteht nicht aus einer Anhäufung von Reichtum. Wenn Sie unsicher sind, wird mehr Geld nur Ihre Unsicherheit verstärken und Ihnen noch mehr Probleme bringen.

Beginnen Sie JETZT, Ihren Wunschtraum zu verwirklichen.

Fragen Sie: »Was würde mich erfüllen? Was interessiert mich am meisten? Was versetzt mich schon bei dem Gedanken daran in freudige Erregung?«

Träumen Sie Ihren Traum, aber wachen Sie dann auf, um ihn zu verwirklichen! Fangen Sie gleich an, Ihren Traum zu leben! Machen Sie sich auch bewusst, dass es nicht schöpfungsgerecht ist, arm zu sein und im Mangel zu leben. Es gibt nicht einen begrenzten Vorrat an Wohlstand, sondern es ist genug für alle da. Sie nehmen niemandem etwas weg, wenn Sie sich nehmen, so viel Sie wollen, sondern dadurch mehren Sie den Wohlstand der Welt.

Wer sagt denn, dass finanzieller Reichtum unspirituell sei? Er verhilft im Gegenteil zu Unabhängigkeit, zu Selbstständigkeit und größerer Freiheit. Erlauben Sie sich daher, unbegrenzt zu denken und zu träumen. Lassen Sie Ihre Fantasie frei. Aber konzentrieren Sie sich auf das, was Sie WIRKLICH wollen. Alles, was Sie mit Freude tun, ist Ursache für mehr Freude in Ihrem Leben.

Achten Sie darauf, dass Sie für JEDEN Augenblick Ihres Lebens einen angemessenen Gegenwert in Form von etwas erhalten, das FÜR SIE von Wert ist. Das kann Geld sein oder Freude und Erfüllung. Wenn Sie das, was Sie tun, aber selbst nicht wertschätzen, wird es auch das Leben nicht für Sie tun. Machen Sie sich bewusst, dass Sie einzigartig sind, und lassen Sie auch Ihr Tun einzigartig werden.

Das größte Geschenk, das Sie anderen machen können, ist das Beispiel Ihres eigenen, erfüllten Lebens.

Fahren Sie immer mit einem vollen Tank durchs Leben. Was nutzt Ihnen ein Führerschein, ein eigenes Auto, das Sie selbst steuern dürfen, wenn Sie kein Benzin im Tank haben?

Die Prüfung für den Lebensführerschein: der Einklang mit den Lebensregeln

In der lebensfremden Schule haben wir nicht gelernt, wie man wirklich lebt. Das lernen wir in der »Schule des Lebens«. Prüfen Sie einmal, ob Sie mit den Lebensregeln im Einklang sind. Gehen Sie mit jeder dieser Regeln einmal bewusst in Resonanz. Was schwingt bei Ihnen mit? Wo fehlt es an Einklang? Welche Botschaft erkennen Sie dabei?

Das LEBEN ist alles. Nichts kann außerhalb des Lebens existieren. Alles, was ist, ist erfüllt vom Leben.

Ich bin ein Teil des Lebens. Das Leben liebt mich. Es will mein Bestes und ist das Beste für mich. Es unterstützt und hält mich. Ich kann dem Leben vollkommen vertrauen. ICH BIN das Leben.

- Wie tief ich auch falle, ich falle ins Leben, in seine Arme, die mich auffangen. Ich kann nicht aus dem Leben herausfallen. Das Leben trägt mich, ernährt mich, gibt mir Sicherheit und Geborgenheit, Verbundenheit mit allem. Es ist IMMER ALLES da, was ich brauche. An dem, was DA ist, erkenne ich auch, was ich wirklich brauche.
- Auch der Tod ist ein Teil des Lebens. In meinem Körper sterben täglich Millionen von Zellen, um neugeborenen, frischen Zellen Platz zu machen. Der Tod ist ein Lebensprinzip für die Wiedergeburt. Der Schmetterling kann erst entstehen, nachdem die Raupe gestorben ist. Angst ist die Illusion, vom Leben getrennt zu sein. Meine Ängste, mein Misstrauen, meine Schuldgefühle, mein Ärger, meine Sorgen, meine Eifersucht, meine Einsamkeit … alles Trennungen vom Leben, alles nicht gelebtes Leben.
- Angst trennt mich von meinem wahren SELBST, von meiner inneren, kostbaren Perle. Angst ist ein leidvolles und schmerzhaftes Zusammenziehen zu einem falschen Selbst, einer künstlichen Perle, mit der ich mich fälschlicherweise identifiziere.
- Das Leben ist LIEBE. Je mehr ich mich der Liebe öffne, desto mehr öffne ich mich dem Leben. Ich-Selbst lebe in einem Meer von Liebe, das alles Lieblose wegspült und das Leben liebenswert macht. Liebe erweckt, macht wach und ist der Motor für Wachstum. (Ich liebe mich, so wie ich bin. Ich liebe das Leben, so wie es ist.)
  ICH BIN die Liebe.
- Das Leben ist WAHRHEIT. Je mehr ich mich der Wahrheit und Transparenz öffne, desto mehr öffne ich mich dem Leben. Ich-Selbst lebe in einem Meer von Wahrheit, das alles Betrügerische, alle Falschheit, jede Schuld wegspült. (Meine Gedanken sind so rein und unschuldig, dass jeder sie lesen dürfte.)
  ICH BIN die Wahrheit.

- Das Leben ist WEISHEIT. Je mehr ich mich der Weisheit öffne, desto mehr öffne ich mich dem Leben. Ich-Selbst lebe in einem Meer von Weisheit, das alle Kontrollsucht wegspült. (Ich plane nicht mehr gegen das Leben, sondern ordne mich der Weisheit des Lebens unter. Ich wehre mich nicht mehr gegen das Leben, mache ihm keine Vorschriften mehr, wie es zu funktionieren habe.)
  ICH BIN die Weisheit.
- Das Leben ist KRAFT. Je mehr ich mich der Lebenskraft öffne, desto mehr öffne ich mich dem Leben. Ich-Selbst lebe in einem Meer von Kraft (die ich leicht in der Natur erkenne), das alle Kraftlosigkeit, Lebensmüdigkeit wegspült. (Ich erlebe wieder die Kraft meiner wahren Natur, lasse meinen Körper sich selbst heilen, missachte und missbrauche ihn nicht mehr, komme wieder in Kontakt mit meiner Lebens-Vitalität.)
  ICH BIN die Kraft.
- Das Leben ist ALLWISSEN. Je mehr ich mich dem Allwissen in mir öffne, mich seiner er-innere, desto mehr öffne ich mich dem Leben. Ich-Selbst lebe in einem Meer von Wissen und Bewusstsein, das alle Unwissenheit und Dummheit, Unbewusstheit und Verschlafenheit wegspült. Ich öffne mich der Intuition und schließe mich an das Allwissen, die Bewusstheit des Lebens an. (Was sollte es geben, was das Leben nicht wüsste? Ich erinnere mich, was ich alles weiß. Allwissen ergreift mich, wenn ich mich dem Nicht-Wissen öffne. Wie Sokrates es sagte: Ich weiß, dass ich nichts weiß.)
  ICH BIN Bewusstsein.
- Das Leben ist URSPRUNG. Es ist immer die Ursache eines jeden Augenblicks. Je mehr ich mich diesem Ursprung des JETZT öffne, desto mehr öffne ich mich dem Leben. Ich-Selbst lebe in einem Meer von ständig neuem Ursprung, das alle Nicht-Präsenz, alles Nicht-da-Sein, jeden Rückzug, jede Isolation hinwegspült. (Ich spüre meine Lebendigkeit in jedem Augenblick. Wie das Leben mich erfüllt, so bin ich

auch in jedem Augenblick SELBST Ursprung des Lebens, werde in jedem Augenblick wiedergeboren.)
ICH BIN der Ursprung allen Lebens.

- Das Leben ist HARMONIE. Je mehr ich mich der Harmonie des Lebens öffne, desto mehr öffne ich mich dem Leben. Ich-Selbst lebe in einem Meer von Harmonie, die jede Disharmonie im Leben hinwegspült. (Ich lasse Harmonie und Heilung einfach geschehen. Ich gebe mich dem Leben hin.)
  ICH BIN die Harmonie.
- Das Leben ist WILLE. Je mehr ich mich dem Willen des Lebens öffne, desto mehr öffne ich mich dem Leben. Ich-Selbst lebe in einem Meer von Willen, das jeden Eigenwillen und jede Manipulation anderer, Strebsamkeit und Karrieresucht hinwegspült. (Am besten ist es, wenn der Wille des Lebens mein eigener Lebenswille ist. Ich lasse jedem anderen auch seinen Lebenswillen. So wird er auch zu meinem eigenen.)
  ICH BIN der Wille.
- Das Leben ist VOLLKOMMENHEIT. Je mehr ich mich der Vollkommenheit des Lebens öffne, desto mehr öffne ich mich dem Leben. Ich-Selbst lebe in einem Meer von Vollkommenheit, das jeden falschen Perfektionismus und jede Unzufriedenheit hinwegspült. (Alles ist in Ordnung, so wie es ist. Die Ordnung des Lebens organisiert sich vollkommen selbst.)
  ICH BIN die Vollkommenheit.
- Das Einzige, was mich wirklich verwandeln kann, ist das Leben SELBST. Aus diesem Bewusstsein heraus klären sich alle Lebensfragen.

Wer nach diesen Lebensregeln lebt, für den wird das Leben ein müheloses Spiel, ein leichter Tanz, ein liebevoller Kanal für die höchste Vision dessen, was man IST. Je mehr sich diese lichtvolle Vision der echten Perle zeigt, desto mehr Charisma erstrahlt aus unserer Persönlichkeit.

Das ist die andere Seite der Prüfung zum Lebensführerschein. Ihre Anfänge des selbstständigen Autofahrens mögen noch etwas unbeholfen sein, doch Sie werden tagtäglich souveräner, ein Autofahrer mit Charisma!

Charisma

Charisma ist die Ausstrahlung eines Menschen aus der Fülle des inneren Lichtes. Eine bedürftige Person hat kein Charisma. Ausstrahlen kann nur etwas, das da ist, und was da sein könnte, ist das Wesen des Menschen, sein wahres Selbst. Die Ausstrahlung wird konzentriert, wenn sie sich in einer bestimmten Aufgabe, einer Mission ausdrückt.

Wir sprechen von Charisma, wenn ein Mensch eine starke Ausstrahlung besitzt und damit auf die anderen anziehend wirkt. Charisma ist nicht an Alter, Geschlecht, Position oder Leistung gebunden. Es ist auch keine besondere Gabe, die ein freundliches Schicksal an wenige Auserwählte verschenkt, sondern kann von jedermann entwickelt werden und tritt ganz natürlich in Erscheinung, je mehr ich echt, ehrlich und authentisch bin, mit einem Wort: je mehr ich der bin, der ich in Wirklichkeit bin – ICH SELBST!

Ich habe viel Charisma, wenn ich ganz im Einklang mit mir selbst und dem Leben, das heißt auch dem Augenblick bin, wenn ich »synchron« mit dem Zeitstrom lebe. Wenn ich voll im Lebensfluss stehe, ganz in meiner Mitte bin. Wenn mein Bewusstsein ganz weit ist und damit viele erreicht.

Sobald ich mich wieder mit mir selbst identifiziere und im Einklang mit mir lebe, wirkt mein ganzes Tun charismatisch. Ich sollte ganz im Hier und Jetzt leben und für die Qualität des Augenblicks offen sein und für das, was jetzt zu tun ist. Dann fallen mir auch die günstigen Zufälle zu, Türen öffnen sich, die anderen verschlossen bleiben, weil das Leben sich selbst hilft, sich voll zum Ausdruck zu bringen. So habe ich auch in jedem Augenblick die Kraft, die erforderlich ist, um das »Not-wendige« zu tun. Das Leben kann mir diese Dinge aber nicht zufallen lassen, wenn ich gar nicht da bin. Was nützt mir die ganze Fülle der Schöpfung, wenn ich nur ein Bewusstsein wie ein Fingerhut habe, mit dem ich in einen Ozean an Erfüllung eintauchen will?

Zuerst muss ich also lernen, mich selbst als faszinierende Persönlichkeit zu betrachten, mich eigentlich zu erkennen, mich so anzunehmen, ja zu lieben, wie ich bin, aus der Erkenntnis heraus, dass ich von der Schöpfung genau so gebraucht werde, dass das Leben sich durch mich so zum Ausdruck bringen möchte, wie ich bin! Und nicht so, wie ich gern sein möchte oder andere mich gern hätten. Nur so, wie ich bin, kann ich meinen Platz ausfüllen und nur als Ich-Selbst kann ich von meinem Platz aus den nächsten Schritt tun. Ich erkenne mich also als die einzigartige Persönlichkeit, die ich bin, voll von Tatkraft, Möglichkeiten und voller Liebe. Ja, Liebe ist mein wahres Wesen.

Die natürliche Wirkung dieser einzigartigen Persönlichkeit, die du bist, ist die Ausstrahlung und Überzeugungskraft, die wir Charisma nennen. Charisma ist nichts anderes als die Verwirklichung der wahren Persönlichkeit, des ICH BIN. Kein anderer hat deine Anlagen, Talente und Fähigkeiten – Du bist wirklich einzigartig. Noch nie hat es bisher einen Menschen wie DICH gegeben und in alle Ewigkeit wird es nie mehr einen solchen Menschen geben. DU BIST einzigartig, einmalig, faszinierend und EINS MIT DEM EINEN LEBEN, WIE ES IST!

Aus dieser Einmaligkeit strahlst Du Liebe, Selbst-Bewusst-Sein, Tatkraft und Hoffnung aus, bist den anderen Chance, ebenfalls zu sich selbst zu finden. Du bist ein lebender Beweis dafür, dass es möglich ist, jetzt und hier. Du weißt, dass Dein Wahres Selbst weder geboren wurde noch sterben wird. Du warst immer und wirst immer sein. Du Selbst kannst nicht alt werden oder krank, Du bist vollkommenes Bewusstsein, ein Individuum, ein ungeteilter Teil des Einen. Der Kontakt zu Dir ist für jeden ein Gewinn und eine Freude.

Und Du weißt, dass Du noch nie etwas falsch gemacht hast, auch wenn Du es heute anders machen würdest, war es doch irgendwo wichtig und richtig. Du gibst einfach in jedem Augenblick Dein Bestes und weißt daher, dass auch JETZT alles, was Du tust, wichtig und richtig sein wird.

Aus diesem Selbst-Bewusst-Sein heraus gibst Du auch niemandem mehr die Schuld für etwas, das Dir widerfährt. Solange Du noch den Dingen und Ereignissen Schuld gibst, gibst Du ihnen die Macht, über Dich zu bestimmen. Das Zentrum der Macht aber liegt in Dir, Du bist der Herr der Dinge und Ereignisse, der Herr Deines Schicksals und bestimmst alle Lebensumstände selbst und natürlich trägst auch Du allein die Verantwortung für alles, was Dir widerfährt.

Aus diesem Selbst-Bewusst-Sein heraus weißt Du in jedem Augenblick, was Du willst, und kannst die richtigen Entscheidungen treffen. Du bist Dir in jedem Augenblick Deines Wahren Selbstes bewusst und strahlst Ruhe und Überlegenheit aus, denn Du weißt, dass alles Dir nur dienen und helfen will. Du bist ein Gewinner, Du kannst gar nicht verlieren. Und so findest Du in jedem Augenblick die richtigen Freunde und Mitarbeiter. Nach dem Gesetz der Resonanz ziehst Du alles und jeden an, der jetzt zu Dir gehört, und lässt los, was nicht mehr wirklich zu Dir gehört. Du gehst ohne Ballast frei durch Dein Leben. Durch Dein Charisma werden die Menschen in Deiner Umgebung von sich aus die Entscheidungen treffen, die Dir helfen, Deine Aufgabe zu erfüllen, und dem Ganzen dienen.

Wichtig ist auch, dass ich in Zeiten der Krisen, der Schwierigkeiten, der Aufgaben mich nicht eng oder gar zumache, sondern über mich hinauswachse, mich entfalte und mich bewusst der Aufgabe stelle. Dass ich keine Angst habe, sondern den Dingen ins Auge sehe, mich der Auf-Gabe stelle. Es mag unangenehm sein, aber es ist ein Geschenk des Lebens an mich, das ich offen entgegennehmen sollte. Der Sinn einer jeden Aufgabe ist es, mein Bewusstsein zu erweitern und zu erhöhen und nicht, dass ich irgendwie damit fertig werde. Denn nie will mir das Leben etwas Böses oder mir schaden, sondern alles will mir nur dienen und helfen, will mich reicher machen, in die Fülle des Seins führen. Dazu gehört auch das Hören auf meine Intuition, das sich in Lebensfreude, in Kraft, in Fülle, in Erfüllung und Unbesiegbarkeit ausdrückt. Dazu gehört das ICH BIN!

Charisma-Training zur Nachprüfung

Nicht jeder besteht die Fahrprüfung gleich beim ersten Mal. Sie können sich immer wieder nachprüfen lassen. Das Schöne am Lebensführerschein ist, dass Sie sich auch ständig erneut prüfen können, wie stark Ihre charismatische Ausstrahlung schon ist. Irgendwann ist der Schalter ganz umgelegt, Sie sind voll und ganz mit Ihrem wahren Selbst identifiziert.

Gehen Sie einmal in die verschiedenen Energien einer charismatischen Ausstrahlung und erschaffen Sie sich so Ihren »charismatischen Maßanzug«. Vielleicht erstrahlt Ihr Charisma wie ein Regenbogen, in allen Farben des Lebens.

- Wählen Sie einmal bewusst, welche hauptsächliche **Charisma-Farbe** Sie sich wünschen: überzeugend, mitreißend, begeisternd, beeindruckend, erfolgreich, enthusiastisch, liebend, leidenschaftlich, kompetent zu sein
- Nehmen Sie einmal bewusst Ihre **jetzige Ausstrahlung** wahr, erleben Sie Ihre Ausstrahlung energetisch, optimieren und steigern Sie Ihre Ausstrahlung:

1. Was strahle ich derzeit aus?
2. Ich treffe meine Wahl, was ich ausstrahlen möchte!
3. Ich strahle jetzt einmal bewusst aus:
   Alles was ich anfasse, wird ein Erfolg.
   Ich bin von Natur aus ein Gewinner.
   Jeder, der das Glück hat, mir zu begegnen, ist mein Freund,

mein Lehrer und bereit, mir zu helfen, noch erfolgreicher zu sein.

- Ich strahle die **Qualitäten** aus: Sicherheit, Ruhe, Geduld, Erfolg, Sympathie, Klarheit, Begeisterung, Überzeugung, Bewusstsein, Einheit, Liebe, Achtsamkeit, Konzentration, Entschiedenheit, Intuition, Zeitlosigkeit, Power, Geistesgegenwart, Verständnis, Angekommensein, Heilsein, Optimismus, Ausgeglichenheit, Leidenschaft, Macht, Präsenz, Vertrauen, Wille, Wahrheit, Weisheit, Harmonie, Selbstverantwortung, Dankbarkeit, Vollkommenheit
- Ich mache ganz bewusst einen bestimmten **Eindruck:** liebevoll, gesund, kreativ, kompetent, zuverlässig, lustig, humorvoll, achtsam, vorbildlich, weise, optimistisch, eindeutig, gefühlvoll, sensibel, mitteilsam, mutig, sanft, reich, entschlossen, beharrlich, genießend, glücklich, dankbar, machtvoll, authentisch, ehrlich und wahrhaftig, integer, göttlich
- **Ich rufe** einmal bewusst in anderen etwas Bestimmtes **hervor:** Sympathie, Entgegenkommen, Zustimmung, Erkenntnis, Miteinander, Glaubhaftigkeit, Bereitschaft zu Gemeinsamkeit, Mitverantwortung, Achtung, Mitgefühl, wahres Selbst-Bewusstsein, Vertrauenswürdigkeit, Verbindlichkeit, Fülle
- Ich **ziehe** damit ganz bewusst in mein Leben und mache mich dafür **magnetisch:** Anerkennung, Erfolg, Zustimmung, Hilfsbereitschaft, Mitmachenwollen, Wohlwollen, Wohlstand
- **Ich lasse bewusst STÄNDIG geschehen:** Loslassen, Liebe, Licht, Lachen, Mitgefühl, Heilung, Segen, Erfolg, Humor, Erfüllung, Wille, Kraft, Stärke, Leben, Mensch-Sein
- Ich nehme einmal **ganz bewusst wahr:** Energie, Absicht, Chancen, Lösungen, Antworten. Ich bin ein Erwachter. Ich lebe aus dem Herzen. Ich bin die EINE KRAFT
- Ich lerne ganz bewusst jederzeit SOFORT »umzuschalten«: von einer Energie auf eine andere, auf mehrere Energien

gleichzeitig; ich schaffe mir meine ganz individuelle, einzigartige Mischung an Ausstrahlung, ein ganz unverwechselbares Charisma
- Ich mache mir bewusst, **was dadurch besser wird, dass es mich gibt**. Ich strahle einmal bewusst aus: ICH BIN!

Was verachten Sie, was bewundern Sie?

Eine andere Hilfe, um in diese charismatische Ausstrahlung zu kommen, ist die Antwort auf die Frage: Was verachten und was bewundern Sie an anderen Menschen? All das ist nämlich auch ein Teil von Ihnen, den Sie noch nicht angenommen haben. Was Sie an anderen Menschen ver-achten, ist eine Miss-Achtung Ihres Schattens. Was Sie an anderen Menschen bewundern, ist eine Missachtung Ihres inneren Lichtes. (Beides nennt man in der Psychologie Projektionen: Sie können Ihren verdrängten Schatten, aber auch Ihre lichtvolle Größe auf andere projizieren.)

- Gibt es einen Menschen in Ihrem Leben, den Sie besonders verachten? Was sind das für Eigenschaften, die Sie **ablehnen**?
- Versetzen Sie sich jetzt in die Lage des anderen und nehmen Sie diese unangenehmen Eigenschaften an. Können Sie eine Botschaft dieses anderen wahrnehmen? Was sagt er zu Ihnen? Warum ist er so? Was verbirgt sich hinter seiner unangenehmen Eigenschaft? Warten Sie, bis Sie eine Antwort haben.
- Jetzt kommen Sie in Ihre eigene Identität zurück und versöhnen sich mit diesen »unangenehmen« Eigenschaften. Erkennen Sie die Botschaft Ihres Schattens und versöhnen Sie sich mit dem anderen.
- Welche Menschen **bewundern** Sie ganz besonders? Was für Eigenschaften sind es, die Sie da bewundern?

- Versetzen Sie sich in die Lage der bewunderten Person. Welche Botschaft vermitteln diese Eigenschaften Ihnen jetzt? Warten Sie, bis Sie eine Antwort haben.
- Jetzt kommen Sie in Ihre eigene Identität zurück. Nehmen Sie diese wundervollen Eigenschaften in sich auf. Sie sind Sauerstoff für Ihre eigene innere Flamme. Werden Sie selbst diese bewundernswerte und wundervolle Person. Lassen Sie Ihr Licht leuchten!

Wer etwas bewegen will,
muss hervortreten.

Wenn dir die Menschen folgen sollen,
vergiss nicht, vorauszugehen.

Der WEG der Selbst-Erfahrung: Ihre künftigen Fahrlehrer in der Schule des Lebens

Auch nach dem Erwerb des Führerscheins hören wir ja nicht auf, Autofahren zu lernen. Wer ist unser Fahrlehrer, nachdem wir die Prüfung abgelegt und den Führerschein erworben haben? Denn wir lernen jetzt ständig dazu, bis wir eine gewisse Meisterschaft im Autofahren und damit Leichtigkeit erworben haben. Unser Fahrlehrer ist jetzt das Fahren selbst. Wir stellen uns bestimmten Situationen oder werden vor bestimmte Schwierigkeiten gestellt – und meistern eine nach der anderen:

Die Straßenverhältnisse können schwierig werden, wir meistern Aquaplaning, Schnee, Eis, fahren sicher bei Dunkelheit, Nebel und Regen. Unser Auto wird dann und wann auch einmal eine Zugmaschine für Anhänger und Wohnwagen, wir lernen dabei auch sicher rückwärts zu manövrieren.

Wir fahren irgendwann so achtsam, dass wir selbst die Autos vor und hinter uns »steuern«. Wir nehmen so problematische Situationen wahr, noch bevor sie überhaupt eintreten. Wir fließen immer mehr im Verkehr, wir begegnen immer weniger »Verrückten«, erleben kaum noch Ärger beim Autofahren, können das Autofahren mehr und mehr genießen.

Und irgendwann erscheint uns das Autofahren wie eine Meditation selbst, wir steigen entspannt aus, als hätte uns unser Gefährt mühelos von A nach B gebeamt. Auf diesen Tausenden von Kilometern auf Straßen und Autobahnen sind uns jedoch Hunderte, Tausende »Fahrlehrer« in Gestalt anderer Autofahrer oder Verkehrssituationen begegnet.

So wie beim Autofahren ist es auch im Leben selbst: Auch nach dem Erwerb des Lebensführerscheins begegnen uns Hunderte und Tausende von Fahrlehrern bis zu unserer Lebens-Meisterschaft. Der neue Fahrlehrer und die Fahrschule ist das Leben, der Alltag selbst.

Von asphaltierten Straßen auf den geistigen Weg

Der Lebensführerschein befähigt uns, unser Leben auf dem geistigen Weg zu führen. Viele Menschen glauben, dass es in unserer hektischen Zeit mit ihren vielfältigen Anforderungen und Verpflichtungen gar nicht möglich sei, den geistigen Weg zu gehen. Viele glauben auch, das bedeute, Haus und Familie zu verlassen, um ein Leben in Einsamkeit und Meditation zu führen. Ein solches Leben aber, mit dem Gebot der Enthaltsamkeit und des Verzichts auf beruflichen Erfolg und materiellen Wohlstand trennt nur die spirituelle Seite des Lebens von der materiellen und verfehlt die Ganzheit.

Viele glauben, das tägliche Leben behindere die geistige Entfaltung, aber in Wirklichkeit ist es umgekehrt. Geistige Reife ist nicht in der Isolation zu erreichen, das kann bestenfalls ein hilfreicher Schritt sein, sondern sie muss so stark werden, dass sie sich in der äußeren Welt bewährt. Jedes Bestreben, sich zurückzuziehen, sich von den alltäglichen Dingen abzuwenden, trennt in Wirklichkeit vom lebendigen Strom des Lebens.

Der richtige Platz für meinen geistigen Weg ist immer dort, wo ich gerade stehe, und nur von dort aus kann ich den nächsten Schritt tun. Dabei ist mein Ego Freund, Ver-Führer und mein wichtigster Lehrer auf dem Weg zur Selbstverwirklichung.

Wie schwer das Leben ist, entscheide ich selbst, denn es ist immer nur so schwer, wie ich es nehme. Ich brauche im Leben auch nicht dafür zu sorgen, dass ich weiterkomme, sondern brauche nur an Herausforderungen und Schwierigkeiten dankbar anzunehmen, was das Leben mir schenkt, die Chancen und Aufgaben zu nutzen, die es mir bietet. Dabei bekomme ich immer auch nur Aufgaben, denen ich gewachsen bin.

Es gibt Menschen, die, ganz gleich, welche scheinbare Herausforderung sie gerade zu bestehen haben, ruhig und gelassen bleiben. Scheinbar kann nichts ihren inneren Frieden stören, und wir fragen uns vielleicht, wie sie das wohl machen.

Andere geraten bei der geringsten Veränderung ihrer täglichen Gewohnheiten bereits aus dem Häuschen. Wieder andere sind ständig ängstlich und voller Sorge, ganz gleich, wie geordnet und sicher ihr Leben auch sein mag.

Wie ist das bei Ihnen? Leben Sie aus der Mitte und erleben Sie das Leben als Berufung und als individuellen Einweihungsweg? Nutzen Sie dabei alles auf dem Weg als Lehrer und Helfer?

Der geistige Zustand unserer wahren Natur ist »gelassene Achtsamkeit«. Wann immer Sie nicht in dieser gelassenen Achtsamkeit sind, sind Sie nicht im Ein-Klang mit Ihrem wahren Wesen und aufgefordert, wieder zu sich selbst zurückzukehren.

Meister Eckhart sagt: »Es ist eine Kraft in der Seele, die weder Zeit noch Fleisch berührt. Sie fließt aus dem Geist, bleibt im Geist und IST ganz und gar Geist. Dieser Geist ist seinem Wesen nach frei: Er ist das Licht, der göttliche Funke im Innersten – Bürge und Zeuge der Ewigkeit des Menschenwesens.« Wer aus diesem Geist lebt, weitet sein Ich zum Selbst und sein Leben zur Ewigkeit.

Wahre Religion ist der Weg zurück zur Quelle, zum Ursprung, zur Vollkommenheit unseres wahren Seins – zur Einheit.

Immer wieder wird dabei gesagt und zur Vorsicht gemahnt, dass es Hindernisse auf dem Weg gibt. Der »geistige Weg« sei schmal und steinig, ein Weg voller Mühen, Entbehrungen und Leiden. Doch jedes Hindernis ist nichts als eine Vorstellung, auch die Vorstellung des geistigen Weges ist nichts als eine Vorstellung. Lassen Sie die Idee des Hindernisses los, die Vorstellung des geistigen Weges, und es verschwindet. Lassen Sie auch den Gedanken los, dass Ihnen noch irgendetwas fehlt – ein Buch, ein Lehrer, was auch immer. Das sind nur Entschuldigungen, um einen notwendigen Schritt nicht zu tun. Sie brauchen auf nichts zu warten und der Einzige, der Sie erlösen kann, SIND SIE SELBST!

Der Alltag als Meister-Schüler

Das Leben JETZT als Meister-Schüler zu führen, heißt also nicht, hier alles aufzugeben, Familie, Beruf, Haus, und nach Indien zu gehen, um sich von einem Guru in die Geheimnisse des Lebens einweihen zu lassen. Wäre dies Ihr Weg, Sie wären sicher in Indien geboren worden.

Meister kann man überall werden, nämlich Meister über sich selbst. Meister über seinen Ärger, seinen Egoismus, Neid, Stolz, Geiz, seine Eitelkeit, was immer zum Leben gehört. Meisterschaft heißt, das zu tun, was man schon weiß, also das Richtige nicht nur zu kennen, sondern es täglich zu leben. Das ist wahre Meisterschaft.

Manchmal glauben wir, ein Leben OHNE Schwierigkeiten wäre viel schöner, sehnen uns danach und versuchen ein solches Leben zu verwirklichen. Wir vergessen dabei, dass Schwierigkeiten der Motor der Evolution sind, ohne Schwierigkeiten und Herausforderungen keine Ent-Wicklung.

Das erinnert mich an die Geschichte von dem Vogel, der beim Fliegen den Widerstand der Luft spürte und deswegen nicht schneller fliegen konnte. Er stellte sich vor, wenn es keine Luft gäbe und damit keinen Widerstand, dann könnte er ganz leicht und schnell fliegen. Das ist logisch, brillant, überzeugend UND FALSCH! Denn er wusste nicht, dass er ohne Luft überhaupt nicht fliegen könnte.

Ich erkenne und nutze im Alltag alles als Trainingsmöglichkeit, um mich an mich selbst zu er-innern und um mich zu erheben.

- Den Alltag erlebe ich als meine »ewige Fahrschule« und entdecke dabei das Besondere im Unbedeutenden.
- Ich bin bei allem, was ich tue, geistig ganz dabei (»geistesgegenwärtig«), nicht nur körperlich anwesend, denn sonst kann ich es genauso gut bleiben lassen.

- Den Alltag erlebe ich mehr und mehr als ständige Meditation, denn ich begebe mich gleich zu Beginn in die Meditation hinein und unterbreche sie möglichst nicht mehr.
- Scheinbare Störungen meiner inneren Harmonie und Zufriedenheit (Probleme, Krankheiten, Konflikte) können mir nichts anhaben, denn ich erkenne, dass das Ego mich mit seinen Störungsversuchen ständig herausfordert. Es will recht haben, bekommt vielleicht auch recht, doch das Selbst ist dennoch immer das Selbst.
- Ich beende meinen Glauben, dass etwas seine Zeit braucht. Es braucht alles so viel Zeit, wie ich glaube, dass es braucht. Alles ist jetzt in diesem Augenblick möglich. Alles ist bereits verwirklicht, ich muss es nur noch in Erscheinung rufen. Irgendwann – warum nicht jetzt? Je meisterhafter ich mit allem umgehe, desto schneller manifestiert sich das, was ich verursacht habe.
- Ich erkenne, dass ich gleichzeitig in zwei Welten lebe: in der inneren Welt der Gedanken, Ursachen und der Wirklichkeit und der äußeren Welt der Menschen, Dinge, Ereignisse und Wirkungen. Bisher benutzte ich die innere Welt als Spiegel und reagierte auf die äußeren Ereignisse, indem ich mich freute oder ärgerte. Als Meister-Schüler nehme ich die äußere Welt als Spiegel zur Kontrolle der verursachten Wirkung und reagiere innen mit der entsprechenden Änderung.

Wie Sie lernen, Ihr Leben wirklich zu »führen«

Der Quantensprung in die Lebensführung ist das Annehmen der Erkenntnis, die alleinige Verantwortung für Ihr Leben und Schicksal zu haben und sie voll und ganz zu übernehmen. Sie allein sind der Schöpfer Ihrer Lebensumstände. Dabei gibt es keine Schuld, sondern nur Ursache und Wirkung. Sie allein tragen die Verantwortung dafür, was Sie denken, fühlen, sagen und tun und Sie allein tragen die Folgen davon. Aus dieser

Verantwortung heraus gestalten Sie Ihr Leben bewusst. Sie machen sich bewusst, wo und wodurch es noch nicht stimmt und was zu tun und zu lassen ist, damit es »stimmig« wird. Sie brauchen auf nichts und niemanden zu warten und brauchen dabei auch keine Hilfe, sondern Sie tun jetzt, was zu tun ist.

Aus dieser Selbst-Verantwortung heraus überlassen Sie keinem anderen mehr die Führung Ihres Lebens. Sie selbst bestimmen, was geschieht. Aus dem Annehmen dieser Verantwortung ergeben sich zwangsläufig bestimmte Konsequenzen, und wieder entscheiden Sie, dass Sie jetzt dafür bereit sind, sie zu ziehen, und auf welche Weise.

Sie lassen sich von der Freude leiten und davon, was Sie erfüllt. Dabei erkennen Sie, wo Sie zu-stimmen, was mit Ihnen überein-stimmt und damit auch schöpfungsgerecht ist.

Daraus ergeben sich für jeden in jedem Augenblick die ganz individuellen Schritte, und aus diesen Schritten entsteht so ein absolut einmaliger Lebensweg.

Jeder Wunsch, jedes Ziel ist eine Botschaft, die mich auf einen Mangel aufmerksam macht und mir zeigt, dass ich nicht dort bin, wo ich sein sollte. Deshalb frage ich mich als Meister-Schüler immer wieder:

- Würde die Erfüllung meines Wunsches den Mangel tatsächlich beseitigen?
- Was müsste ich tun, um den Mangel zu beseitigen?
- Was müsste ich tun, um dort zu sein, wo ich sein sollte, nämlich in der Fülle?
- Was müsste ich tun, um so zu sein, wie ich gemeint bin, nämlich ICH SELBST?
- Was bringt mich mir selbst bedeutend näher?
- Auf welchen Mangel macht mich dieser Wunsch aufmerksam?
- Zu welchem Schritt fordert mich dieses Ziel auf?
- Welche Konsequenzen sind erforderlich, um diesen Mangel zu beseitigen?

- Was ändert sich dadurch ab sofort in meinem Leben?
- Wie sieht mein Leben dadurch aus?
- Was ist zu tun, damit ich dadurch wirklich richtiger, stimmiger und besser lebe?
- Was ist erforderlich, damit ich diese Lektion des Lebens jetzt grundlegend begreife, so dass ich sie für immer hinter mir lassen kann?

Mein Beruf, meine Partnerschaft, mein Umgang mit Freizeit bergen in sich Botschaften, zeigen mir Situationen, in die mich das Leben gestellt hat, um mir die Möglichkeit zur Entwicklung zu geben. Dadurch kann ich mich selbst leichter erkennen und mir selbst begegnen. Die weiteren Fragen als Meister-Schüler sind deshalb:

- Warum hat mich das Leben in diese Situation gestellt?
- Was ist meine wahre Be-rufung?
- Worin liegen die Chancen dieser Partnerschaft?
- Was ist zu tun, um sie zu erkennen und zu erfüllen?
- Welche Konsequenzen ergeben sich daraus?
- Was ist zu tun?
- Was ist zu lassen?
- Was ist zu ändern?
- Was ändert sich dadurch in meinem Leben?
- Was ist zu tun, um in Zukunft Botschaften in diesem oder einem anderen Bereich überflüssig zu machen?
- Was muss geschehen, damit ich jeden Augenblick sagen kann: Ich lebe MEIN LEBEN!

Das so erwachte Leben ist eine »Entdeckungsreise zu sich SELBST«

- Ich er-innere mich wieder daran, wer ich wirklich bin. Ich heile hier und jetzt mein Werkzeug Körper und auch meine Lebensumstände, damit ich für meine Aufgabe bereit bin.

- Ich beende die »Sünde der Trennung« von mir selbst, die »Selbst-Vergessenheit« und werde dadurch immer echter und ehrlicher. So werde ich von der Person zur Persönlichkeit, vom Ich zum Selbst.
- Ich erkenne, dass das Leben ein Spiel ist, in dem ich lebenslang mitspielen darf. Aber ich entscheide selbst, ob ich als Spielfigur oder als Spieler auftrete, als Opfer oder als bewusster Schöpfer meiner Lebensumstände. Das Leben ist zu wichtig, um es dem Zufall zu überlassen, und deshalb werde ich verantwortungsvoll immer mehr zum Architekten meines Lebens, indem ich ein Kunstwerk daraus mache.
- Es ist das größte Abenteuer, wirklich zu leben. Doch das »Spiel des Lebens« hat den einen Sinn, mir dabei zu helfen, das »Geheimnis meines wahren Seins« zu entdecken.
- Ich weiß, dass in mir ein Schatz darauf wartet, ent-deckt und gefördert zu werden. Mein innerer Reichtum wartet darauf, als Wohlstand, Erfolg und Erfüllung in Erscheinung treten zu dürfen.
- Als ersten Schritt auf meinem Weg löse ich mein Mangel-Bewusstsein auf und schaffe mir dafür ein Wohlstands- und Fülle-Bewusstsein. Dadurch öffne ich der Fülle meines wahren Wesens die Tür zur Wirklichkeit.
- Ich lasse mein Ego los, meine Persönlichkeit, Rollen, Muster, Programme und sogar meine Ideale, denn dies alles setzt mir Grenzen. Ich ziehe den »Rucksack der Vergangenheit« aus, denn ich erkenne, dass sie vergangen ist.
- Das Schöne der Zukunft liegt vor mir und wartet darauf, dass ich das Beste daraus mache. Die Zukunft kann ich nicht vermeiden, doch ich kann jetzt dafür sorgen, dass ich mich in ihr wohlfühle. Die Zukunft beginnt in diesem Augenblick.
- Als bewusster Schöpfer verursache ich jetzt, dass ich dem richtigen Partner begegne, wir uns gegenseitig Chance sind und zusammen glücklich werden. Ich erkenne meinen

Partner als meinen »Meister-Lehrer« und nutze unser Beisammensein für mein Wachstum.

- Doch ich erlerne auch die Kunst des All-ein-seins und erkenne in allem und jedem eine Chance. Ich bin bereit, meine vielen Chancen zu nutzen. Aber ich erkenne auch in jedem anderen Menschen das Eine Selbst: Gott, DAS LEBEN.
- Durch meinen Ein-Klang mit dem Schöpfungswillen kommen mir die richtigen Einfälle zur rechten Zeit, und ich begegne den Menschen, die ich für meine Entwicklung brauche. Es ergeben sich für mich günstige Zu-fälle, und das Leben bietet mir Chancen, von denen andere nicht einmal zu träumen wagen. Doch ich träume nicht nur, sondern verwirkliche sogar meinen Traum.
- Ich entscheide mich, ob ich mein Ich oder mich selbst glücklich machen will. Ich wecke den Meister in mir und lebe aus der *inneren Weisheit.* Dadurch gelange ich immer mehr in die *Leichtigkeit des Seins* und erlerne die *Kunst des Genießens.* Ich esse und trinke nur noch Gesegnetes, entdecke immer mehr den *inneren Jungbrunnen* und werde alterslos.
- Immer mehr lasse ich mich von der Freude führen und entwickle meinen Humor.
- Im Einklang mit der Schöpfung gehe ich regelmäßig in die Stille jenseits von Zeit und Raum und bin – bin im ewigen Sein. Auch in der größten Aktivität ruhe ich in mir selbst.

Und irgendwann wird der erwachte und erwachsen gewordene Meister-Schüler selbst zum Meister, transformiert sein Erwachsenen-Ich ins Spirituelle-Ich oder Meister-Bewusstsein: der nächste Quantensprung.

Die VISION von der Selbst-Verwirklichung: Das Ziel ist Lebens-Meisterschaft

Wir machen den Lebensführerschein nicht nur mit dem Ziel, die Abhängigkeit von unserem Kinder-Ich zu lösen und erwachsen zu werden, sondern um irgendwann einmal auch über das Erwachsensein hinauszuwachsen. Das Erwachenen-Ich ist noch nicht das Ende der Entfaltungsmöglichkeit. Das weise Alter, die Meisterschaft des Lebens, das nicht nur lichtvolle, sondern auch erleuchtete Sein ist der nächste Quantensprung, auf den wir uns schon jetzt vorbereiten.

Nach dem Erwachsenen-Ich erschaffen wir uns irgendwann dann ein Spirituelles Ich. Alles, was dem Erwachsenen-Ich wichtig war, ist für das Spirituelle Ich ohne Bedeutung.

Das Erwachsenen-Ich wollte vor allem Träume verwirklichen, sich neu erfinden, tun und haben, das Spirituelle Ich will nur noch sein: echt, ehrlich, authentisch und in der Wirklichkeit leben, nicht mehr im äußeren Schein. Es ist ihm nicht wichtig, ob es geliebt wird, sondern nur noch, zu lieben. Dazu brauchen wir uns nicht zu ändern, wir treten einfach hervor, als der, der wir wirklich sind: Erwachen – Hervortreten – Sein. Das Spirituelle Ich sucht keinen Weg mehr, sondern ist der Weg für andere. Das Leben als Meister wird zum Wegweiser für andere.

Und irgendwann erkenne ich die Möglichkeit, meine Persönlichkeit ganz abzulegen – das göttliche, »unpersönliche Leben« beginnt als NICHTS, als reine, unmanifestierte Existenz, als ESSENZ der EINHEIT und allen Seins.

Was ist überhaupt »Meisterschaft«?

Wir verwenden den Begriff Meisterschaft normalerweise in einem sehr begrenzten Sinn. Im Sport kennen wir Landesmeister, Regional-, Europa- oder gar Weltmeister, die aber alle nur für einen meist sehr begrenzten Zeitraum Gültigkeit haben; dann gibt es einen neuen Meister, und der bisherige gerät in Vergessenheit. Er ist kein Meister, mehr, obwohl er vielleicht besser ist als zu dem Zeitpunkt, als er noch Meister war.

Wir kennen Bäckermeister, Schreiner- und Malermeister, aber glauben wohl kaum, dass der auch nur sein Fachgebiet wirklich vollkommen und mühelos beherrscht. Meisterschaft hat etwas mit Leichtigkeit zu tun.

Unbewusst glauben wir, dass Meisterschaft die Vollkommenheit einer Tätigkeit sei, aber gleichzeitig kennen wir die vollkommene Entspannung und Ruhe eines schlafenden Kindes und erkennen, dass Vollkommenheit eine Qualität des Bewusstseins ist, die auch auftreten kann, wenn wir ruhen.

Wir beneiden vielleicht jemanden um seine Ruhe, seine Sicherheit oder was auch immer, weil wir uns unfähig sehen, diesen Aspekt in uns zu verwirklichen. Alles Lernen ist die Erfahrung, etwas Neues immer vollkommener auszuführen. Dabei erleben wir, dass eine solche Erfahrung immer nur im Jetzt möglich ist. Alle Meisterschaft liegt immer im Jetzt. Je mehr es mir gelingt, im Jetzt zu sein, desto vollkommener wird mein Tun.

Sie können es gleich einmal praktisch versuchen: Gestatten Sie doch Ihrer Zunge, sich vollkommen und meisterhaft zu entspannen. Lassen Sie sie einfach los und schauen Sie einmal, was geschieht. Ganz gleich, wie gut es Ihnen gelingt, es bringt Sie ins JETZT. In diesen Augenblick, dorthin, wo das Leben stattfindet, und nur dort können Sie sich selbst begegnen, denn Sie selbst sind immer im JETZT. Nur in diesem Augenblick können Sie die wahre Meisterschaft des »Zunge-Entspannens« austragen. Das JETZT ist dazu immer bereit.

So können Sie auch nur im JETZT Erleuchtung erfahren: als vielleicht einmalige Gipfelerfahrung im Leben. Viele Größen unserer Geschichte bezeugen solche Erleuchtungen, Inspirationen. Oft hat eine einzige genügt, um der Menschheit ein ganz neues Denken, eine ganz neue Kunst zu schenken.

Ohne solche Erleuchtungserfahrungen der ganz Großen in der menschlichen Geschichte wären wir jetzt nicht da, wo wir heute sind. Die ganze Aufklärung war ein Zeitalter der »Erleuchtung«. Rousseau hat Jahre und Jahrzehnte gebraucht und ganze Bibliotheken gefüllt, um seine Wandlung aus einer einzigen Erleuchtungserfahrung in philosophischen Büchern und Romanen zu Papier zu bringen.

Heute sind es nicht mehr Einzelne, die die Kultur der Menschheit durch geistige Gipfelerfahrungen mit Licht erfüllen. Es scheint sich eine neue Erleuchtungsepoche ähnlich der Aufklärung anzubahnen: »Die Erleuchteten kommen.« Es sind keine Außerirdischen, sondern Menschen »wie du und ich«. Das innere Licht in jedem Menschen erstrahlt immer mehr als Erleuchtungserfahrung.

Es gibt nur eine Wahrheit: Sie können weder vorher noch nachher Erleuchtung erfahren. Jede Erfahrung ist immer nur jetzt möglich. Wenn Sie vollkommen im Jetzt ankommen, sind Sie erleuchtet – gleich jetzt!

Auch die Lebens-Meisterschaft ist ein Spiel.

Das Paradoxe an diesem Spiel ist, dass Sie es auf einem beliebigen Gebiet nur dann zur Meisterschaft bringen können, wenn Sie sich zuvor als Meister auf ebendiesem Gebiet erkennen. Sie haben keine Chance, etwas zu werden, wenn Sie nicht zuvor bereits glauben, es schon zu sein.

Gleichzeitig aber muss der zukünftige Meister die Kunst lernen, dabei bescheiden zu bleiben, ja sogar demütig. Der machende, aktive (Yang-)Anteil im Meister erkennt sich als vollkommener und schöpferischer Meister, während der lassende, empfangende (Ying-)Anteil sich als Nichts und Leere erkennt. Nur so ist der leichtfüßige Tanz der Meisterschaft zwischen Schöpfung – Erschöpfung – Leere möglich. Einstein war ein Beispiel dafür, ebenso wie Buddha.

Wenn Einstein bis zur völligen Erschöpfung an der Lösung eines Problems gearbeitet hatte (Yang), ohne sie zu finden, dann gab er auf (Yin). Er gestand sich die Niederlage seines

Verstandes ein und ließ einfach los, erkannte in aller Demut, dass auch sein überragender Geist die Aufgabe nicht lösen konnte. Sobald er aber aufhörte, mit seinem Ego gegen die Grenzen des Verstandes anzurennen, öffneten sich die Türen zur wahren Meisterschaft, das Genie trat hervor, und es zeigte sich die Lösung.

Ebenso erging es Buddha (»der Erwachte«). Als er sich eingestand, dass all seine Suche ihn nicht zur Erkenntnis geführt hatte und er aufgab, erfuhr er Erleuchtung.

In diesem Bewusstsein könnten Sie einmal die Rolle spielen, Meister zu sein, indem Sie Ihre Vorstellung vom Meister-Sein verwirklichen. Den Meister in sich wecken und ihm beim Meister-Sein zuschauen. Lassen Sie zu, dass der Meister in Ihnen allmählich Ihr Denken lenkt und Ihr Handeln bestimmt. So kommen Sie unmerklich vom Meister-Spielen zum Meister-SEIN.

Dabei gibt es, wie bei den Kahunas, verschiedene Arten von Meistern. Der Kahuna A'O ist der Lehrer. Der Kahuna Lapa'au ist der Heiler. Der Kahuna Pule ist der Priester, der durch seine Gebete heilt. Der Kahuna Ha'apu ist der Arzt und der Kahuna La'au der Psychologe. Jeder ist ein Meister auf seinem Gebiet. Also lassen auch Sie Ihren inneren Meister hervortreten und erkennen allmählich, dass Sie ein Meister auf ALLEN Gebieten sind.

Oder nehmen Sie sich Lebens-Lehrer als Vorbild für Meister: Sokrates, Jesus, Buddha, Laotse, Mohammed, wen immer Sie wollen. Jeder hat eine andere Art Meisterschaft erreicht. Fragen Sie sich in »schwierigen Situationen«: Wie hätte Jesus diese Situation meisterhaft gelöst?

Beginnen Sie JETZT GLEICH Ihr »Meister-Spiel«

Wenn Sie für Ihr neues, »märchenhaftes« Leben bereit sind, ich meine, wenn Sie wirlich bereit sind, dann beginnen Sie jetzt mit dem »Meister-Spiel«: Tun Sie doch einfach so, als seien Sie bereits ein Lebens-Meister.

Wie fühlt sich ein Lebensmeister? Richten Sie einmal Ihre Aufmerksamkeit ganz nach innen und erleben Sie, wie Sie sich als Meister fühlen. Erleben Sie, wie Sie als Meister denken, reden, handeln. Welche Gespräche würden Sie als Meister führen? Führen Sie einmal ganz bewusst ein »Meister-Gespräch«. Laden Sie sich die großen Lebens-Lehrer zu einer Meister-Runde in sich ein.

Und wenn Sie eine Frage haben, machen Sie sich einmal bewusst, welche Antwort ein Meister auf diese Frage geben würde. Ziehen Sie die Aufmerksamkeit aus den Channelings »aufgestiegender Meister« ab und richten Sie sie auf Ihren »Inneren Meister«. Er ist seit Langem da und erwartet geduldig Ihre Aufmerksamkeit. Kein Meister hat es eilig.

Fangen Sie mit diesem Spiel gleich morgens an, und erwachen Sie einmal ganz bewusst als Meister. Stehen Sie als Meister auf, duschen Sie als Meister und ziehen Sie sich als Meister an. Frühstücken Sie einmal bewusst als Meister. Selbst wenn Sie das Gleiche essen wie immer, wird es ein ganz anderes Frühstück sein. Und vielleicht wollen Sie von nun an immer als Meister frühstücken. Und warum nur frühstücken, vielleicht beginnen Sie so mehr und mehr als Meister zu leben, zu denken, zu reden und zu handeln. Und ohne dass Sie es merken, werden Sie so immer mehr zu einem wahren Meister.

Erkennen Sie Ihre Meister-Berufung und fangen Sie an, als dieser Meister Ihr Leben und Ihr Schicksal zu bestimmen. Fangen Sie an, ein »Meister-Leben« zu »führen«.

Und natürlich ist ein Meister auch ein idealer Partner. Überraschen Sie sich und Ihren Partner als Meister und machen Sie so Ihr Leben zu einem Meisterwerk.

Und irgendwann brauchen Sie nicht mehr so zu tun, als seien Sie ein Meister, weil Sie ganz unmerklich der Meister geworden sind, der Sie immer schon waren und immer sein werden. Hören Sie einfach auf, Ihr Licht zu missachten und unerleuchtet zu sein.

Der letzte Schritt auf dem Weg zu einem »märchenhaften« Leben ist, als Meister zu leben. Das heißt, STÄNDIG »stimmig« zu leben, wirklich segensreich zu leben und ein Segen für JEDEN zu sein, der das Glück hat, Ihnen zu begegnen. Leben im Ein-Klang mit dem SEIN. Das heißt, endlich zur »befreienden Einsicht« zu kommen und als neuer Mensch in ein neues Leben zu treten und wirklich »märchenhaft« zu leben – als Meister.

Leben als Meister heißt vor allem, ein LIEBENDER zu SEIN, denn wir sind nicht hier, um geliebt zu werden, sondern um zu lieben.

Und wenn Sie bereit sind, ich meine, wenn Sie wirklich bereit sind, beginnt das Meisterspiel in diesem Augenblick JETZT – für immer!

Treten Sie als neuer Mensch in ein neues Leben. Fangen Sie JETZT an, »segensreich« zu leben als der, der Sie WIRKLICH sind, als MEISTER!

Die Kunst des Segnens

Eine meisterhafte Anweisung an das Leben und ein wichtiger Schlüssel zur Lebens-Meisterschaft ist die vergessene Kunst des Segnens. Ein Meister ist ein Segen für alle, sein Wirken ist segensreich.

Früher war den Menschen die Macht des Segens noch bewusst. So war es undenkbar, ohne den Segen der Eltern zu heiraten. In der Bibel wird die Geschichte von Esau erzählt, der sich den Segen des Vaters erschlich. Auch heute noch »segnet« manche Bauersfrau das Brot, indem sie ein Kreuzzeichen mit dem Messer auf seine Rückseite macht, aber das ist bei vielen mehr ein unbewusstes Ritual als ein wirksamer Segen.

Ein Segen, der ehrlichen Herzens ausgesandt wird, ist die reinste und feinste Form von Gedankenenergie und bewegt die stärkste Kraft des Universums, die Liebe. So kann man sagen, ein Segen ist angewandte und tätige Liebe. Diese Kraft wartet nur darauf, in Tätigkeit gesetzt zu werden, und beginnt im gleichen Augenblick ihre segensreiche Wirkung zu entfalten.

Das Gesetz des Segnens lautet:

1. ALLES, was ich EHRLICHEN HERZENS segne, IST im gleichen Augenblick gesegnet, ganz gleich, wie weit der andere entfernt ist. Ich muss nicht einmal seinen Aufenthaltsort kennen, denn über das EINE Bewusstsein sind wir ständig miteinander verbunden. Worauf es lediglich ankommt, ist die EHRLICHKEIT DES HERZENS, das heißt, das zu lieben, was ich segne.
2. Was immer ich so ehrlichen Herzens segne, MUSS auch mir zum Segen werden. Segne ich ehrlichen Herzens einen Feind, gewinne ich einen Freund. Segne ich meine Nahrung, meinen Körper, diesen Tag, MUSS alles das mir zum Segen werden.

Die Form des Segnens ist dabei ohne Bedeutung. Sie können den Segen denken, fühlen, meinen, sagen oder schreiben, und im GLEICHEN AUGENBLICK beginnt der Segen segensreich zu wirken und hüllt den oder das Gesegnete in einen Zauber. Sie können so einen Menschen segnen, eine Situation, eine Sache oder Ihren Körper. Erleben Sie einmal, was geschieht, wenn Sie in einem gesegneten Körper leben. Sie können praktisch miterleben, wie Heilung »geschieht«, wie die Macht des Segens sich sofort segensreich auswirkt und alles wieder »in Ordnung« bringt. Sie können natürlich ganz gezielt Ihre Gesundheit segnen, Ihre Kraft und Freude.

Segnen ist ein wichtiger Schlüssel zur bewussten Gestaltung Ihres Lebens. Es ist die natürliche Fähigkeit eines jeden Menschen, andere Menschen oder Dinge zu segnen und damit segensreich zu verändern. Von einem Augenblick zum anderen verwandelt, ja, verzaubert sich Ihr Leben und das des

Gesegneten. Schwierigkeiten oder Probleme verschwinden oder hören einfach auf, ein Problem zu sein, und Sie leben plötzlich wie in einer anderen, besseren Welt.

Indem Sie Ihre Zukunft segnen, beginnt sie auch im gleichen Augenblick, sich segensreich zu verändern. Ganz gleich, welche Ursachen Sie gesetzt haben, sie werden sich segensreich auswirken, und wenn Sie wollen, beginnt Ihr segensreiches Leben JETZT, in diesem Augenblick, denn die Macht des Segens ist in jedem Augenblick bereit, für Sie tätig zu werden, und Ihr ganzes Sein segensreich zu verändern.

Das Märchen vom »Spiel des Lebens«

Es war einmal, vor langer Zeit, es muss wohl vor sehr langer Zeit gewesen sein, da schenkte der Schöpfer seinen Geschöpfen das »Spiel des Lebens«. Und er sagte ihnen, dass sie dieses Spiel erst spielen könnten, wenn sie den Weg der Evolution gegangen seien, und erklärte ihnen die sieben Schritte dieses Weges.

Die Geschöpfe bedankten sich beim Schöpfer und bereiteten sich begeistert auf das Spiel des Lebens vor und gingen die sieben Schritte der Evolution.

1. **Im ersten Schritt** erlebten sie sich als Stein, erlebten sich hilflos angewiesen auf die Elemente, auf Wind, Sonne und Regen und freuten sich auf die
2. **zweite Stufe.** Hier erwachten sie und erlebten sich als Pflanze. Sie wuchsen und gediehen, wandten sich immer mehr dem Licht zu, aber sie spürten schmerzhaft, dass sie ihren Standort nicht wechseln konnten, und so freuten sie sich schon auf die
3. **dritte Stufe.** Hier erwachten sie und erlebten sich als Tier. Endlich konnten sie beliebig ihren Standort verändern und dorthin gehen, wo die Sonne schien. Aber irgendwann erkannten sie schmerzhaft, dass sie sich nicht mehr daran

erinnern konnten, wer sie in Wirklichkeit waren, und so freuten sie sich schon auf die

4. **vierte Stufe.** Hier erwachten sie und erlebten sich als Mensch, hatten die Chance, sich wieder an ihre göttliche Herkunft zu erinnern. Sie hatten die Möglichkeit, sich dem geistigen Licht zuzuwenden und das Licht in sich als ihr wahres Wesen zu ent-decken. Aber sie lebten in einem schweren Körper, und so freuten sie sich schon auf die
5. **fünfte Stufe.** Hier erlebten sie sich als Seele, waren frei von der Schwere des irdischen Körpers, frei von materiellen Wünschen und lebten miteinander in der Glückseligkeit der Engel. Und doch spürten sie, dass da noch etwas fehlte, und so freuten sie sich auf die
6. **sechste Stufe.** Hier erlebten sich die Geschöpfe als reines Bewusstsein, in dem sich die Herrlichkeit und Vollkommenheit ihrer göttlichen Herkunft spiegeln konnte. Jetzt fehlte nur noch ein Schritt, die
7. **siebte Stufe.** Auf dieser Stufe brauchten sie nur noch die Krone ihrer göttlichen Herkunft aufzusetzen und durch das Tor in ihr Reich einzutreten, und dann konnte endlich das Spiel der Schöpfung beginnen.

Einige wenige Geschöpfe setzten die Krone der Schöpfung auf und traten durch das Tor in ihr Reich. Die meisten aber waren müde geworden und so baten sie Gott, eine kleine Pause machen zu dürfen, um sich für das große Spiel etwas auszuruhen. Und Gott, der voller Freude auf sie geblickt hatte, während sie den Weg der Evolution gegangen waren, gestattete ihnen eine kleine Pause.

Und die Wesen schliefen ein. Sie schliefen und vergaßen völlig, wer sie waren, vergaßen, dass nur noch ein Schritt zu tun war, ja, sie vergaßen sogar die Pause zu beenden. Sie vergaßen Bewusstsein zu sein, vergaßen Engel zu sein, vergaßen Menschen zu sein.

Und der Schöpfer blickte sehr sorgenvoll auf die Menschen. Und wenn sie nicht inzwischen alle gestorben sind, dann schlafen sie heute noch und träumen von der Vollkommenheit, anstatt endlich aufzuwachen, den letzten Schritt zu tun, die Schöpfer-Krone aufzusetzen und durch das Tor zu treten, damit es endlich beginnen kann, das große Spiel –

DAS SPIEL DER SCHÖPFUNG UND DES LEBENS!

Die sieben Stufen zum SELBST

1. Ich lese, höre, erfahre, wer ich wirklich bin. Ich glaube das und **weiß** jetzt, wer ich wirklich bin, erwache aus dem Kinder-Trauma und werde erwachsen.
2. Ich komme **mental in Berührung** mit mir selbst. Durch Meditation oder Bewusstseinstraining usw. Das klärt mein mentales Bewusstsein, lässt meinen »Mentalkörper« *stimmig* werden. Das beginnt auch auf meinen physischen Körper zu wirken, aber nur, solange ich in Kontakt bleibe.
3. Ich gehe ins Selbst. Bin ganz im Selbst, aber als Ich. Das wirkt auf *mich*, auf allen Ebenen des-Seins, aber nur, solange ich »im Selbst« bin.
4. **Ich »er-innere« mich an den, der ich wirklich bin, und Transformation geschieht, der Quantensprung.** Ich identifiziere mich mit mir *selbst*, bin eins mit mir und der Welt. Gehe ich dabei tiefer oder bleibe ich länger, erlebe ich Erleuchtung, die aber wieder vergeht, sich vielleicht wiederholt. Ich kann diesen Zustand aber noch nicht lange halten. Was bleibt, ist die Erinnerung an die Berührung mit dem Ewigen. Allmählich lerne ich, jederzeit wieder in dieses Bewusstsein zurückzugehen, und Intuition geschieht ständig.
5. Jetzt kann ich jederzeit in die Erleuchtung gehen, kann mich an alles Wissen »er-innern«, komme ins **Allwissen**. Ich kann meinen Körper oder andere mit der Einen Kraft heilen, rutsche aber immer wieder unmerklich aus der Einheit. Ich bin erleuchtet, aber nicht vollendet.

6. Ich lasse das Ich ganz los, bin »Ich-Selbst« und erlebe endgültige Erleuchtung, lebe als Erleuchteter, die Selbst-Identifikation *heilt* mich auf allen Ebenen. Ich lebe in jedem Augenblick *stimmig*, bin karmafrei und habe nichts mehr für mich zu tun.
7. Ich bin wieder in meinem natürlichen Sein. Ich bin unsterblich. Wenn ich diese Welt verlasse, kann ich meinen physischen Körper mitnehmen. Dabei wird er »verklärt«. Ich lebe als Vollendeter, bereit, eine Aufgabe in der Schöpfung zu übernehmen – als Meister.

Die PRAXIS der Selbst-Integration in der Schule des Lebens

Nach den kosmischen Visionen einer geistigen Weltraumreise zur Meisterschaft des NICHTS zurück in den Praxisalltag des Lebensführerscheins in der »Fahrschule des Lebens«!

Bevor wir den Führerschein machen, können wir grandiose Träume haben, welche Reisen wir dann mit dem eigenen Auto unternehmen wollen. Das ist gut, das ist wundervoll! Denn der Führerschein und das eigene Auto sind ja dafür da, damit wir Träume verwirklichen, die Lebensqualität deutlich steigern. Auch im theoretischen Beherrschen der Verkehrsregeln, der möglichen Verkehrssituationen, der Technik des Autos, des Fahrens können wir brillant sein. Entscheidend für den Führerschein ist letztlich die Fahrpraxis! Die PRAXIS hat das letzte Wort ... und ist hier auch das letzte Kapitel.

Wir können geistig ins NICHTS abheben, die Schönheit, Grazie, Würde, Kostbarkeit des Lebens betrachten, von Gott und der Welt philosophieren, träumen, als erleuchtetes Wesen engelsgleich die Fülle des Lebens zu genießen. Und erleben dann einen »Kulturschock« im Blick auf unseren eigenen Alltag. Er scheint um Lichtjahre von unserem hehren Bewusstsein des Höchsten entfernt zu sein.

Keine Disharmonie wird jetzt im Leben schmerzhafter empfunden als die zwischen Bewusstsein und Lebenspraxis. Wir sind gefordert, den entscheidenden Sprung mitten ins Leben zu tun.

Denn der Erwerb des Lebensführerscheins ist letztlich ein Quantensprung in der Lebenspraxis. Solange sich das Leben nicht wirklich verändert hat, solange wir unser Leben noch nicht wirklich führen, so lange ist der Quantensprung noch nicht wirklich vollzogen.

Die Lebenspraxis des integrierten, ganzen und erwachsenen Menschen

Typisch für ein Leben aus dem Ego, dem falschen Selbst, der künstlichen Perle ist die »fragmentierte Person«, die Zersplitterung in Teilpersönlichkeiten, das Leben in der Mittelmäßigkeit. Es ist unausgewogen, nicht ausbalanciert, anstrengend, hin- und hergerissen, heute euphorisch, morgen deprimiert. Das eigene Potenzial erstickt wie in einer Atmosphäre mit »wenig Sauerstoff«.

Sobald wir unser wahres SELBST, die »kostbare Perle« in uns, erkannt haben, beginnt dieses SELBST das Leben zu einer GANZEN Persönlichkeit zu integrieren. Es hat ein Leben lang darauf gewartet, erkannt und erweckt zu werden. Wir werden lebendiger, ehrlicher, liebevoller, kraftvoller. Unser Potenzial beginnt sich zu wahrer Größe zu entfalten. Wir sagen das, was wir tun, und tun das, was wir sagen: Wir sind authentisch, integer und menschlich reif geworden.

Gerade jetzt entwickelt sich ein unbändiger Drang, das ganze Leben neu in Ordnung zu bringen, alle Disharmonien aus dem Leben zu beseitigen. Es hat etwas von: JETZT ODER NIE.

Wir bringen vor allem Unausgeglichenheit, Unausgewogenheit und Disharmonie in Ordnung.

Es ist nicht genug, sich jetzt selbst zu verstehen, zum eigenen Selbst-Bewusstsein zu erwachen. Es ist nicht genug, immer wieder im wahren Selbst zu ruhen, diese innere Zufriedenheit zu finden. Es ist nicht einmal genug, erleuchtet zu sein. Für die Integration des GANZEN MENSCHEN ist das HANDELN wichtig.

Handeln ist eine Funktion des Körpers. Sobald wir in der Weisheit unserer Seele ruhen, den Verstand unseres Bewusstseins erkenntnisgewinnend nutzen können, setzt der Körper unsere neue Identität als Schöpfer in die Tat um. Wir lernen, mit Körper, Geist und Seele schöpfungsgerecht zu manifestieren. Diese Ausgeglichenheit ist LEBENSWICHTIG.

Unsere Evolution ist nicht nur das, was wir sind, nicht nur das, was wir denken, sondern auch das, was wir tun. Ohne diese »Dreieinigkeit« bleibt das Leben unausgeglichen und disharmonisch, letztlich lebensfremd.

Im Einklang mit Seele und Verstand hat unser Handeln eine völlig neue Qualität bekommen. Wir werkeln nicht mehr amateurhaft vor uns hin, sondern wirken meisterhaft. Unser Leben wird als Meister-Werk ein Teil des Werks der Schöpfung.

Werkeln heißt, etwas stümperhaft und mittelmäßig zu tun, mit einer bestimmten Absicht, etwas zu erreichen, ein Ziel, ein Ergebnis, motiviert aus den Bedürfnissen und Begierden des Ego heraus. Hier wird dieses versucht, dort jenes ausprobiert. Dieser blinde Aktionismus baut da etwas auf und reißt dort etwas ab, so dass das Leben lebenslang eine reine Baustelle bleibt.

Wirken heißt handeln aus dem SELBST, im Ein-Klang mit sich, dem Leben und der Schöpfung. Ohne auf ein festes Ziel fixiert zu sein, ohne ein konkretes Ergebnis zu erwarten, ohne einen direkten Lohn einzufordern. Einfach handeln, um sich selbst und den Augenblick zu erfüllen.

Wer wirkt, ist angeschlossen an die Eine Kraft. Wirken ist mühelos. Wirken heißt, die Eine Kraft durch sich geschehen zu lassen. Nicht Ich wirke, sondern Es wirkt durch mich. Das Unendliche manifestiert sich durch mich im Außen. Wer werkelt, hat noch nicht erkannt, dass es etwas Größeres gibt als seine Baustellen. So sollten wir vom Werkelnden zum Wirkenden werden. Das ist HANDELN aus dem SEIN und dem SELBST heraus.

Wer werkelt, will etwas für sein Ego (oder familiär erweitertes Ego) schaffen, ein Ergebnis erzielen, Beifall und Anerkennung finden, Lob und Lohn bekommen. Wirken dagegen erfüllt sich in sich. Es ist sich selbst Lohn genug. Das Wirken ist der Lohn des Wirkens.

Wirken kann nur der, der Wirkung ist, weil er Selbst ist. Das Sein, die Eine Kraft, die Unendlichkeit. Wirkender kann ich genau auf dem Platz sein, an dem ich stehe. Es ist nicht die Frage, was ich tue oder wie ich es tue, sondern als wer ich es tue. Dieses Wirken ermöglicht ein Leben jenseits dessen, was man sich in seinen kühnsten Träumen hat vorstellen können. Es geschieht Größeres. Zufälle werden zu Geschenken, unerwartete Chancen tun sich auf, neue Verbindungen werden geknüpft, neue Menschen treten ins Leben. Das Leben verliert seine Profanität und Dunkelheit, bekommt eine nie geahnte Helligkeit und Heiligkeit.

Der Erwachte wirkt durch sein Sosein.
Wirken heißt, eins sein mit der Wirklichkeit.
Wirken heißt, WIRKLICHKEIT zu erschaffen.
Wirken heißt auch, Liebe durch sich fließen lassen.
Wirken ist schöpfungsgerechte Manifestation.

Die Schöpfung, die Evolution hat keine anderen Hände als unsere.

Der »Lebensführerschein« als Fahr-Erlaubnis ist letztlich die Selbst-Erlaubnis, meinen Beitrag zur Schöpfung zu leisten und nicht mehr gegen die Schöpfung zu kämpfen: Ich erlaube mir, mich dem Leben mit Körper, Geist und Seele vertrauensvoll hinzugeben.

Wenn wir nicht ein Teil der Lösung der großen Menschheitsprobleme sind, dann sind wir ein Teil des Problems. Mit dem Erwerb des Lebensführerscheins hören wir auf, der Menschheit noch größere Probleme zu verursachen, sondern leisten jetzt unseren Beitrag zum Quantensprung der Menschheit in eine wahrhaft menschliche und familiäre Gemeinschaft. Willkommen als bewusstes Mitglied der menschlichen Familie auf dem blauen Planeten!

Die Schule des Lebens ist ein Netz-Werk

Das Leben ist eine Schule: Wir lernen uns daran zu erinnern, WER WIR SIND, und zu erschaffen, WAS WIR SIND.

Das Leben ist ein ständiger Tanz zwischen Er-Innern und Er-Schaffen: in sich hineingehen, aus sich herausbringen, ein rhythmisches Pulsieren zwischen diesen Polen. Es ist auch ein ständiger Tanz zwischen Einschlafen und Erwachen, Sterben und Neu-geboren-Werden.

Wenn wir erwachen – und dies vielleicht spirituelles Bewusstsein nennen, dann ist damit auf jeden Fall ein Gefühl der Zugehörigkeit, der Verbundenheit mit dem GANZEN, nicht nur der Menschheit, Mutter Erde, sondern dem Kosmos gemeint.

Wir erkennen: Alles ist miteinander vernetzt. Der Kosmos ist eine einzige Verbundenheit hierarchischer Netzwerke. Vielleicht ist unser Gehirn das komplexeste Abbild des Kosmos, sicher aber das komplexeste Gebilde in unserem Sonnensystem. Die Neurobiologie hat dieses hierarchisch strukturierte Netzwerk Gehirn mit seinen faszinierenden Möglichkeiten entdeckt. Heute ist das Gehirn zum Sinnbild der Vernetzung allen Lebens geworden.

Im Angesicht der Möglichkeit, dass eine lebensfeindlich orientierte Menschheit nicht die Krone, sondern das Krebsgeschwür der Natur sein könnte, hat uns Ehrfurcht und Demut vor dem Leben ergriffen – mit der vielleicht wichtigsten Erkenntnis: Alles, was wir dem Lebensnetz antun, das tun wir uns selbst an. Wir kämpfen nicht mehr gegen, sondern für das Leben. Wir kämpfen auch für eine Käferart oder eine Pilzart, die vom Aussterben bedroht sind. Wir kämpfen für den Erhalt der Schöpfung.

Und überall, wo wir das Lebensnetz fördern, da wachsen wir im eigenen Leben. Wir sind alle voneinander abhängig, aber darin können wir auch unsere Kraft erkennen, die Kraft der Gemeinschaft, die Kraft des DU und die Kraft des WIR. Verbindungen einzugehen, miteinander und ineinander zu leben, zu kooperieren, das erkennen wir immer mehr als das Lebensprinzip, das mit dem »Ich gegen den Rest der Welt« oder »nach mir die Sintflut« überhaupt nichts mehr zu tun hat.

LEBEN besteht nicht aus einem Haufen von Ichs (unverbundenen Einzellern sozusagen), sondern ist die Verbundenheit der Zellen zum WIR. Bewusste Lebenspraxis ist keine Ellenbogen nutzende Praxis des Ich, sondern die Mitgefühl aufbringende Praxis des WIR.

Kurt Tepperwein und die Vision der Lebens-Schule

Kurt Tepperwein als einer der bekanntesten Lebens-Lehrer in Europa bildet seit 25 Jahren von Lebensberater, Life-Coaches und Lebenslehrer – inzwischen sind es Tausende – mit der Vision aus, neue Lebens-Schulen für Erwachsene zu gründen, Schulen für ein neues, lebensnahes Lernen, Schulen, die sich an den geistigen Lebens-Prinzipien, den geistigen Gesetzen orientieren.

Jeder weiß, dass wir neue Schulen brauchen. Auch und gerade für Erwachsene. Lehrer beschuldigen Eltern, ihrem Erziehungsauftrag nicht nachzukommen, Eltern beschuldigen Lehrer, ihren Bildungsauftrag nicht mehr zu erfüllen. All dieses nutzlose Gezänk hat wenig Sinn und wird letztlich auf dem Rücken der Kinder ausgetragen. Der Begründer der Kindergärten, Friedrich Fröbel, einer der großen Reformpädagogen, sagte: »Erziehung ist Liebe und Vorbild und sonst nichts.« Unsere Kinder brauchen neue Erwachsene, die ihnen Vorbild sind, die ihnen die Liebe schenken, die sie wie den Sauerstoff zum Atmen für ihr gesundes Wachstum an Körper, Geist und Seele brauchen.

Das größte Problem der Kinder und Jugendlichen sind Erwachsene, die noch in Pampers herumlaufen. Sie sind für Kinder kein Vorbild, keine Helden, an denen sie sich orientieren können. So suchen unsere Kinder ihre Helden in modernen Medien. Die wenigsten Eltern leben authentisch aus ihrem wahren SELBST heraus und können SO das SELBST ihrer Kinder weder erkennen noch fördern noch erwecken. Sie haben überhaupt keinen Draht zu der »kostbaren Perle« in den Kindern, weil sie selbst ihre innere Kostbarkeit verkennen und sich mit falschen, künstlichen Perlen identifizieren.

Kinder aber brauchen wirklich erwachsen gewordene Erwachsene, die ihnen ein Vorbild sind in Ehrlichkeit, Wahrhaftigkeit, Integrität und Selbst-Verwirklichung. Das ist eine Lebenskompetenz, um die Weichen für die Zukunft der Menschheit JETZT zu stellen. Kurz: die Herausforderung des »Lebensführerscheins«.

Das ist die Vision der Lebens-Schule von Kurt Tepperwein: Wir brauchen neue Schulen, die Geschlechter und Generationen, Eltern und Lehrer, Lehrende und Lernende JETZT wieder zusammenbringen. Die Lebens-Schulen fördern nicht nur das Erwachsen- und Selbstständigwerden des Einzelnen, sondern auch das Erwachsenwerden der Gesellschaft. Wenn nicht JETZT, wann DANN?

Die Lebens-Schule ist auch im Netz

Das Lebensnetz der Natur hat in der aktuellen Kultur der Menschheit ein Parallelnetz hervorgebracht: ein die ganze Welt umspannendes Computer-Netzwerk in der Form des Internets. Wie die Gehirnzellen eines Fötus sich in unglaublicher Schnelligkeit zu einem wachsenden Gehirn vernetzen, so vernetzen sich die Menschen seit wenigen Jahren und stündlich untereinander in fantastischer Geschwindigkeit über das Internet. Dieses Medium wird mehr und mehr zum Wissensspeicher der ganzen Menschheit. Wie die Vernetzung der Gehirnzellen Ausdruck des Lernens ist, so ist auch die Vernetzung im Internet zu einem Ort des Lernens geworden.

Wir wissen heute: Eine Gehirnzelle, bei der die Verbindung zu anderen Zellen »eingeht«, stirbt ab. Je mehr eine Gehirnzelle aber mit anderen vernetzt ist, desto vitaler ist sie. Unsere

Gehirnzellen sind Meister der Vernetzung. Könnte das Internet einmal das GEHIRN DER GANZEN MENSCHHEIT sein? Könnte diese Vernetzung über das Internet selbst einmal ein geistiges Lebensprinzip sein?

Die neuen Lebens-Schulen brauchen keine Gebäude, keine Verwaltungsapparate, sondern nur das Leben selbst. Nichts ist da nahe liegender, als sich über das Internet zu vernetzen, Gleichgesinnte im Internet zu suchen, sich gegenseitig über das Internet zu coachen.

Kurt Tepperwein hat als visionärer Lebens-Lehrer schon vor über 25 Jahren sein Buch herausgegeben: »Die Kunst des mühelosen Lernens«. Heute ist ein Buch allein kein ausreichendes und optimales Mittel, um Wirklichkeit verändernde Lernprozesse zu initiieren. Das Lernen über das Internet wird neben dem schriftlichen Lernmaterial wie dem Buch und dem Präsenzlernen zur »dritten Kraft«.

Was liegt da näher, als auch das Netzwerkmedium Internet als »Fahrschule für den Lebensführerschein« mit Praxis-Training zu nutzen? Ein besseres Medium kann man sich kaum vorstellen!

Der Sprung aus dem Buch in die Lebenspraxis kann auch ein Sprung in die Lebens-Schule im Internet sein und diesen Quantensprung nachhaltig und in der Gemeinschaft fördern.

Erwerben Sie im Internet den »Lebensführerschein«!

Das Lern-Portal der BLAUE PERLE-Lebens-Schule (von den Teilnehmern auch liebevoll das »Lern-Paradies« genannt) ist autorisiert, das Praxis-Training für den Lebensführerschein durchzuführen und den »Lebensführerschein« auf der Basis bestimmter Qualitätskriterien von Kurt Tepperwein und nachweislich erworbener Lebenskompetenzen auszustellen.

Wenn Sie WIRKLICH daran interessiert sind,

- Ihr Leben in die eigene Hand zu nehmen,
- sich ganz aus der Disharmonie durch die Ego-Identifikationen mit Teilpersönlichkeiten zu lösen, sich mit Ihrem integrierenden SELBST, Ihrem wahren Wesen, der kostbaren Perle in Ihnen zu identifizieren,
- zu einem liebevollen Vorbild für die nächste Generation zu erwachen,
- als freier Mensch einen erwachsenen Humanismus zu praktizieren,
- den entscheidenden Quantensprung in Ihrem Leben zu vollziehen, um Ihr ganzes Leben auf einer neuen Stufe wieder in Ordnung zu bringen,
- und so Ihren Beitrag zur Schöpfung zu leisten,

dann finden Sie das von Kurt Tepperwein autorisierte, weiterführende Praxis-Training des Lebensführerscheins im Internet unter www.Lebens-Schule.net

Danksagungen

Dieses Buch ist im Erstentwurf als Manuskript auf der Internetseite www.Lebens-Schule.net veröffentlicht und von Teilnehmern des Lern-Portals der BLAUE PERLE Lebens-Schule angeregt diskutiert worden.

Diese Gruppe der Erstleser hat mit ihren Beiträgen einen großen Einfluss auf die endgültige Druckversion nehmen können. Ihnen sei hier für ihre begeisterte Mitarbeit, das kritische und kreative Lesen des Manuskripts, die vielen Ideen zu weiter führenden Hilfen zum »Lebensführerschein« ein ganz besonderer Dank ausgesprochen.

Das gilt insbesondere für Zoran Baranji, Waltraut Dörnbrack, Elisabeth Feurstein, Angelika Fröch, Anja Großmann, Gudrun Hock, Brigitte Kirchner, Sonja Koutny, Stefan Krimbacher, Jutta Leutner, Michael Liewald, Markus Loser, Heinz Jürgen Maras, Isabella Metzger, Sylvia Pokorny, Thomas Schley, Angelika Schwedhelm, Thomas Schnabel und Hans-Peter Stadelmann.

Es war eine wundervolle Erfahrung, ein Buchmanuskript so intensiv über das Internet miteinander zu diskutieren, ja ein Quantensprung für den direkten Dialog zwischen Autoren und Erstlesern. Ohne diese aktive Mitarbeit wäre das Buch und das Projekt »Lebensführerschein« nicht das geworden, was es jetzt ist.

Kurt Tepperwein und Hans-Jürgen Schröter

Stichwortverzeichnis

Druck:
Canon Deutschland Business Services GmbH
im Auftrag der KNV-Gruppe
Ferdinand-Jühlke-Str. 7
99095 Erfurt